ADVENT-VERLAG LÜNEBURG

S. Joseph Kidder

... UND SIE WÄCHST DOCH!

Vier entscheidende Faktoren für das Wachstum von Gemeinden

ADVENT-VERLAG

Originaltitel: *THE BIG FOUR – Secrets to a Thriving Church Family*
© 2011 Review and Herald Publishing Ass., Hagerstown, Maryland (USA),
alle Rechte vorbehalten. Deutschsprachige Ausgabe gemäß einer Lizenz-
vereinbarung mit dem Copyrightinhaber.

Projektleitung und Lektorat: Werner E. Lange
Übersetzung: Christian Fischer
Korrektorat: Erika Schultz
Einbandgestaltung: Sarah Popa, Adventist Media Design,
    STIMME DER HOFFNUNG e.V. unter Verwendung einer
    Illustration von iStockphoto.com/Alashi
Satz: rimi-grafik, Celle
Gesamtherstellung: Thiele & Schwarz GmbH, Kassel

Die Bibelzitate sind – falls nichts anderes vermerkt ist – der *Bibel
nach der Übersetzung Martin Luthers* (revidierter Text 1984),
durchgesehene Ausgabe in neuer Rechtschreibung,
© 1999 Deutsche Bibelgesellschaft, Stuttgart, entnommen.
Ansonsten bedeuten:

EB = *Revidierte Elberfelder Bibel*, © 1985, 1991, 2006 SCM
        R. Brockhaus im SCM-Verlag GmbH & Co. KG, Witten

GNB = *Gute Nachricht Bibel*, revidierte Fassung,
        durchgesehene Ausgabe in neuer Rechtschreibung,
        © 2000 Deutsche Bibelgesellschaft, Stuttgart;

Hfa = *Hoffnung für alle – Die Bibel* (revidierte Fassung),
        © 1983, 1996, 2002 International Bible Society,
        Übersetzung: Brunnen-Verlag, Basel und Gießen;

NLB = *Neues Leben. Die Bibel*, © 2002, 2005 SCM Hänssler
        im SCM-Verlag GmbH & Co. KG, Holzgerlingen.
        Originaltitel: *Holy Bible, New Living Translation*, © 1996, 2004,
        2007 Tyndale House Publishers Inc., Wheaton, Illinois, USA.

© 2014 Saatkorn-Verlag GmbH, Abt. Advent-Verlag
Pulverweg 6, 21337 Lüneburg
Internet: www.advent-verlag.de, E-Mail: info@advent-verlag.de

ISBN: 978-3-8150-1940-5

Inhalt

Danksagung

Ich danke allen meinen Forschungsassistenten, die unermüdlich gearbeitet haben, um dieses Buch Realität werden zu lassen, und allen Pastoren, Gemeindeleitern und -gliedern, die sich bereitwillig interviewen ließen und unsere Fragebögen ausgefüllt haben, damit andere von den Erfahrungen ihrer Gemeinde profitieren können.
S. Joseph Kidder

Die Traumgemeinde[1]

„Sie ist beeindruckend."

„Sie ist inspirierend."

„Sie ist liebevoll."

„Sie ist eine wunderbare Gemeinschaft."

„Sie ist eine sieben-Tage-Gemeinde."

„Ich liebe diese Gemeinde."

Dies sind einige typische Aussagen von Mitgliedern wachsender Gemeinden in der Kirche der Siebenten-Tags-Adventisten. Sie sprechen von ihrer Gemeinde mit Liebe, Leidenschaft und Begeisterung. Die Ortsgemeinde ist für sie ein aufregender Ort, um einen Dienst zu tun und das Wirken Gottes in Gemeinschaft mit anderen Christen zu erleben.

Gott hat einen Traum für deine Adventgemeinde. Er wünscht sich, dass alle Mitglieder über ihre Gemeinde das sagen können, was diese Adventisten über ihre erzählen. Christus wünscht sich eine lebendige Gemeinschaft von Nachfolgern, die ihm aus Liebe freudig dient und andere Menschen für das Reich Gottes gewinnt.

---

[1] Ich definiere die Traumgemeinde als eine Gemeinde, die nach den Werten lebt, die in Apostelgeschichte 2,42–47 deutlich werden – eine lernende, anbetende, lobende, gemeinschaftliche und betende Gemeinde. Es ist eine Gemeinde voller Begeisterung, Freude und Einheit. Während sie für alle Mitglieder ein sicherer Ort ist, ist sie auch herausfordernd genug, um die Christen zum Dienst und zur Mission zu inspirieren. Gesund und wachsend ist sie voll des Geistes und der Gnade Gottes. Später werde ich ein ganzes Kapitel mit dem Titel „Jesus als Mittelpunkt des Lebens" verwenden, um die geistlichen Elemente und Grundsätze einer solchen Gemeinde zu beschreiben (siehe Kap. 5).

Stell dir vor, jeder in deiner Adventgemeinde könnte Folgendes sagen:

„Hier werde ich respektiert."

„Hier fühle ich mich sicher."

„Ich liebe die Sabbatschule."

„Wir haben einen inspirierenden Gottesdienst."

„Ich bin gut in die Gemeindearbeit eingebunden."

„Gott gebraucht mich, um das Leben anderer zu berühren."

„Durch diese Gemeinde wachse ich im Glauben."

„Ich bin so stolz auf meine Gemeinde und lade gerne Leute zu den Gottesdiensten ein."

„Ich freue mich, in diese Gemeinde zu gehen. Ich könnte den ganzen Sabbat dort bleiben."

„Die Predigten meines Pastors werden niemals langweilig; sie vermitteln Hoffnung."

„Was in unserer Gemeinde geschieht, ist eine Frage von ewigem Leben oder ewigem Tod – so wichtig ist es."

Das ist die Erfahrung vieler Adventisten, die eine rasch wachsende Adventgemeinde in der Nordamerikanischen Division unserer Kirche besuchen. Sie lieben Gott und ihre Gemeinde, verrichten ihren Dienst begeistert, bezeugen Christus, geben seine Botschaft an andere weiter und beteiligen sich an der Evangelisation.

Die Beschreibung unserer Forschungsarbeit

Von 2003 bis 2007 führten eine kleine Gruppe von Forschungsassistenten am Theologischen Seminar der Andrews-Universität und ich ein Projekt durch, das blühende Adventgemeinden in der Nordamerikanischen Division untersuchte. Wir wollten wissen, warum einige Gemeinden wachsen und andere nicht. Bei unserer Suche nach wachsenden Gemeinden kontaktierten wir alle Vereinigungen in der Division, um die Adventgemeinden zu finden, die dauerhaft fünf Prozent Wachstum (an Teilnehmerzahl des Gottesdienstes, Mitgliedschaft und Taufen) in fünf aufeinanderfolgenden Jahren hatten. (Wir schlossen solche Gemeinden aus, die vor allem unter sehr aufnahmebereiten Gruppen von Einwanderern der ersten Generation arbeiteten.) Nur fünf Adventgemeinden erfüllten unsere Anforderungen. Die Erweiterung unserer Kriterien auf Gemeinden mit einer Wachstumsrate von drei bis fünf Prozent in drei bis fünf Jahren ergab 18 weitere Adventgemeinden; damit waren es insgesamt 23 Gemeinden, die wir untersucht haben.

Um diese Gemeinden in fairer Weise vergleichen zu können, lokalisierten die Forscher drei Adventgemeinden in derselben geografischen Region, deren Gliederzahl entweder abnahm oder stabil war. Sie wurden in unsere Untersuchung einbezogen.

Danach interviewten wir den bzw. die Pastoren, einen der Gemeindeältesten und drei bis fünf Mitglieder jeder Gemeinde und stellten ihnen folgende Fragen:

- Welche Faktoren tragen zum Wachstum deiner Gemeinde bei? Oder: Welche Faktoren führen zum Rückschritt der Gliederzahl oder zu mangelndem Wachstum?
- Habt ihr eine Vision und einen formulierten Missionsauftrag?
- Wie häufig macht ihr diese Vision den Gemeindegliedern bewusst?
- Wie viel Zeit verwendet diese Gemeinde, um ihre Mitglieder auszubilden und zu motivieren?
- Wie ist die Stimmung in deiner Gemeinde?
- Wie empfindest du euren Gottesdienst?
- Was erwartest du von eurem Gottesdienst?
- Ist deine Gemeinde ein sicherer Platz für ihre Mitglieder?
- Wie gewillt bist du, jemanden zum Gottesdienst einzuladen?
- Wie viele Menschen hast du im letzten Jahr in deine Adventgemeinde eingeladen?
- Wie oft gibst du von deinem Glauben persönlich Zeugnis?
- Habt ihr einen starken Gebetsdienst?
- Wie viele Glieder deiner Gemeinde nehmen das Beten sehr ernst?

Zusätzlich führten wir eine schriftliche Umfrage am Sabbatmorgen durch, um das Andachtsleben, den Dienst und die missionarischen Aktivitäten der Gottesdienstbesucher kennenzulernen. Wir werden über die Erkenntnisse in diesem Bereich im Teil IV über die hingegebenen und aktiven Gemeindeglieder berichten.

In mehrerer Hinsicht wurden wir durch die Praxis einiger Mitglieder und den Erfolg einiger Adventgemeinden ermutigt, aber unsere Ergebnisse machten deutlich, dass sie vor vielen Herausforderungen stehen, um das Gemeindewachstum zu verbessern. Die meisten Adventgemeinden in den USA (mehr als 80 Prozent) sind in ihrer Gliederzahl stabil oder rückläufig. Auf jeden Fall ist die Wachstumsrate in der Division rückläufig. Wir können nicht einmal mit der Wachstumsrate der Bevölkerung mithalten.[2]

Die vier entscheidenden Faktoren

Wir stellten fest, dass das Gemeindewachstum in der Nordamerikanischen Division in enger Verbindung zu vier wesentlichen Faktoren steht: effektive und befähigende Leiter, begeisternde und authentische Spiritualität, hingegebene und aktive Gemeindeglieder sowie inspirierende Gottesdienste, die Gott ehren.

1. Befähigende, dienende Leiter

Wachsende Gemeinden haben Leiter – angestellte Pastoren, Gemeindeälteste, Bereichs- und Dienstleiter –, die ernsthaft ihre Gemeinden wachsen sehen wollen und bereit sind, den Preis dafür zu bezahlen. Sie arbeiten eifrig auf eine veränderte Gemeindekultur hin, die evangelistisch ausgerichtet ist, und sind bereit, von alten Methoden auf neue, effektivere Wege umzustellen, um Menschen zu erreichen. Folglich fürchten sie sich nicht, neue Herangehensweisen auszuprobieren und alle nötigen Mittel zu investieren, um die Gesundheit der Gemeinde zu garantieren. Solche Leiter neigen zu einer starken Leidenschaft für verlorene Menschen und zu dem Eifer, alles zu tun, um Verlorene zu Gott zu führen.

In den Interviews mit den Leitern blühender Adventgemeinden wurde klar, dass sie die Evangelisation lieben – es ist ihre heilige Hauptbeschäftigung. Es benötigt nur wenige Minuten Kontakt mit ihnen, um herauszufinden, dass sie darauf konzentriert sind, verlorene Menschen zu erreichen. Sie gestalten nicht nur die Mission,

---

[2] Siehe David Beckworth und S. Joseph Kidder, „Reflections on the Future of the Seventh-day Adventist Church in North America: Trends and Challenges", *Ministry*, Dezember 2010, S. 20–22.

sondern begeistern auch Gemeindeglieder, missionarisch wirksam zu sein. Sie haben – wie ich es nenne – ein Auge für die Mission: die Fähigkeit, Möglichkeiten zu erkennen, um anderen Menschen etwas über Jesus mitzuteilen. Daher finden sie Wege, in einem Supermarkt Zeugnis abzulegen, oder sie treten in ein Fitnessstudio ein, um Jesus zu bezeugen. Möglicherweise reden sie über Gott auf Geburtstagspartys oder an Bushaltestellen. Ständig ist ihr Herz voll von einem unwiderstehlichen Verlangen, über Jesus zu reden und andere mit ihm bekanntzumachen.

Zusätzlich haben die Leiter wachsender Gemeinden einen starken, auf ihren Glauben basierenden Optimismus, der die Grundlage ihrer Ziele und ihres Handelns ist. Er prägt ihr Denken so sehr, dass sie durch Beten und Arbeiten große Dinge von Gott erwarten, und sie bewirken bei anderen Gliedern eine optimistische Perspektive, die im Glauben an Gottes Wirken gegründet ist. Sie verbringen auch ziemlich viel Zeit damit, andere Gemeindeglieder für den Dienst und die Mission zu motivieren und auszurüsten.

2. Begeisternde und authentische Spiritualität

Ironischerweise meinen viele Adventisten, dass wachsende Gemeinden eine geringe Spiritualität besitzen – sich also mehr um Showeffekte kümmern als um die Hingabe an und die Liebe zu Jesus. In Wahrheit neigen blühende Adventgemeinden dazu, ihre Spiritualität oftmals, überzeugend und mit Begeisterung deutlich zu machen. Wachsende Gemeinden haben ein geistliches Niveau, das unvergleichbar mit einer durchschnittlichen Adventgemeinde ist. Wir glauben, dass diese Spiritualität die Quelle der Liebe für Verlorene und die Kraft hinter ihrer Effektivität ist.

3. Hingegebene und aktive Gemeindeglieder

Ganz gleich, wie effektiv Pastoren sein mögen – sie sind immer begrenzt in ihren Kompetenzen und der ihnen zur Verfügung stehenden Zeit. Kein Mensch ist allgegenwärtig oder allwissend, und niemand – ganz gleich, wie sehr er es auch versuchen mag – kann ein erfolgreicher Pastor sein, ohne sich Ruhe und Erholung zu gönnen. Glücklicherweise hängt das Gemeindewachstum nicht davon ab, wie aktiv ein Pastor im Dienst und in der Evangelisation ist, sondern viel mehr davon, wie aktiv die Gemeindeglieder sind.

Unsere Untersuchung der missionarischen Praktiken von Mitgliedern unterschiedlicher Gemeindetypen (anhand einer zufälligen Auswahl von Adventgemeinden in den USA) offenbarte, dass die große Mehrheit von ihnen in ihrem ganzen Leben nicht einen einzigen Menschen für Jesus Christus gewinnen konnte – nicht einen! Die Daten zeigten weiter, dass der Altersdurchschnitt der Gemeindeglieder steigt und die Adventgemeinden sich vergeblich abmühen, neue Mitglieder zu gewinnen und ihre Jugendlichen zu halten.

Die gleiche Untersuchung bewertete die Frömmigkeitspraxis der Gemeindeglieder und zeigte, dass sogar die aktiven Mitglieder in spirituellen Disziplinen wie Bibellesen und Beten schwach sind. Aber dies ist in wachsenden Adventgemeinden nicht der Fall; ihre Mitglieder sind geistlich aktiv und viel missionarischer.

4. Inspirierende Gottesdienste, die Gott ehren

Unsere Untersuchung zeigte deutlich, dass die Gottesdienste ein wesentlicher Faktor wachsender Gemeinden sind. Aber entgegen der Auffassung, dass solche Gemeinden in ihrer Gottesdienstform modern sind, haben wir entdeckt, dass die Art der Gestaltung nicht wesentlich ist. Was zählt, ist vielmehr die Qualität des Gottesdienstes, nicht die Position im traditionell–zeitgemäßen Spektrum. Wenn sich die Versammelten erneut Gott hingeben, dann findet Gottesdienst statt. Die Art seiner Gestaltung ist für das Gemeindewachstum nicht ausschlaggebend; jedoch sind es die Zielsetzung, die Betonung des Betens, die liebe- und hoffnungsvolle Atmosphäre sowie die Qualität der Darbietungen und der Kindersabbatschule.

Der Inhalt dieses Buches

Dieses Buch möchte deiner Adventgemeinde helfen, sich zu einer Traumgemeinde nach Gottes Vorstellung zu verwandeln. Es ist für alle gedacht, die interessiert sind, das Reich Gottes auszubreiten – unabhängig davon, ob sie Mitglieder, Leiter oder Pastoren der Gemeinde sind. Die hier dargestellten Erkenntnisse, Gedanken, Arbeitswege und Methoden entstammen der oben beschriebenen grundlegenden Untersuchung. Wir wenden diese Befunde in einer Weise an, die jede Gemeinde umsetzen kann.

Die blühenden Adventgemeinden zeigen uns und lassen uns verstehen, welche Dynamiken notwendig sind, um Gemeinden erfolgreich zum Wachstum zu verhelfen.

Wir haben das Buch nicht mit Tabellen und Statistiken gefüllt, sondern mehr mit Geschichten von realen Gemeindegliedern in existierenden Adventgemeinden in bestimmten Städten der USA, die mit ihrer Begeisterung einen Unterschied bewirken. Wir bauen auf diesen grundlegenden Daten über florierende Adventgemeinden in der Nordamerikanischen Division auf. Hinzu kommt, dass die hier beschriebenen Methoden und Prinzipien nicht nur von den empirischen Untersuchungen gestützt werden, sondern auch in Übereinstimmung mit Gottes Wort stehen. Wir werden einige Aussagen aus dem Schrifttum von Ellen G. White verwenden, um die Schlüsselkonzepte näher zu beleuchten. Ich habe auch hier und da Geschichten eingestreut aus meiner eigenen Erfahrung über das Wachstum der Gemeinden, in denen ich früher Pastor war.

Lass mich noch eine weitere Bemerkung machen: Obwohl die Untersuchung Gemeinden in der Nordamerikanischen Division betraf, sind die dargestellten Prinzipien universell und zeitlos. Ich habe mein Bestes getan, um sie in solch einer Art und Weise zu präsentieren, dass sie weltweite Anwendung finden. Also unabhängig davon, ob du aus Nord- oder Südamerika, Europa, Afrika oder Asien kommst, ist das Buch für dich gedacht. Du kannst die Prinzipien in deinem eigenen Umfeld anwenden.

Wir widmen jedem der vier entscheidenden Faktoren des Gemeindewachstums, die sich aus unserer Untersuchung ergeben, einen Teil des Buches: befähigende, dienende Leiter, begeisternde, authentische Spiritualität, hingegebene, aktive Gemeindeglieder und inspirierende Gottesdienste. Das letzte Kapitel beantwortet die Frage: „Wie soll es nun weitergehen?", indem es die ersten zehn Schritte zu der Adventgemeinde deiner Träume vorschlägt.

Du wirst in diesem Buch erstaunliche Untersuchungsergebnisse, inspirierende Geschichten und praktische Schritte finden. Im ersten Kapitel geht es um die biblischen Grundlagen des Gemeindewachstums, der Gemeindegesundheit und der Mission.

Die Grundlagen des Gemeindewachstums

Dieses Buch geht von drei Grundannahmen aus:

1. Gemeindewachstum schließt die Kooperation zwischen Gott und den Gemeindegliedern ein. Gott hat uns eine Aufgabe anvertraut, die letztlich nur er durch seinen Geist bewältigen kann.

2. Gemeindewachstum benötigt die Zusammenarbeit zwischen den Gliedern und ihrer Gemeinde. Sie müssen begeistert die Erkenntnis über Jesus verbreiten wollen, aber auch stolz auf ihre Gemeinde sein, um ein Verlangen zu haben, andere zu dieser Glaubensgemeinschaft zu bringen. Deshalb verwende ich mehrere Kapitel darauf, wie man die Atmosphäre, den Gottesdienst und den Dienst der Adventgemeinden verbessern kann. Zum beständigen Gemeindewachstum müssen die Mitglieder für einen von Gott annehmbaren Dienst ausgebildet und angeleitet werden wollen; daher muss die Ortsgemeinde ein Ausbildungszentrum sein, um ihre Mitglieder zu trainieren und sie auszurüsten, um ihren von Gott gegebenen Gaben und Möglichkeiten gerecht zu werden.

3. Gemeindewachstum ist nur möglich durch das befähigende Wirken des Heiligen Geistes. Wir müssen die Verbindung mit Jesus pflegen, der sagte: „Ohne mich könnt ihr nichts tun" (Joh 15,5b).

Ich bete für Pastoren und Gemeindeälteste, Sabbatschullehrer und Diakone, Mitglieder der Gemeindeausschüsse, für jeden Leiter eines Dienstbereiches und jedes Gemeindeglied, dass dieses Buch ein nützliches Hilfsmittel in ihren Händen sein wird, während sie mit Gott in seinem Weinberg arbeiten.

Ich liebe unsere Kirche und bin begeistert über unsere gemeinsame Mission. Ich bete dafür, dass dieses Buch zu einer besseren Weise der Gemeindearbeit führt und eine Dringlichkeit schafft, die uns eine engere Verbindung mit Christus suchen lässt, uns abhängiger macht von dem Wirken des Heiligen Geistes, uns im Beten leidenschaftlicher werden lässt und energischer im Dienst, in der Mission und der Evangelisation, damit sinnvolle Veränderungen erfolgen und eine Erneuerung, sodass wir den Missionsauftrag Christi effektiver ausführen können.

TEIL I

Die biblische Grundlage für das Wachstum und die Gesundheit der Gemeinden

Die Gemeinde Christi ist aus drei Gründen in der Welt. Christus zu verherrlichen ist ein Grund für Zeit und Ewigkeit. Das bedeutet nichts Geringeres als die völlige Hingabe an ihn und die Identifikation mit seinen Absichten. Jesus ruft uns vor allem dazu auf, ihn mit unserem ganzen Sein zu lieben und den Nächsten wie uns selbst.

Ihre zweite Aufgabe ist, den Leib Christi vor Ort zu erbauen. Das geschieht auf mancherlei Weise, wie etwa einander zu ermutigen, füreinander zu beten, einander zu lieben und die Mitglieder für den Dienst und die Mission auszubilden oder anzuleiten. Die Leiter sind angehalten, etwas zum geistlichen und bibelgemäßen Wachstum der Gemeindeglieder beizutragen und damit Baumeister einer echten Gemeinschaft zu sein. Zu dieser Aufgabe tragen sie mit ihren geistlichen, intellektuellen, moralischen und missionarischen Gaben, Fähigkeiten und Möglichkeiten bei.

Die Erweiterung des Reiches Gottes ist der dritte Grund für die Existenz einer Ortsgemeinde. Christus will, dass sie wächst und gedeiht. Das geschieht am effektivsten durch solche Christen, die mit ihrem Leben ihn ehren und die Gemeinde mit aufbauen. Wachsende Gemeinden versuchen, alle ihre Glieder zu einem Dienst effektiv auszurüsten, damit sie für Jesus wirken und die Welt beeinflussen können. Der Auferstandene verbindet sich mit seinen Nachfolgern, erneuert sie durch den Heiligen Geist, und rüstet sie für ihr Zeugnis und ihren Dienst in der Welt aus. Gemeindeglieder können Christus nur wenig ehren und geistlich wachsen, wenn sie ihre Rolle als Botschafter Christi vernachlässigen, die verlorenen Menschen zu bitten, sich mit Gott versöhnen zu lassen (vgl. 2 Kor 5,20). Jesus sagte zu seinen Jüngern: „Wie der Vater mich ausgesandt hat, sende ich auch euch." (Joh 20,21 EB)

Dieses Buch behandelt auf die eine oder andere Weise alle diese Seiten des Wirkens einer Ortsgemeinde. Sie sind miteinander verbunden und beeinflussen sich gegenseitig. Eine Gemeinde, die Christus verehrt, wird beabsichtigen, ihre Mitglieder zu erbauen und sie für einen bedeutungsvollen Dienst in der Gemeinde und in der Welt auszubilden und auszurüsten. Solch eine Ortsgemeinde wird auch bewusst verlorene Menschen in ihrer Umgebung erreichen wollen und sie in ihre Gemeinschaft führen, sodass die Neubekehrten auch andere Menschen mitbringen wollen.

Dieser erste Teil des Buches handelt von der biblischen Grundlage des Wachstums, der Gesundheit und der Mission einer Ortsgemeinde. Ich werde diese Begriffe biblisch definieren und zeigen, welche Bedeutung sie im Leben der Gemeinde und ihrer Mitglieder spielen. Dann wird es um das Wirken Christi gehen, das alle Dinge ermöglicht. Der Herr hat uns eine Aufgabe gegeben, die letztlich nur er durch den Heiligen Geist erfüllen kann. Daher ist es unerlässlich, dass wir auf seine Macht und Gnade vertrauen, damit wir imstande sind, die Aufgabe zu erfüllen, die vor uns liegt. Ich werde das folgende Kapitel mit der Motivation der Gemeindeglieder abschließen, die sich mit der Missionsarbeit, dem Wachstum und der Gesundheit der Gemeinde beschäftigen.

Zweifellos war das Gemeindewachstum ein besonderes Merkmal des Christentums im ersten Jahrhundert. Ganz gleich, was mit den Christen passierte, welch einem Problem sie gegenüberstanden oder ob sie Widerstand oder gar Verfolgung ertrugen – Gott segnete die ersten Gemeinden kontinuierlich, und das Wachstum der Gemeinschaft der Christen setzte sich ungehindert fort: Die Gemeinden wuchsen innerlich, äußerlich und in ihrer Anzahl. Wenn deine Adventgemeinde Gott treu ist, wenn sie wirkt, um Jesus zu ehren, und die Mitglieder zum Dienst ausbildet, dann wird Wachstum auch eines ihrer Merkmale sein.

Kapitel 1

Was sagt die Bibel über Gemeindewachstum?

Jesus Christus will, dass seine Gemeinde wächst. Er sagte:

> Mir ist alle Macht im Himmel und auf der Erde gegeben.
> Darum geht zu allen Völkern und macht sie zu Jüngern.
> Tauft sie im Namen des Vaters und des Sohnes und des
> Heiligen Geistes und lehrt sie, alle Gebote zu halten, die
> ich euch gegeben habe. Und ich versichere euch: Ich bin
> immer bei euch, bis ans Ende der Zeit. (Mt 28,18–20 NLB)

Jede Gemeinde, die sich mit Wachstum und Jüngerschaft beschäftigt, ist eine nach dem Willen Christi und tut, was ihm gefällt. Es ist sein Wille, die gute Nachricht der Erlösung den Menschen aller Schichten, ethnischen Gruppen und Sprachen zu verkündigen. Wenn eine Gemeinde diesen Missionsauftrag effektiv, intelligent und eifrig in die Tat umsetzt, wird sie sich weiterentwickeln. Und wenn die Mitglieder sich für das Gemeindewachstum verantwortlich fühlen, das Evangelium verkündigen und jene ausbilden, die gewonnen werden, um reife Christen zu werden, wird die Gemeinde den Segen empfangen, den Gott ihr geben will. Gemeindewachstum findet statt, wenn eine Gemeinde geistlich gesund ist. Wenn sie gut funktioniert, ist sie die Hoffnung der Welt, die Quelle von Veränderung und neuen, geistlichen Lebens und das Eingangstor zum Himmel. Jede örtliche Gemeinde soll ihren Teil zur Erfüllung des Missionsauftrages beitragen und Liebe, Hoffnung, Erlösung und Freude in unsere sündige, ihrem Ende geweihte Welt bringen.

Die Definition von Gemeindewachstum

Gemeindewachstum ist das Unterrichten, Ausbilden und charakterliche Formen von Gemeindegliedern, um so zu werden, wie ihr Herr Jesus Christus sie sich wünscht, damit sie Menschen für ihn und seine Gemeinde gewinnen können. Folglich ist Gemeindewachstum eine geistliche und doch praktische Überzeugung, die die ewigen Richtlinien des Wortes Gottes mit praktischen Erkenntnissen verbindet, um verlorene Menschen zu erreichen.

Jede Art von Wachstum folgt einem typischen Muster. Jede wachsende Ortsgemeinde hat Glieder, die den Samen säen (Missionare, Evangelisten), solche, die ihn bewässern (fördern, ermutigen, lehren) und jene, die ihre geistlichen Gaben für die weitere Reifung der Gemeindeglieder benutzen. Aber beachte, dass Gott es ist, „der das Wachstum gibt" (1 Kor 3,7b EB). Alle, die säen, und alle, die bewässern, werden ihren „eigenen Lohn empfangen", jeder „nach seiner eigenen Arbeit" (V. 8b EB).

Apostelgeschichte 2,42–47 beschreibt die blühende erste Gemeinde, in der die Mitglieder „in der Lehre der Apostel und in der Gemeinschaft, im Brechen des Brotes und in den Gebeten" verharrten (V. 42 EB). Sie haben einander gedient und Menschen erreicht, die eine rettende Erkenntnis des Herrn Jesus benötigten. „Und jeden Tag fügte der Herr neue Menschen hinzu, die gerettet wurden." (V. 47b NLB). Wenn diese Faktoren gegeben sind, dann wird die Gemeinde geistliches Wachstum erfahren, unabhängig davon, ob es auch zu einem zahlenmäßigen Zuwachs führt.

Gemeindewachstum in der Apostelgeschichte

Die Apostelgeschichte ist die Geschichte einer rasanten Ausbreitung der Heilsbotschaft. Das Buch handelt von dem bemerkenswerten Wachstum der Gemeinden unter der Führung des Herrn und durch das Wirken des Heiligen Geistes. Lukas unterstreicht seinen Bericht mit vielen zusammenfassenden Aussagen über die Vergrößerung der Gemeinde (siehe Apg 2,47; 5,14; 6,7; 9,31; 12,24; 16,5; 19,20). Wir können keinen besseren Platz finden als die Apostelgeschichte, um die Faktoren kennenzulernen, durch die die frühen Christengemeinden wuchsen.

Ohne Zweifel war Gemeindewachstum ein bemerkenswertes Merkmal des Christentums im ersten Jahrhundert. Die Apostelgeschichte zeigt das Evangelium deutlich als (in den Worten von Paulus) „die Kraft Gottes, die jeden rettet, der glaubt" (Röm 1,16b NLB). Es kann sprachliche Barrieren überwinden (Apg 2,6–8), von Besessenheit und Zauberei befreien (Apg 16,16–18; 19,17–20) und Götzendienst bezwingen (Apg 19,22–27). Lukas betont sehr ausdrücklich die Tatsache des Gemeindewachstums in seinem Bericht über die Entwicklung des frühen Christentums. Ganz gleich, welchen Problemen deine Gemeinde gegenübersteht – die Apostelgeschichte ist eine großartige Quelle der Ermutigung für alle. Auch deine Gemeinde kann wachsen, wenn sie Jesus treu ist, ihn anderen begeistert bezeugt und seinen Auftrag erfüllt.

Die Arten des Gemeindewachstums

Die erste Art ist **zahlenmäßiges Wachstum.** Lukas gab die Zahl der versammelten Gläubigen nach Christi Himmelfahrt in Jerusalem mit 120 an (Apg 1,15). Nach der mächtigen „Ausgießung" des Heiligen Geistes zu Pfingsten haben mehr als 3000 Menschen die Botschaft angenommen und sich taufen lassen (Apg 2,41). Nach der Festnahme von Petrus und Johannes im Tempel, weil sie die gute Nachricht von Jesus Christus verkündigten, wurden „viele von denen, die das Wort gehört hatten … gläubig; und die Zahl der Männer stieg auf etwa fünftausend" (Apg 4,4 EB).

Das Buch der Apostelgeschichte erwähnt weitere Anhaltspunkte für das Wachstum: „Immer mehr Menschen fanden zum Glauben an den Herrn – Männer wie Frauen." (Apg 5,14 NLB) „Die Gemeinde wuchs und die Zahl der Jünger und Jüngerinnen wurde immer größer." (Apg 6,1a GNB) „Der Heilige Geist stand ihr bei und ließ die Zahl der Glaubenden ständig zunehmen." (Apg 9,31c GNB). Oft wurde das Evangelium von ganzen Familien und Haushalten angenommen (siehe Apg 10,24.44; 16,14–15.33b–34). Jakobus und die anderen Leiter der Gemeinde in Jerusalem gaben ein bemerkenswertes Zeugnis über das Wachstum dort ab, als sie Paulus informierten: „Wir haben Tausende von Juden, die Jesus als den Herrn angenommen haben" (Apg 21,20c GNB), ganz abgesehen von der großen Menge der Heiden, die sich durch den Dienst von Paulus und dessen Mitarbeitern bekehrt hatten. Die Apostelgeschichte unterstreicht sehr stark die Tatsache des zahlenmäßigen Wachstums. Obwohl Lukas Zahlen nicht verehrte, hat er sie doch nicht ignoriert! Dieses Wachstum war ein *Bekehrungs*wachstum; die Gemeinde hatte ihre Arbeit in der Welt gerade erst begonnen, und der Herr erhöhte die Anzahl der Christen stetig.

Die zweite Art ist **geographisches Wachstum.** Das Evangelium verbreitete sich nicht nur von einer Person zur nächsten, sondern auch von einem Ort zum nächsten. Die Apostelgeschichte zeigt uns über einen längeren Zeitraum das Vorankommen der christlichen Botschaft von Jerusalem über Ephesus und Athen bis nach Rom. Die Botschaft der Erlösung wanderte von Jerusalem nach Samaria (siehe Apg 8,5.12), dann weiter in andere Gegenden wie Phönizien, Zypern und Antiochia in Syrien (Apg 11,19–22.26). Die starke Überzeugung, dass das Evangelium für alle Menschen – gleich welcher Kultur, Nation oder Sprachgruppe – gedacht war, unterstützte die geographische Ausbreitung der christlichen Botschaft.

Jesus Christus ist wichtig für die Bedürfnisse aller Menschen, und deshalb müssen alle die Möglichkeit erhalten, die gute Nachricht des „Friedens ... durch Jesus Christus" (Apg 10,36b) zu hören. Die missionarische Ausbreitung des Glaubens ist keine freiwillige, zusätzliche Leistung – sie steht in Harmonie mit der Absicht Gottes, der nicht will, „dass auch nur ein Mensch verloren geht, sondern dass alle Buße tun und zu ihm umkehren" (2Ptr 3,9b EB).

Die dritte Art ist **geistliches Wachstum.** Die Entwicklung der ersten Christengemeinden war nicht nur quantitativ, sondern auch qualitativ. Neben dem zahlenmäßigen Wachstum und der geographischen Ausbreitung erlebten die neu gegründeten christlichen Gemeinden auch eine eindeutige Vertiefung des geistlichen Lebens. Eine Intensivierung der frommen Lebensweise hatte die stärkere Verbreitung des Evangeliums zur Folge.

Lukas zeichnete auch das geistliche Wachstum der ersten Christengemeinde treu auf. Apostelgeschichte 2,42–47 ist eine schöne Beschreibung ihres Innenlebens, das zum geistlichen Wachstum führte. (Ich werde Kapitel 5 der Analyse dieses Abschnitts widmen.) Wir sehen die geistliche Reifung der Gemeinde widergespiegelt in ihrem Bekennermut in Zeiten des Friedens und der Krisen (Apg 4,23–31). Ebenso zeigte die freiwillige und freigebige Art, mit der Christen ihren Besitz mit Freude an ihre Glaubensgeschwister weitergaben, die Tiefe der Veränderung, die Christus in ihrem Leben bewirkt hatte (V. 32–37). Die würdevolle Art, wie Stephanus sich steinigen ließ (Apg 7,59–60), die vertrauensvolle Weise, wie Philippus predigte (Apg 8,5–40), und der Mut der frühen Christen in der Verfolgung bezeugen ebenfalls ihr geistliches Wachstum.

Die Apostel förderten diesen Reifungsprozess tatkräftig: Von Paulus und Barnabas heißt es, als sie die Gemeinden erneut besuchten, die sie gegründet hatten: „Überall machten sie den Christen Mut und ermahnten sie, unbeirrt am Glauben festzuhalten. ,Der Weg in Gottes neue Welt', sagten sie zu ihnen, ,führt uns durch viel Not und Verfolgung.'" (Apg 14,22 GNB, vgl. 15,32.35; 18,23)

Lukas präsentiert ein ausgewogenes Bild des Gemeindewachstums, das die zahlenmäßige, geographische und geistliche Entwicklung mit einschließt. Der christliche Glaube ist laut seinem Bericht wirklich ein missionarischer Glaube, in dem die Gemeindeglieder versuchen, immer mehr Menschen zu erreichen und sie zu Jesus zu führen. Er ist auch ein Glaube, der nationale und kulturelle Hindernisse zu überwinden versucht, um das Evangelium jedem Menschen zu bringen. Und natürlich beschäftigt sich der christliche Glaube mit der Erbauung und geistlichen Entwicklung des Volkes Gottes. Das ausgewogene Bild des Berichterstatters über die frühen Gemeinden lenkt sorgfältig die Aufmerksamkeit auf jeden dieser Bereiche des Gemeindewachstums.

→ Gemeindewachstum aller Art erfolgt am besten, wenn eine Ortsgemeinde gesund ist und unter der Leitung des Heiligen Geistes gut funktioniert.

Die Definition einer gesunden Gemeinde

Eine gesunde Gemeinde versucht den Missionsauftrag und die Anweisungen von Jesus in ihrer Arbeit zu befolgen, indem sie biblisch fundiert, geistlich lebendig, auf die Mission konzentriert, funktional ausgewogen, effektiv organisiert, durch den Heiligen Geist zum Dienst angeleitet und befähigt ist und sich auszeichnet durch hervorragende Qualität in allem, was sie tut.

Das Schlüsselthema für Ortsgemeinden im 21. Jahrhundert wird die Gemeindegesundheit sein und nicht das Gemeindewachstum. Denn gesunde Gemeinden kommen in der Weise voran, wie Gott es beabsichtigt hat. Wenn deine Gemeinde wirklich geistlich gesund ist, wirst du dir keine Sorgen über ihr Wachstum machen müssen. Folglich werden die in diesem Buch dargestellten Prinzipien, die gesunde Gemeinden „schaffen" wollen, selbstverständlich auch zu ihrer positiven Entwicklung beitragen.

Die Bibel deutet sieben Zeichen einer gesunden Gemeinde an.

1. Sie verherrlicht Gott.
2. Sie bildet Nachfolger Christi heran, die sich ernstlich bemühen, die Gebote Gottes zu befolgen.
3. Sie hat Mitglieder, die gemäß ihrer geistlichen Gaben einen Dienst ausüben.
4. Sie ist inkarnatorisch (d. h. sie begibt sich wie Jesus in die Situation der Menschen hinein) und beeinflusst die Umwelt.
5. Sie ist missionarisch aktiv.
6. Sie integriert neue Mitglieder in das Leben und die Leitung der Gemeinde.
7. Sie vertraut Jesus und gehorcht ihm in allen Dingen.

In einer gesunden Gemeinde kann jedes Gemeindemitglied geistlich wachsen, Gott dienen, Christus bezeugen und andere Menschen aufbauen. Und alles, was wir tun, muss vom innewohnenden Christus kommen (vgl. Joh 15,4.5; Eph 4,16). Das ist ein tiefgründiger Paradigmenwechsel für viele Gemeinden und ihre Glieder. Es ist eine Abkehr von einer Strategie hin zu den Menschen und von einer Programmmentalität hin zu einer Befähigung durch den Heiligen Geist. Wenn wir eine Gemeindekultur schaffen können, in der jeder Gläubige eigene Verantwortung übernimmt, um geistlich zu wachsen, Gott zu dienen und Christus zu bezeugen, werden unsere Gemeinden ihre Umwelt verändern! Zahlenmäßiges Wachstum stellt nur einen Teil der Kriterien einer reifen Gemeinde dar. Die Vertiefung der Beziehung zu Christus, zu den anderen Gemeindegliedern und zu verlorenen Menschen muss Teil einer reifen Gemeinde sein. Echtes Gemeindewachstum findet statt, wenn eine Gemeinde treu und mit Gottes Hilfe den Missionsauftrag in ihrem Umfeld erfüllt. Sie braucht dazu die Leidenschaft, verlorene Menschen retten zu wollen.

Die Definition von Evangelisation und Mission

Was einer Gemeinde Zuwachs bringt, nennen wir Mission oder Evangelisation. Beide Worte erscheinen nicht im Neuen Testament. Das Wort „Evangelist" kommt dreimal vor (Apg 21,8; Eph 4,11; 2 Tim 4,5), der ist jemand, der eine gute Nachricht verkündigt (so die Bedeutung des griechischen Begriffes). Evangelisation ist zweierlei: das Evangelium von Jesus mitzuteilen, sodass eine Person es versteht; und sie zu überzeugen, darauf positiv zu reagieren. Mission bedeutet Sendung, ein Missionar ist ein Gesandter (Apostel).

Im Zentrum der Mission steht die Anweisung von Jesus an alle seine Gemeinden zu allen Zeiten: „Macht die Menschen zu meinen Jüngern und Jüngerinnen!" (Mt 28,19a BNB) Evangelisation ist das Bestreben, Menschen für Christus zu gewinnen. Mission bringt jemandem die gute Nachricht von Jesus, die ihm bewusstmacht, dass er wegen seiner Sünden in Gefahr steht, für immer verlorenzugehen, aber er durch das sühnende Opfer Christi Vergebung erhalten kann. Weil Jesus von den Toten auferstanden und als unser Mittler in den Himmel zurückgekehrt ist, können alle, die ihm vertrauen und ihn als ihren Erlöser und Herrn annehmen, gerettet werden und ewiges Leben erhalten.

Heute benutzen Gemeinden diverse Missionsmethoden, um das Evangelium zu verbreiten: öffentliche Veranstaltungen, Seminare, Radio- und Fernsehsendungen, Evangelisationsvorträge per

Satellit, Internetseiten usw. Doch es bleibt die Tatsache bestehen, dass der persönliche Kontakt eines Christen zu anderen Menschen immer noch die effektivste Methode ist, um heute die Massen zu erreichen. Wenn in einem Kalenderjahr jeder Christ einen Menschen für Jesus gewinnen würde, überträfe die Vermehrung der Gläubigen jedes berichtete Wachstum in der modernen Missionsgeschichte. Wenn wir dabei mit nur einer Million Nachfolgern beginnen würden, wäre die Weltbevölkerung nach nur 13 Jahren vollständig christlich! Unbekehrte Menschen in der eigenen, unmittelbaren Nachbarschaft zu Christus zu führen ist der natürlichste Weg und der beste strategische Platz, um zu beginnen.

Das Wissen, was Evangelisation ist, sollte uns dazu führen, alle Dienste in einem anderen Licht zu sehen und sie missionarisch auszurichten. Solltest du ein Gemeindeleiter sein, geht es nicht darum, Entscheidungen für die Gemeinde zu treffen, einen Bibeltext am Sabbatmorgen zu lesen und zu beten oder zu einer Gabensammlung aufzurufen; deine Funktion ist vielmehr, die Gemeindeglieder zu schulen und zu ermutigen, mit ihnen und für sie zu beten und sie zu einer tieferen Erfahrung mit Christus zu führen (vgl. Eph 4,11b–12). Wenn dein Dienst in der Gemeinde die Arbeit mit Kindern ist, dann besteht er nicht darin, sie zu unterhalten oder die Zeit zu überbrücken, sondern sie zu Jesus zu führen. Ein Diakon soll nicht nur die Gaben im Sabbatgottesdienst sammeln oder die Türen des Gemeindehauses öffnen und schließen, sondern auch mutig den auferstandenen Erlöser bezeugen (vgl. Apg 6,5.8; 8,5). Dieses Prinzip gilt für alle Dienste und für alle, die Jesus nachfolgen. Bete für und träume von Wegen, durch die Gott dich effektiv und wirkungsvoll benutzen kann!

Gottes befähigender Geist

Die Macht zum Gemeindewachstum kommt vom Heiligen Geist. Er ruft Menschen zum Glauben an Jesus, schenkt ihnen Reue und ein neues, geistliches Leben. Das Wirken des Geistes hilft ihnen, sich als Nachfolger von Jesus weiterzuentwickeln (Heiligung). Immer, wenn wir umfangreiches Gemeindewachstum beobachten können, ist der Heilige Geist erneut unter Gottes Volk am Wirken. Die Gemeinde Christi trat an Pfingsten öffentlich in Erscheinung (vgl. Apg 2). Von dieser Zeit an zeigten die Apostel und die Nachfolger von Jesus eine neue Hingabe, ein neues Verständnis und eine neue Vision von Gottes Absichten. Jetzt stimmte ihr Wirken mit seinem Plan überein, und sie hatten eine neue Kraftquelle. Sie wird in der Gemeinde wirksam bleiben, bis ihr Herr wiederkommt.

Die Apostelgeschichte und manche Briefe enthalten die Berichte über lebendige Gemeinden, in denen Gottes Geist wirkte und die noch nicht mit unproduktiven Traditionen und fruchtlosen Gewohnheiten ungläubiger Angst belastet waren. Gemeindeglieder gingen überall hin, um über Christus zu sprechen (allerdings mussten sie dazu erst durch eine Verfolgung dazu angetrieben werden, vgl. Apg 8,1.4). Der Heilige Geist rief die Gemeinde ins Leben; er erhält ihr geistliches Leben, erneuert sie von Zeit zu Zeit, befähigt sie zur Mission und bewirkt ihr Wachstum. Wir können dies leicht an einer sorgfältigen Studie der Apostelgeschichte sehen, die eine Anleitung über das Wirken beider ist – des Heiligen Geistes und der Gemeinde Christi.

Als der Geist zu Pfingsten über mindestens 120 Jünger in seiner Fülle ausgegossen wurde, bezeugte und ermahnte Petrus, der nun vom Heiligen Geist erfüllt war, die Menge, die sich versammelt hatte, und forderte sie zur Umkehr und zum Glauben an Jesus Christus auf; 3000 Leute „nahmen seine Botschaft an" und „ließen sich taufen" (Apg 2,37–41 GNB). Dadurch entstand die erste Christengemeinde. Von diesem Punkt aus beobachten wir eine enge Verbindung zwischen ihr und dem Wirken des Heiligen Geistes.

Er stattete die Apostel mit Kraft zum Zeugnis und zum Predigen aus, und sie „fingen an ... zu reden, wie der Geist ihnen gab auszusprechen" (V. 4 EB). Einige Zeit später wurden sie erneut „alle mit dem Heiligen Geist erfüllt und redeten das Wort Gottes mit Freimütigkeit ... Und mit großer Kraft legten die Apostel das Zeugnis von der Auferstehung des Herrn Jesus ab." (Apg 4,31.33 EB) Überall hatten christliche Gemeinden ein Gespür für und ein Verlangen nach dem Wirken des Heiligen Geistes.

Er ernannte und beauftragte auch die ersten Missionare in der Gemeinde in Antiochia. „Während sie aber dem Herrn dienten und fasteten, sprach der Heilige Geist: ‚Sondert mir nun Barnabas und Saulus zu dem Werk aus, zu dem ich sie berufen habe!' Da fasteten und beteten sie; und als sie ihnen die Hände aufgelegt hatten, entließen sie sie. Sie nun, ausgesandt von dem Heiligen Geist, gingen hinab nach Seleuzia, und von dort segelten sie nach Zypern." (Apg 13,2–4 EB)

Ferner führte der Geist die Missionare, indem er ihnen anzeigte, wohin sie gehen und was sie meiden sollten. Er befahl dem Evangelisten Philippus, nach Gaza zu reisen (vgl. Apg 8,26–40); er sandte Petrus zum Haus des römischen Hauptmanns Kornelius nach Cäsarea (Apg 10); er verbot Paulus und Silas, die Provinzen Asia und Bithynien zu betreten; stattdessen sandte er sie nach Mazedonien (Apg 16,6.7.9.10); er führte Paulus zurück nach Jerusalem trotz bevorstehender Gefahren (Apg 20,22.23).

In Zeiten der Verfolgung tröstete der Heilige Geist die Gemeindeglieder. Sie „wurden gestärkt durch die Hingabe zu Gott, und die Gemeinde vergrößerte sich durch das Wirken des Heiligen Geistes." (Apg 9,31b EB). Der Geist leitete die ersten Christengemeinden bei administrativen Angelegenheiten. Die bedeutende Entscheidung bei der Versammlung der Apostel und Ältesten in Jerusalem wurde mit den Worten eingeleitet: „Vom Heiligen Geist geleitet, haben wir ... beschlossen ..." (Apg 15,28a GNB). Als Paulus die Gemeindeältesten in Ephesus ermahnte, erinnerte er sie, dass der Heilige Geist sie selbst zu Aufsehern (Bischöfen) der Herde gemacht hatte (Apg 20,28). Der Geist leitete die Gemeinden, befähigte und beschützte ihre Mitglieder, und durch ihn waren der Vater und der Sohn unter ihnen gegenwärtig.

Die Motivation zur Mission

1. Dankbarkeit gegenüber Christus. Die Christen im ersten und zweiten Jahrhundert missionierten die Welt aufgrund der überwältigenden Liebe Gottes, die sie durch Jesus Christus erfahren hatten. Die Entdeckung, dass die größte Macht im Universum die Liebe ist

und der Sohn sich zu den Tiefen der Selbsterniedrigung hinunter-
ließ, hatte eine Wirkung auf die Gläubigen, die durch nichts mehr
ausgelöscht werden konnte. Die Besinnung auf die Kreuzigung als
das höchste Beispiel eines teuren Dienstes für die verlorenen Menschen (vgl. Röm 5,7–8) hielt zweifellos den Eifer der Christen auf
einem hohen Niveau.

Dankbarkeit gegenüber Jesus ist heute vermutlich der größte
geistliche Faktor im Verlangen eines Christen, die Ortsgemeinde
wachsen zu sehen. Verkünde also als Pastor oder Gemeindeleiter
das Evangelium und hilf mit, eine Art von Gemeindekultur zu
schaffen, die Gemeindeglieder befähigt, die verändernde Gnade
und Liebe Gottes zu erfahren. Diejenigen, die diese Realität erst
kürzlich erfahren haben – zum ersten Mal oder aufs Neue – werden
die motiviertesten missionierenden Gemeindeglieder sein.

2. Gehorsam gegenüber dem Missionsauftrag. Die Aufforderung von Christus, unter allen Menschen Jünger zu gewinnen, ist
das Banner, das den Weg für die Expandierung der Gemeinde und
ihrer Dienste und Mission zeigt. Die Gemeinde ist sein Leib, der
seine Mission auf alle verlorenen, verletzten und unterdrückten
Menschen richtet. Somit ist der Missionsauftrag keine göttliche Anweisung, der ein Christ in einer Art Gesetzlichkeit gehorcht. Er ist
vielmehr die Aussage Christi über unsere Aufgabe und Identität als
Gemeinde. Wir akzeptieren den Auftrag als eine Möglichkeit, die
uns erlaubt, uns ihm in der Weise anzuschließen, wie er uns führt.
Gemeinden, die dieses angebotene Vorrecht annehmen und ihre
Prioritäten biblisch geordnet haben, werden Wachstum in der Art
der apostolischen Zeit erfahren.

3. Liebe für verlorene Menschen. Verlorene Menschen sind für
Gott und für Christus von Bedeutung (vgl. Lk 15), und das müssen sie folglich auch für uns sein. Gemeindeglieder, die von Herzen wünschen, dass Verlorene gefunden, Entfremdete versöhnt
und Besiegte aufgerichtet werden, fühlen sich gedrängt, diese zu
erreichen. Verwurzelt in der christlichen Liebe hat solch eine Motivation jede Generation Christen markant angetrieben, um Mission
zu betreiben. Die Frage, die sich jedem von uns stellt, ist, ob wir für
verlorene Menschen Mitgefühl und Liebe empfinden. Sorgen wir

uns genug darum, sie zu erreichen, und teilen wir ihnen die Liebe von Jesus effektiv mit?

4. Die Überzeugung, dass Christus mit uns ist (Mt 28,20). Christus ist unter uns gegenwärtig. Er ruft uns auf, sich ihm als seine Botschafter anzuschließen, durch die er seinen Aufruf zur Versöhnung mit Gott allen Menschen bringen kann (vgl. 2 Kor 5,20). Er hat versprochen, uns zu stärken und uns auch die passenden Worte in schwierigen Umständen zu geben (vgl. Mt 10,18–20). Wenn die Nachfolger des Erlösers überzeugt sind, dass Christus selbst sie führt und mit ihnen ist, kann sie nichts aufhalten.

Häufig frage ich Gemeindeleiter und -glieder: „Was versuchst du gerade in deinen missionarischen Bemühungen, das nur gelingen kann, wenn Jesus mit dir wäre?" Leiter und Mitglieder wachsender Gemeinden können sich kaum beherrschen, über die Möglichkeiten zu sprechen, was Gott in ihrer Mitte tun kann. Das kann auch deine Erfahrung und die deiner Adventgemeinde sein.

Gesunde und wachsende Adventgemeinden

In der Untersuchung, die wir in wachsenden Adventgemeinden durchgeführt haben, haben wir entdeckt, dass sie versucht haben, *alle* Prinzipien, die in diesem Kapitel genannt werden, zu befolgen.

Wenn ihr wollt, dass sich eure Gemeinde vergrößert, dann kehrt zurück zu den Grundlagen: Lernt, miteinander zu beten und Gott zu loben, studiert gemeinsam die Bibel, arbeitet nach dem Vorbild von Jesus und lernt, einander und verlorene Menschen zu lieben. Schafft eine Gemeindekultur, die deutlich macht, dass Verlorene Gott etwas bedeuten. Wenn ihr das macht, werdet ihr missionarische Visionen haben und die Möglichkeiten sehen, Jesus überall, unter allen Umständen und in allen Situationen zu bezeugen und zu verkünden.

Christus hat versprochen, beides zu sein: der „Eckstein" und das „Haupt" der Gemeinde (vgl. Eph 2,20b; 5,23b). Möge deine Gemeinde Jesus als solide Grundlage und als Leiter haben und möge sie ein Licht und eine Quelle der Gnade für ihre Umwelt sein.

TEIL II

Befähigende und dienende Leiter

In einer Ortsgemeinde hängt alles von den diversen Leitern ab. Deshalb wäre es vernünftig, mehr in das Training und in die Entwicklung der Leiter zu investieren. Sie stellen nicht nur die Bühne für das Wachstum auf und bestimmen den Umgangston, sondern entwickeln auch Methoden, um den Gemeindegliedern zu helfen, geistlich zu wachsen. Darüber hinaus beeinflussen die Leiter ihre Gemeinde dazu, Gott und den Menschen begeistert zu dienen. Dieser Teil hat drei Kapitel, die folgende Themen behandeln:
1. Die Rolle eines auf Glauben basierenden Optimismus.
2. Eine Neudefinition der Rolle der Pastoren gemäß dem Vorbild von Jesus.
3. Wie neue Leiter herangebildet werden können.

Das erste Kapitel baut auf der Untersuchung auf, die wir über die Einstellung von Pastoren und Leitern von wachsenden Adventgemeinden durchgeführt haben. Obwohl die Interviews sich auf Pastoren konzentrierten, gelten die Grundsätze für uns alle.

Das zweite Kapitel ist eine biblische Betrachtung der Rolle des Pastors und anschließend des Leiters. Auch wenn es nicht direkt auf unserer Untersuchung gründet, haben wir entdeckt, dass die Pastoren wachsender Gemeinden bestimmte Charakteristika vorweisen. Es ist für alle Pastoren und Gemeindeglieder notwendig, die in dem Kapitel dargestellten Prinzipien zu verstehen. Dann werden die Pastoren frei sein zu tun, wozu Gott sie berufen hat, und die Gemeindeglieder werden die richtigen Erwartungen an sie haben. Viele dieser Prinzipien werden wir im weiteren Verlauf des Buches noch genauer betrachten.

Das dritte Kapitel handelt von der Wichtigkeit, jedes Gemeindeglied auszurüsten, auszubilden und ihm die nötige Freiheit zu geben, um einen effektiven Dienst verrichten und missionarisch wirksam sein zu können. Es handelt von einigen biblischen Grundlagen, Untersuchungen und persönlichen Geschichten aus Gemeinden, in denen ich Pastor war und die ein enormes Wachstum erfahren haben (eine dieser Gemeinden vergrößerte sich von 40 auf ungefähr 500 Gottesdienstbesucher).

Die Hauptaufgabe jedes Leiters ist, andere Gemeindeglieder auszubilden, auszurüsten und anzuleiten, damit sie ebenfalls den Dienst tun können, den er verrichtet. Der Bereichsleiter für den Gottesdienst bildet also weitere Gottesdienstleiter aus, der Diakonieleiter neue Diakone, die Kindersabbatschulleiterin weitere Helfer und Helferinnen für die verschiedenen Altersgruppen, usw.

Ich habe meine Studenten auf dem Theologischen Seminar der Andrews-Universität (meist Pastoren, die bereits einige Jahre in Adventgemeinden gearbeitet haben) gefragt, ob ihre Ortsgemeinden ein systematisches Programm haben, um Gemeindeglieder auszubilden. Während der letzten zehn Jahre hat mir nur eine Handvoll von ihnen bestätigt, dass ihre Gemeinde irgendeine Art von Trainingsprogramm für den Dienst und die Mission durchführt.

Jesus verbrachte dagegen dreieinhalb Jahre damit, seine Jünger für ihren Dienst zu trainieren. Und Paulus definierte die Rolle des Pastors folgendermaßen:

[Christus] hat die einen als Apostel, die anderen als Propheten, wieder andere als Prediger und schließlich einige als Hirten und Lehrer [= Bischöfe, Älteste bzw. Pastoren] eingesetzt. Ihre Aufgabe ist es, *die Gläubigen für ihren Dienst vorzubereiten* und die Gemeinde – den Leib Christi – zu stärken. (Eph 4,11–12 NLB, Hervorhebung hinzugefügt)

Andere Übersetzungen sprechen vom *Ausrüsten* der Gemeindeglieder (EB, Hfa). Die Leiter sollen also deren Coaches für ihren Dienst sein, sodass die Gemeinde gestärkt wird und wachsen kann.

Kapitel 2

Die wichtigste Zutat für Gemeindewachstum: auf den Glauben basierender Optimismus

Glaube und Optimismus sind zwei einfache Worte, die dich, deine Gemeinde und eure Zukunft verändern können. Eine positive und gesunde Einstellung, die auf Hoffnung und Glaube gegründet ist, ist der wichtigste menschliche Bestandteil des Gemeindewachstums. Wie bereits erwähnt, identifizierte unsere Untersuchung zuerst die am schnellsten wachsenden Adventgemeinden in Nordamerika: solche mit einem Wachstum von mindestens fünf Prozent an Besucherzahl, Mitglieder und Taufen in fünf aufeinanderfolgenden Jahren, wobei Gemeinden ausgeschlossen wurden, die sich an sehr aufnahmebereite Gruppen von Einwanderern der ersten Generation wandten. Nur auf fünf Gemeinden trafen diese Kriterien zu (im Folgenden „Gemeinde A, B, C" usw. genannt).[1] Jede einzelne dieser schnell wachsenden Gemeinden verglichen die Forscher mit drei Gemeinden in ihrer geographischen Nähe, deren Gliederzahl entweder stagnierte oder rückläufig war.

Gleiche Gegend, aber verschiedene Antworten

Zur Zeit unserer Studie (2003–2007) lag die am schnellsten wachsende Gemeinde A in der Mitte der USA. Um die Dynamik dieser blühenden Gemeinde besser zu verstehen, wurden für die Studie

---

[1] Die erweiterten Kriterien von drei bis fünf Prozent in drei bis fünf Jahren ergaben insgesamt 23 Gemeinden. Dieses Kapitel behandelt jedoch die Charakteristika der fünf am schnellsten wachsenden Adventgemeinden.

drei Pastoren von stagnierenden Adventgemeinden in derselben Gegend interviewt und gebeten zu erklären, welche Gründe sie für ihren Wachstumsmangel sahen. Beinahe alle sagten: „Es ist sehr schwer hier zu arbeiten. Die Menschen interessieren sich nicht für die adventistische Botschaft. Die meisten sind Baptisten oder Charismatiker." Als ich sie fragte: „Wie steht es mit eurer Zukunft?", sagten sie: „Es sieht nicht gut aus. Die Baptisten werden stärker, und unsere Gemeinde wird schrumpfen."

Gemeinde A liegt in einer mittelgroßen Stadt und ist Ende der 1990er-Jahre gegründet worden. Sie leistet einen starken Dienst für die Kommune. Als wir den Pastor dieser Adventgemeinde über seine Stadt befragten, sagte er: „Ich liebe es, hier zu leben. Die Menschen unserer Stadt lieben Gott. Wir beten für sie, wir erfüllen ihre Bedürfnisse und immer mehr kommen in unsere Gemeinde. Gott ist so gut zu uns. Wir haben unsere Gemeinde vor ungefähr acht Jahren mit einer Handvoll Adventisten gegründet und heute haben wir mehr als 500 Gottesdienstbesucher."

Gemeinde B liegt in einer südlichen Großstadtregion der USA mit mehr als 5 Millionen Menschen in der Nähe der Innenstadt, die im letzten Jahrzehnt eine Wiederbelebung erfahren hat. Momentan ist es eine kulturell vielseitige Gemeinde mit starken Leitern, guten Predigten und ebenfalls mehr als 500 Gottesdienstbesuchern.

Die Pastoren von abnehmenden oder stagnierenden Adventgemeinden in ihrer Nähe sagten, dass die Menschen in dieser Stadt strenge Baptisten seien und sich nicht für die adventistische Botschaft interessierten. Überrascht sagte ich zu einem: „Erzählst du mir, dass alle fünf Millionen Menschen, die hier leben, gläubig und Kirchengänger sind? Gott hat doch überall Suchende, auch in anderen Konfessionen." Ich erhielt von ihm keine Antwort.

Dagegen besaß der Pastor der Gemeinde B einen auf seinem Glauben basierenden Optimismus. Er sagte: „Wir sind von den Herausforderungen nicht eingeschüchtert. Unsere Aufgabe besteht darin zu beten, effektive Dienste anzubieten und zu missionieren. Gottes Aufgabe ist es, die Menschen zu uns zu schicken."

Gemeinde C ist eine schon länger etablierte Gemeinde in einem Vorort einer dichtbesiedelten Großstadt an der Pazifikküste im

Nordwesten der USA. Die Gemeinde hat ihre Besucherzahl auf 450 bis 500 mehr als verdoppelt. Sie arbeitet mit einem starken und innovativen Dienst für die Stadt. Der Pastor der Gemeinde C sagte: „Das Beste, was mir jemals passieren konnte, war, hierher zu kommen. Die Menschen in unserer Gegend haben keine Verbindung zu einer Gemeinde. Wir beten für sie, wir kümmern uns um ihre Bedürfnisse und sie kommen in unsere Gemeinde."

Aber als wir drei Pastoren von abnehmenden Gemeinden in derselben Stadt über die Situation ihrer Gemeinden interviewten, berichteten sie: „Wir leben in einer der säkularisiertesten Städte dieser Welt, in der es sehr schwer ist, irgendeine Art von Evangelisation zu betreiben. Die Menschen denken nicht über Gott nach, sie brauchen ihn nicht und sicherlich auch keine Gemeinde." Einer dieser Pastoren meinte, dass der Anteil der Menschen, die in Paris in eine Kirche gingen, höher sei als der Anteil in seiner Stadt. Als sie über die Zukunft befragt wurden, war ihre einstimmige Antwort: „Es wird noch schwieriger werden." Dieselbe Stadt, verschiedene Einstellungen – und ganz unterschiedliche Ergebnisse.

Aber nicht nur Adventgemeinden in Vororten oder Großstädten haben die Möglichkeit zu wachsen. Gemeinde D liegt in einer kleinen Stadt in der Mitte der Vereinigten Staaten, aber sie ist gut gewachsen für ihre Größe. Sie hat etwa 175 Gottesdienstbesucher und führt verschiedene Dienste in der Kommune durch. Die Kleinstadtbühne hatte ihren Pastor nicht abgeschreckt. Er glaubte, dass die Gemeindeglieder kleiner als auch großer Städte mit Vertrauen in Gott begeisterte Missionare sein würden, für Freunde beten und sie einladen würden. Von daher arbeitete er daran, die Gemeinde geistlich reifen zu lassen und sie zu einem Ort zu machen, an den man gern andere Menschen einlädt. Fünf Jahre später war seine Adventgemeinde um 50 Prozent gewachsen!

Gemeinde E liegt in einer ländlichen Gegend im Westen der USA. Die Besucherzahl lag bei ungefähr 400, überwiegend Angloamerikaner; zusätzlich hat sie eine Minderheit von hispanischen Gemeindegliedern.[2] Aber es war nicht immer so. Früher einmal

---

[2] Der hispanische Teil dieser Gemeinde war nicht in der Berechnung des Wachstums inbegriffen, sondern kam noch zusätzlich dazu.

war die Gemeinde am Sterben; und als der neue Pastor ankam, hörte er entmutigende Äußerungen: „Diese Gemeinde wird nicht wachsen. Sie liegt in einer kleinen Stadt; und diese Stadt wächst nicht." Trotzdem glaubte der Pastor, dass Gott diese aussterbende Gemeinde wachsen lassen kann. In diesem Glauben ging er voran und führte seine Gemeinde, damit sie ein helles Licht in der Stadt und eine dynamische und begeisterte Adventgemeinde wurde. Sie hat jetzt eine starke Präsenz in der Kommune und eine Leidenschaft für Wachstum.

Die wichtigste Zutat zum Gemeindewachstum

Kein einzelner Faktor allein wird einer Gemeinde zu Wachstum verhelfen; auch nicht ein imaginärer idealer Ort, wo geistliches und zahlenmäßiges Wachstum automatisch erfolgt. Und keine Kombination aus Bemühungen und Strategien wird eine Gemeinde entwickeln können ohne das Wirken des Heiligen Geistes. Aber *mit* ihm haben wir jeden Grund zum Optimismus und Enthusiasmus für die Zukunft. Von den vier Faktoren, die gemäß unserer Untersuchung zum Gemeindewachstum beitragen – wie effektive Leitung, begeisterte Beteiligung der Mitglieder, die Nutzung der Macht des Gebetes und inspirierende, dynamische Gottesdienste[3] – war keiner wichtiger als auf den Glauben basierender Optimismus!

Die Einstellung eines Gewinners haben

Die wichtigste Zutat zum Gemeindewachstum ist eine Gewinnermentalität, die auf Vertrauen in Gott und das Wirken seines Geistes basiert. Einstellung bedeutet die Art und Weise, wie man Dinge wahrnimmt und wie man Situationen interpretiert. Kurz gesagt: Die Einstellung ist der mentale Filter, durch den ein Mensch seine Welt sieht. Manche nehmen die Welt durch einen Filter des Optimismus' wahr, und unabhängig davon, was passiert, vertrauen sie auf Gott,

---

[3] Unsere Untersuchung hat gezeigt, dass kein bestimmter Gottesdienststil Ursache für das jeweilige Gemeindewachstum ist (mehr dazu in Kap. 12).

der „alle Dinge zum Guten mitwirken" lässt für diejenigen, die ihn lieben (Röm 8,28 EB). Wir können die Einstellung eines Gewinners als eine Haltung definieren, die nicht von Ereignissen in der Umwelt abhängt, sondern davon, dass wir uns entschieden haben, diese Ereignisse im Lichte der Verheißungen Gottes und der Aktivitäten des Heiligen Geistes in der Welt zu interpretieren.

Einstellungen tragen zum Gewinn oder zur Niederlage bei. Ich will zeigen, warum wir eine negative Einstellung ablehnen müssen. Gott versprach seinem Volk das Land Kanaan, in dem „Milch und Honig fließt" (2 Mo 3,8.17), aber zehn der Kundschafter, die Mose aussandte, um es zu erkunden, trauten dem Herrn nicht zu, dass er sein Versprechen erfüllen könne. Sie sahen die Dinge bloß durch eine menschliche Sichtweise (vgl. 4 Mo 13,31). Ihre negative Einstellung verhinderte Gottes Segen und beleidigte ihn. Die zehn Kundschafter hatten einen Vorgeschmack von der Qualität des verheißenen Landes bekommen, aber sie erlebten nicht, es in Besitz zu nehmen, weil sie Gott misstrauten, was seinen Zorn gegen sie hervorrief (vgl. 4 Mo 14,20–23).

Darüber hinaus führt eine negative Einstellung zu Angst und Unsicherheit. Die Kundschafter brachen mit Vertrauen und einem abenteuerlichen Geist auf, aber kehrten mit Angst zurück, ohne weiter auf Gott zu vertrauen und sich auf ihn zu verlassen (vgl. 5 Mo 1,28). Das ganze Lager Israels weinte, weil sich zehn Kundschafter enttäuscht, betrogen, frustriert und unsicher fühlten. Sie beeinflussten die anderen, einen neuen Führer zu ernennen, der sie zurück nach Ägypten bringen sollte (vgl. 4 Mo 14,1–4). Sie vertrauten nicht mehr auf den HERRN (5 Mo 1,32–33). Eine negative Einstellung ist die Wurzel des Unglaubens. Sie brachte die zehn Kundschafter dazu, ihr Vertrauen auf Gott zu verlieren und sich selbst mit „Heuschrecken" zu vergleichen (4 Mo 13,33).

Eine positive Einstellung öffnet dagegen die geistliche Vision wie bei Josua und Kaleb (V. 30). Sie hatten eine andere Sicht der Situation. Ihnen war bewusst, dass die Einwohner stark waren und in befestigten Städten lebten, aber sie vertrauten darauf, dass Gott seine Versprechen halten würde (5 Mo 1,29–31). Sie zeigten keine Angst; vielmehr versuchten sie, die Volksmenge zu ermutigen.

„Josua, der Sohn Nuns, und Kaleb ... die auch das Land erkundet hatten, zerrissen ihre Kleider und sprachen zu der ganzen Gemeinde der Israeliten: ‚Das Land, das wir durchzogen haben, um es zu erkunden, ist sehr gut. Wenn der HERR uns gnädig ist, so wird er uns in dies Land bringen und es uns geben, ein Land, darin Milch und Honig fließt. Fallt nur nicht ab vom HERRN und fürchtet euch vor dem Volk dieses Landes nicht, denn wir wollen sie wie Brot auffressen. Es ist ihr Schutz von ihnen gewichen, der HERR aber ist mit uns. Fürchtet euch nicht vor ihnen!'" (4 Mo 14,6–9)

Die Mentalität eines Gewinners ist das Kennzeichen eines göttlichen Leiters. Die Bibel sagt, dass Gott mit Josua und Kaleb zufrieden war (V. 34). Josua wurde der Nachfolger von Mose. Er führte die Israeliten zu großen Siegen und in das Land Kanaan. Kaleb unterstützte ihn. Leiter, die auf Gott vertrauen und an seine Fähigkeit glauben, das Unmögliche zu tun und seine Verheißungen zu erfüllen, werden ihre Gemeinden verändern, wie der Herr es will.

Die Einstellung eines Gewinners behalten ohne Rücksicht auf die Umstände

Ich habe mich darüber gewundert, warum Gott zuließ, dass Mose Kundschafter nach Kanaan schickte. Der Herr hätte jedes kleine Geheimnis über das Land offenbaren und das Volk Israel zum Sieg führen können. Ich habe daraus geschlossen, dass er ihre Einstellung testen wollte. Er lässt es zu, dass wir durch schwierige Lebenslagen gehen, bevor wir wirklich gesegnet werden können. Wie reagieren wir auf solche Schwierigkeiten? Sind wir besorgt und ängstlich? Oder vertrauen wir ihm und seiner Macht?

Eine wesentliche Eigenschaft der Einstellung eines Gewinners ist, mit Vertrauen und Zuversicht auf eine Situation zu reagieren. Nicht nur die zehn Kundschafter hatten eine negative Einstellung, sondern kurze Zeit später versuchten allerlei Israeliten, das verheißene Land trotz der Warnung Moses aus eigenen Kräften zu erobern – und sie verloren die Schlacht (vgl. 4 Mo 14,40-45).

Es ist natürlich, nervös zu sein, wenn wir durch schwierige Zeiten gehen. Wir beginnen, auf Situationen mit unserer eigenen Stärke zu reagieren und vergessen, dass Gott die Kontrolle über alles hat. Wenn wir auf unserem Weg auf Hindernisse treffen, müssen wir Hilfe bei Gott suchen. Wenn wir das tun, werden wir beginnen, über das hinauszuschauen, was wir mit unseren Augen sehen. Der Autor der Sprüche fordert uns auf, uns mit ganzem Herzen auf den HERRN zu verlassen und nicht auf unseren Verstand, dann werde der HERR uns „recht führen" (Spr 3,5–6). Einstellungen sind ansteckend. Lohnt es sich, deine Einstellung zu übernehmen? Einstellungen sind auch extrem wirkungsvoll. Daher haben negative Einstellungen einen verheerenden Einfluss auf andere. Es ist unglaublich, wie nur zehn gewöhnliche Menschen fast das ganze Volk Israel gegen Mose, Josua und Kaleb aufbringen konnten. Klingt das vertraut? Ein verdorbenes Mitglied kann eine ganze Ortsgemeinde zu einer negativen Denkweise führen. Deshalb möchte ich dich dazu drängen, negativen Einstellungen keinen Raum in deinem Leben oder deiner Gemeinde zu geben.

Wenn ich dieses Konzept zusammenfassen sollte, würde ich sagen: Deine Einstellung bestimmt dein Schicksal, deinen Erfolg (viele Sportler sind dafür gute Beispiele) und dein Wachstum.

Menschen für Jesus gewinnen

Wenn wir behaupten, dass Leute nicht interessiert oder schwer zu erreichen sind, begrenzen wir Gott, uns selbst und auch diejenigen, die wir zu beeinflussen versuchen. Wenn du den grundlegenden Glauben hast, dass die Menschen nicht interessiert sind, wirst du dann etwa neue Methoden ausprobieren oder überhaupt irgendetwas versuchen?

Die Situation heute ist etwa dieselbe wie im ersten Jahrhundert. In jener Zeit dominierten drei große philosophische Ideen die Denkweise der Bewohner des Römischen Reiches. Sie wurden von drei Städten repräsentiert. Jerusalem repräsentierte religiöse Traditionen und Starre im Glauben; Athen symbolisierte moderne Philosophie und Offenheit gegenüber neuen Ideen; und Rom stand für eine Kultur der Unterhaltung, der Heldenverehrung und der Vergnügungssucht. Und in jeder dieser Städte erfuhren die Apostel und treue Christen Ablehnung oder gar Verfolgung. Trotz der Herausforderungen, die sicher nicht einfacher waren als die heutzutage, verbreitete sich das Evangelium, und das Reich Gottes wuchs. Das erste Jahrhundert ist die Ära des Gemeindewachstums und christlicher Spiritualität, auf das wir neidisch zurückblicken. Aber das Christentum verbreitete sich nicht, weil es keine Herausforderungen hatte, sondern weil die Gemeindeglieder ein starkes Vertrauen auf Jesus Christus und das Wirken des Heiligen Geistes besaßen. In unserer Zeit wird Gott seine Gemeinde wieder zu Triumphen und Erfolgen führen. Wenn wir daran teilhaben wollen, müssen wir Gott und dem Wirken seines Geistes vertrauen.

Während der Interviews im Verlauf unserer Untersuchung hörten wir viele Entschuldigungen, warum einzelne Gemeinden nicht wuchsen. Ein Pastor sagte: „Unsere Gemeinde ist in einer sehr wohlhabenden Gegend, und die Menschen haben kein Bedürfnis nach Gott." Ein anderer erklärte: „Meine Gemeinde ist in einer sehr armen Gegend, und die Menschen hier haben zwei oder gar drei Arbeitsstellen, um über die Runden zu kommen. Deshalb haben sie keine Zeit für Gott oder die Gemeinde." Ein weiterer Pastor erzählte uns: „Meine Gemeinde ist in einem sehr gebildeten Stadtteil; die Menschen stellen Gott infrage." Ein anderer schlussfolgerte: „Meine Gemeinde ist in einem sehr rauen Stadtteil; Menschen verändern sich nicht gerne, und es ist schwer für sie, in unsere Gemeinde zu kommen." Ein anderer argumentierte so: „Weil unsere Gemeinde in einem sehr postmodern denkenden Umfeld ist, sind die Menschen hier offen für alles – außer für die absolute Wahrheit." „Meine Gemeinde ist in einem industriellen Stadtteil", erklärte deren Pastor, „und Menschen finden es schwer, nach neuen Wegen zu suchen, um Gott zu erfahren."

Wir hörten eine Entschuldigung nach der anderen, warum die Adventgemeinden nicht wuchsen. Aber die Pastoren von wachsenden Gemeinden haben das Vertrauen, dass sie Menschen für Jesus gewinnen können, und die Einstellung, dass „bei Gott alle Dinge möglich" sind (Mt 19,26b). Sie glauben auch daran, dass mit Gott jede Gemeinde dynamisch und gesund sein und wachsen kann, und sind begeistert vom Dienst für Jesus und der Evangelisation.

Solch eine hoffnungsvolle Einstellung ist ansteckend. Die Gemeindeglieder haben denselben Glauben, dieselbe Einstellung und denselben Optimismus. Infolgedessen glauben sie, dass Gott große Dinge für sie, ihre Familien und ihre Gemeinde tun wird.[4]

Der Herr ist willig, große Dinge zu tun

Wir sind Mitarbeiter eines Gottes, der alles erreichen kann. Ellen White bestätigte das:

Der Herr ist willig, große Dinge für uns zu tun.
Wir werden den Sieg nicht durch große Anzahl erreichen, sondern durch die völlige Hingabe der Seele an Jesus.
Wir sollen in seiner Stärke vorangehen und auf den mächtigen Gott Israels vertrauen.[5]

Der Herr möchte große Dinge für seine Kinder und seine Gemeinde tun. Ellen White betonte, dass das Wirken Gottes nicht von uns abhängt. Auf Glauben basierender Optimismus stützt sich nicht auf Wunschdenken oder Unwissenheit über die Realität, sondern auf die Macht Gottes. Der Herr kann etwas tun, das für uns unmöglich ist. Nichts ist zu schwer für ihn – das ist eine Realität, die die Bibel immer wieder bezeugt. Gott gab einer unfruchtbaren Frau mit 90 Jahren, die mit einem 100-jährigen Mann verheiratet war, ein Kind (vgl. 1 Mo 17,17; 18,10–14); er gab einer Jungfrau, die keinen Ehemann hatte, ein Kind (Lk 1,34–38); er erwählte einen Jugendlichen und besiegte durch ihn einen Riesen (1 Sam 17). Und Jesus versprach uns, dass wir Berge versetzen können, wenn wir Glauben wie ein Senfkorn haben (Mat. 17,20). Das ganze Gewicht der Heiligen Schrift liegt auf dem Glauben an Gott, der alles kann.

---

[4] Howard K. Batson erklärt: „Die Reaktion des Pastors wird den Ton festlegen für die Reaktion der Gemeinde. Wenn der Pastor niedergeschlagen, verbittert, enttäuscht oder entmutigt zu sein scheint, wird die Gemeinde seine Gefühle widerspiegeln" *Common-Sense Church Growth*, Smith & Helwys, Macon (Georgia) 1999, S. 89.
[5] *Sons and Daughters of God*, S. 279.

Jeremia beschrieb Gottes Macht so:

> Ach, Herr, HERR! Siehe, du hast den Himmel und die Erde
> gemacht durch deine große Kraft und durch deinen ausge-
> streckten Arm, kein Ding ist dir unmöglich …
> Der du Zeichen und Wunder getan hast im Land Ägypten bis
> auf diesen Tag, sowohl an Israel als auch an anderen Men-
> schen, und dir einen Namen gemacht hast, wie es an diesem
> Tag ist. Und du hast dein Volk Israel aus dem Land Ägypten
> herausgeführt mit Zeichen und mit Wundern und mit starker
> Hand und mit ausgestrecktem Arm und mit großem Schrecken.
> (Jer 32,17.20–21 EB)

Bei einer Gelegenheit, als es um die Rettung von Menschen für
die Ewigkeit ging, sah Jesus seine Jünger an und sagte: „Bei Menschen ist es unmöglich, aber nicht bei Gott; denn bei Gott sind alle
Dinge möglich." (Mk 10,27 EB) Wenn Menschen der Macht Gottes
vertrauen, belohnt er sie mit ausgiebigem und reichlichem Segen.
Der Herr ist immer noch allmächtig. Unser Optimismus gründet
auf seinem unveränderten Wesen, seiner großen Macht und seinen
verlässlichen Versprechen.

Die Bedeutung des Glaubensfaktors

Wie beeinflusst eine Einstellung des Vertrauens auf Gottes Wirken
eine Gemeinde und ihr Wachstum?
   1. Nichts ist inspirierender, als Gott in unserer Mitte zu erleben.
   Gott in Aktion zu erleben belebt einzelne Gemeindeglieder und
ganze Gemeinden auf ungewöhnliche Weise. Unser Vertrauen ermöglicht Gott, unter uns Wunder zu wirken (vgl. Mt 17,20), und
sie erzeugen mehr Vertrauen, das wiederum mehr sichtbare Taten
Gottes erzeugt.
   2. Wir können unsere Einstellungen wählen.
   Die Mentalität eines Gewinners zu besitzen ist wichtiger als
irgendetwas anderes – als unsere Vergangenheit, unsere Erziehung,
unser Geld, unsere Erfolge oder Misserfolge, Ansehen oder Leiden,

die Umstände oder unsere Arbeitsstelle und was auch immer andere Menschen über uns denken oder sagen mögen. Sie ist entscheidender als Aussehen, Begabung oder die Fähigkeit und der Wille, ein Geschäft, eine Gemeinde oder ein Haus aufzubauen.

Das Bemerkenswerte ist, dass wir jeden Tag die Wahl haben, welche Einstellung wir einnehmen wollen. Wir können unsere Vergangenheit nicht ändern oder die Tatsache, dass Menschen nicht in einer bestimmten Weise handeln; wir können auch nicht das Unabänderliche verändern. Das einzige, das wir zu jeder Zeit machen können, ist, unsere Einstellung zu wählen oder zu ändern.

3. Eine freudige Einstellung ist ansteckend.

Freude an der Arbeit für den Herrn kann eine ganze Gemeinde durchdringen. Stell dir einmal deine Gemeinde als eine Gemeinde voller Freude und Begeisterung vor, aktiv im Vertrauen auf Christus und glücklich in seinem Werk.

Welche Art Leiter möchtest du sein?

Welche Art Leiter möchtest du sein: voller Entschuldigungen oder voller Vertrauen und Optimismus? Wenn du die richtige Einstellung hast, wirst du imstande sein, die nötigen Fähigkeiten für den Erfolg zu erlangen, und Gott wird dir die Mittel geben, die du brauchst.

Jemand könnte nun sagen: „Du kennst meine Gegend nicht, und du kennst meine Gemeinde nicht. Du weißt nicht, welchen Schwierigkeiten ich gegenüberstehe und mit welchen Konflikten ich zu kämpfen habe." Eine Gemeinde wachsen zu lassen geschieht nicht ohne Anstrengung und ist nicht immer einfach, aber mit Gott ist alles möglich. Er kann auch eine Gemeinde in einer schwierigen Gegend reifen und sich vergrößern lassen.

Der Herr hat uns nicht berufen, eine Verlierermentalität zu haben, sondern vielmehr den Geist des Erfolges. „Gott hat uns nicht gegeben den Geist der Furcht, sondern der Kraft und der Liebe und der Besonnenheit", schrieb Paulus (2 Tim 1,7). Und Jesus hat uns versichert, immer bei uns zu sein – und das gerade dann, wenn wir seinen Auftrag ausführen (vgl. Mt 28,19–20).

Der Preis des Wachstums

Gemeinden müssen bereit sein zu wachsen und die Kosten dafür zu zahlen. Die Kosten des Wachstums sind die Veränderung der Gemeindekultur, um dem Gott zu vertrauen, der das Unmögliche schaffen kann. Dieses Vertrauen wird eine Gemeinde befähigen, vom Desinteresse zu einem missionarischen Leben zu wechseln, von der Tradition zur Veränderung, von der Erhaltung des Status quo zur Beschäftigung mit der Gegenwart.

Ein Optimismus, der auf Gottes Verheißungen basiert, ermöglicht uns, von der Gemütlichkeit und Bequemlichkeit zu einem Leben mit Abenteuern, Glauben, Kritik und auch Leiden zu wechseln; von viel Zeit nutzlos investieren hin zu Effizienz und von toter Rechtgläubigkeit hin zu lebendigem Glauben. Wir müssen wegkommen von unserer üblichen Anbetung hin zu einer lebendigen Erfahrung mit Gott, vom Beruf zur Passion, von Plänen zu Zwecken, von Programmen zu Menschen und von Apathie zum Beten.

Die Umsetzung: Vier praktische Schritte

1. Baue zuerst deinen eigenen Glauben auf. Studiere Gottes Handeln in der Bibel und der Geschichte.

2. Lebe deinen Glauben aus. Zeige dein Vertrauen auf Gott in Worten und Taten, und sprich häufig über die große Macht Gottes.

3. Flöße deiner Gemeinde eine Vision von Gottes Größe ein – durch Predigten, Lieder, Zeugnisse, Slogans und Transparente.

4. Schaffe eine begeisterte Gemeinde mit einer gesunden Selbstachtung, die darauf vertraut, dass Gott alles möglich ist.

- *Feiere die Segnungen.* Mach auf die Taten Gottes in deiner Gemeinde aufmerksam. Lobe ihn für die Teilnehmerzahl an den Gottesdiensten und die Gaben. Richte eine Zeit für Dankgebete ein, die sich auf das Gute konzentrieren, das Gott in deiner Gemeinde tut. Mache Jubiläen zu einer Gelegenheit, die Vergangenheit zu preisen und um zu bewerten, wie weit deine Gemeinde inzwischen gekommen ist.

- *Verändere die Sprache.* Behandle Probleme aus der Perspektive des Glaubens: Nenne sie „Möglichkeiten" und „Herausforderungen". Denke bei Problemen nicht an Grenzen, sondern an Gelegenheiten, kreativ zu sein. Verbanne das Wort „Misserfolg", indem du Risiken segnest: „Wir sind eine Gemeinde ohne Angst, neue Dinge für Gott zu versuchen."
- *Wirb „Cheerleader" an.* Finde Menschen mit glaubensbasiertem Optimismus und dem Vertrauen in Gottes unbeschränkte Möglichkeiten. Lass sie Zeugnis ablegen, Leitung übernehmen und sich bei der Entscheidungsfindung beteiligen.

Der Einfluss des Optimismus' auf jeden

Wie beeinflusst uns auf dem Glauben basierender Optimismus? Du könntest sagen: „Ich bin kein Pastor, sondern nur ein reguläres Gemeindeglied und kann nicht viel tun." Glaubensbasierter Optimismus verändert auch dein Leben! Er zeigt sich auf drei Arten.

1. Er beeinflusst unsere Sichtweise von Gott. Einen auf dem Glauben basierenden Optimismus zu besitzen bedeutet, die Realität zu akzeptieren, dass mit Gott alles möglich ist, auch den Auftrag auszuführen, alle Menschen zu Jüngern Christi zu machen, selbst wenn sie dafür (noch) nicht aufgeschlossen sind.

2. Er beeinflusst unser Zeugnis und unsere Mission. Echtes Wachstum findet in einer Gemeinde statt, wenn Gemeindeglieder eine Begeisterung für die Mission Christi entwickeln und ihre Liebe aktiv ihrer Umwelt erweisen. Mangelhafte Beteiligung an evangelistischen Aktivitäten kann schwacher Spiritualität, mangelnder Vision, Angst vor Ablehnung, zu sehr beschäftigt sein, Verachtung von traditionellen Evangelisationsmethoden (wie von-Tür-zu-Tür gehen) zugeschrieben werden oder der Professionalisierung der Evangelisation oder dem Zweifel an dem Interesse der Menschen am Evangelium und besonders an unserer einzigartigen Botschaft. Manche Gemeindeglieder mögen auch wegen ihrer Adventgemeinde verlegen sein. Andere mögen nicht daran glauben, dass sie auch nur irgendetwas in der Welt verändern können. Aber wenn du Gott vertraust, der das Unmögliche schaffen kann, wirst du viel mehr geneigt sein, deinen Glauben mitzuteilen und anzunehmen, dass Menschen in positiver Weise darauf reagieren werden.

Du wirst erkennen, dass Gott überall seine Leute hat und viele empfänglich sind für seinen Ruf. Ich erzähle oft meine Geschichte, wie ich in einer der am wenigsten angenehmen Städte dieser Welt zum Herrn kam: in Bagdad. Wenn Gott mich auf den Straßen von Bagdad gefunden hat, dann hat er sicher überall seine Leute.

Glaubensbasierter Optimismus wird auch die Art und Weise beeinflussen, den Dienst zu tun. Dein Dienst wird ewige Bedeutung haben. Welchen Dienst auch immer du tust – ob es die Erwachsenen- oder Kindersabbatschule ist oder ob du ein Diakon oder ein Gemeindeleiter bist – es geht darum, Menschen zum Thron der Gnade zu führen, wo ihr Leben grundlegend verändert wird.

3. Er beeinflusst unsere Einstellung über den Dienst und das soziale Engagement unserer Gemeinde. Eins der größten Hindernisse für Gottes Werk ist unsere Einstellung. Ich kann euch nicht sagen, wie oft Gemeindeglieder in einem Gemeindeausschuss oder anderswo gesagt haben, dass eine bestimmte Gegend schwer zu erreichen sei: „Die Menschen hier sind nicht aufgeschlossen. Als wir es versucht haben, funktionierte es nicht. Wir haben nicht das Geld und die Mittel, um dieses oder jenes zu machen." Aber wenn du einen auf dem Glauben basierenden Optimismus besitzt, hast du neue Begeisterung, deinen Glauben mitzuteilen, etwas anderes auszuprobieren, um Menschen zu erreichen, und um alte Methoden an die neue Zeit und Generation anzupassen. Deine Gemeinde wird ein Ort der Hoffnung, des Glaubens und auch des Wachstums werden. Der glaubensbasierte Optimismus wird Realität werden, wenn alle Leiter und alle Gemeindeglieder daran glauben und er das ganze Gemeindeleben durchdringt – vom gemeinsamen Singen im Gottesdienst bis zum Dienst, und von Ausschusssitzungen bis zu evangelistischen Aktivitäten.

Eine auf Optimismus und Vertrauen basierende Einstellung hilft uns, anstelle von Herausforderungen, die uns Angst einjagen, Gottes erfolgreiches Eingreifen zu erwarten. Wir beten für Bekehrungen in großer Anzahl, während wir in der Kraft des Heiligen Geistes arbeiten. Und wir erwarten, dass Gott Großes tun wird.

Was erwartest du von Gott? Er wird dich entsprechend deines Glaubens und deiner Erwartungen belohnen. Darum bete um großartigen Glauben, großartige Gottesdienste, großartige Sabbatschulgruppen, großartige Dienste, großartige Menschen und großartiges Wachstum. Erwarte von Gott Großes. Erwarte von ihm, dir und deiner Gemeinde zu helfen, euer Potenzial zu nutzen. Erwarte von den Menschen, dass sie umgewandelt werden, die Welt verändern und erstaunliche Dinge für Gott tun.

Mose sandte zwölf Männer, um herauszufinden, ob es möglich war, das verheißene Land einzunehmen. Zehn Männer kehrten zurück und klagten, dass es unmöglich sei. Aber zwei Männer sagten: Wenn Gott mit uns ist, können wir es schaffen.

Wie denkt ihr darüber, meine Freunde? Schließt euch meinem Vertrauen an, dass mit Gott an unserer Seite wunderbare Dinge geschehen werden, unsere Gemeindehäuser aufregende Orte sein werden und wir viele Menschen für Jesus gewinnen können.

Ellen White versicherte:

Gebet und Glaube werden das tun, was keine Macht auf der Erde erreichen kann. Wir müssen nicht besorgt und beunruhigt sein. Das menschliche Werkzeug kann nicht überall hingehen und alles tun, was gemacht werden muss. Häufig offenbaren sich Mängel in der Arbeit, aber wenn wir unerschütterlich auf Gott vertrauen, uns nicht von den Fähigkeiten oder dem Talent von Menschen abhängig machen, wird die Wahrheit voranschreiten. Lasst uns alle Dinge in Gottes Hand legen, ihn die Arbeit auf seine Weise machen lassen – nach seinem eigenen Willen und durch wen auch immer, den er sich erwählen mag. Solche, die schwach erscheinen, wird Gott gebrauchen, wenn sie demütig sind. Menschliche Weisheit, sofern sie nicht täglich durch den Heiligen Geist kontrolliert wird, wird sich als Torheit erweisen. Wir müssen mehr Glauben und Vertrauen in Gott haben. Er wird die Arbeit mit Erfolg durchführen. Inniges Gebet und Glaube wird für uns erreichen, was unser eigenes Planen nicht vollbringen kann.[6]

---

[6] Manuskript 120, 1898; zitiert in *Manuscript Releases*, Bd. 8, S. 218.

Kapitel 3

Eine Definition der Rolle der Pastoren gemäß dem Vorbild von Jesus

Als ich meine Predigerausbildung abgeschlossen hatte und die erste Gemeinde übernahm, stellte ich mehreren erfahrenen Pastoren die Fragen: „Was ist meine Rolle als Pastor? Was erwartet man von mir?" Einer sagte: „Geh einfach los und mach die Menschen glücklich." Ein anderer ermutigte mich, Gemeindeglieder zu besuchen, zu besuchen und nochmals zu besuchen. Noch ein anderer meinte, die Hauptaufgabe des Pastors liege darin, Menschen in die Gemeinde zu bringen. Das veranlasste mich zu einer Studie über die Funktion der geistlichen Leiter, die mehrere Jahre dauerte.

Pastoren und andere geistliche Leiter tragen die Last vieler Erwartungen mit sich herum – solche, die aus ihrer Gemeinde stammen, und auch solche, die aus ihrem eigenen Pflichtbewusstsein kommen. Die Gemeindeglieder nehmen an, dass ihre Pastoren sowohl Prediger, Seelsorger, Verwalter, Lehrer als auch Berater, Visionär und Auskunftsdienst sein werden. Oft finden sich Pastoren in viele verschiedene Richtungen gezogen – immer beschäftigt, aber niemals sicher, ob sie ihrem Ruf folgen oder Kaninchen jagen.

Das Verständnis der biblischen Funktion der geistlichen Leiter kann Pastoren dazu befreien, sich auf die richtigen Dinge zu konzentrieren, und den Gemeindegliedern helfen, die passenden Erwartungen an sie zu stellen. Dies wird zu Harmonie in der Gemeinde führen, und das Zeugnis von Jesus, die Evangelisation und die Jüngerschaft werden Priorität haben und im Vordergrund stehen. Im Grunde ist es doch das, wozu Gott die Gemeinde berufen hat.

Das Bibelstudium, das wir jetzt über die Rolle der Pastoren durchführen werden, wird einige unverzichtbare Prinzipien für die Gesundheit und das Wachstum der Gemeinde deutlich machen. In unserer Untersuchung fanden wir heraus, dass sich die Pastoren wachsender Adventgemeinden auf diese wichtigen Prinzipien konzentrieren und diese in ihrer Arbeit umsetzen. Wir haben auch entdeckt, dass die Mitglieder von florierenden Gemeinden dazu neigen, eine angemessene Erwartung an ihren Pastor zu haben.

Ein korrektes Verständnis der biblischen Rolle der Pastoren ist also wesentlich. Die Ursache des geringen Wachstums vieler Adventgemeinden ist, dass viele Pastoren alles außer dem machen, wozu Gott sie eigentlich berufen hat.

Was ist ihre biblische Rolle gemäß des Neuen Testamentes? Haben wir ein biblisches Vorbild, das uns helfen kann, ihre angemessene Rolle zu verstehen?

Nach vielen Jahren der Beobachtung und genauer Prüfung der Literatur[1] scheint mir, dass es zwei unterschiedliche Herangehensweisen an den Pastorendienst gibt: die traditionelle und die gegenwärtige.

Das traditionelle Rollenverständnis der Pastoren

Viele Jahrhunderte lang sahen Gemeindeglieder ihren Pastor als eine dienende Betreuungsperson, die eine Reihe verschiedener Handlungen durchführt, darunter folgende:

1. Die Glaubenslehren verkünden und lehren;
2. Gemeindeglieder pflegen (besuchen, beraten, trösten, auf ihre Bedürfnisse eingehen usw.) und Übergangsriten (Kasualien: Taufen, Hochzeiten und Beerdigungen) ausführen:
3. die Gemeinde verwalten (Versammlungen und Ausschüsse leiten, das Gemeindeblatt gestalten, Programme für die Gemeinde ausarbeiten und – hoffentlich – die Allgemeinheit durch eine Art von Evangelisation erreichen), und
4. als Vertreter der Gemeinde in der Kommune auftreten.

---

[1] Als ich kürzlich in der Bibliothek der Andrews-Universität stöberte, fand ich dort mehr als 40 Bücher über die Rolle der Pastoren.

Das gegenwärtige Rollenverständnis

In den 1970er- und 80er-Jahren begann ein neues Verständnis zu entstehen. Viele Bücher und Pastoren von Megagemeinden begannen, die Rolle des Pastors im Sinne eines Firmenbosses zu fördern: ein Leiter, der eine Vision entwickelt und die Gemeindeglieder begeistert und motiviert, sie in einer veränderten und gesunden Umgebung zu realisieren.

Die meisten Bücher über Gemeindewachstum und geistliche Leiterschaft argumentieren heute, dass Pastoren, die ihre Arbeit wie in den letzten Jahrzehnten machen, keine Chance mehr haben. Greg Ogden zum Beispiel schlägt vor, dass der Pastor ein visionärer Leiter sein soll, der ständig andere Leiter fördert, den Gemeindegliedern die Vision einflößt und sowohl die Gemeindekultur als auch die Gemeindestruktur verändert – und der bei alledem auch ein Auge für Mission, Evangelisation und Gemeindewachstum hat.[2] Ich empfand solche Vorstellungen frisch, aufschlussreich und nützlich. Allerdings sind sie oft nicht theologisch untermauert, um sie miteinander zu verknüpfen.

Das alte Rollenverständnis einer dienenden Betreuungsperson führt aus sich heraus nicht zu Wachstum. Es schafft eine Kultur, in der Gemeindeglieder auf ihren Pastor angewiesen sind, um ihre Bedürfnisse und die anderer zu erfüllen. Es ermutigt die Gemeindeglieder – entgegen dem neutestamentlichen Prinzip des Priestertums aller Gläubigen –, sich auf sich selbst zu konzentrieren, und verhindert so das Wachstum des Reiches Gottes.

Das neue Modell des Pastors als eine Art Firmenboss ist eine Mischung aus biblischen Erkenntnissen und Businesspraktiken. Die meisten Bücher über Gemeindewachstum präsentieren weltliche Leitungsmodelle, die an den Kontext der Gemeinden angepasst sind. Diese Herangehensweise hat viele potenzielle Gefahren. Erstens könnte es Gemeindeglieder dazu führen, einer charismatischen Person eher zu folgen als biblischen Prinzipien. Zweitens konzentriert sich das neue Modell auf die Ortsgemeinde unter

---

[2] Greg Ogden, *Unfinished Business*, Zondervan, Grand Rapids (Michigan) 2003, S. 11–15.

Ausschluss der weltweiten Gemeinschaft der Christen. Dies führt eher zu der Schaffung einer sehr großen Gemeinde als zum Aufbau einer gesunden. Und schließlich benötigt jedes Modell, das wir anwenden, eine biblische Begründung.

Ich bin tief davon überzeugt, dass die Rolle der Pastoren einem neutestamentlichen Modell entstammen und eine starke theologische Grundlage haben sollte.

Was ist also die biblische Rolle der Pastoren (im Neuen Testament Bischöfe oder Älteste genannt)? Was gehört zu ihren Aufgaben? Und was sagt die Bibel über alle engagierten Jünger Christi – also über das Priestertum aller Gläubigen?

Ich denke, dass wir die Antworten am besten durch das Studium des Wirkens von Jesus finden. Er ist Vorbild für das, was der ideale Pastor tun sollte.

Der vorbildliche Dienst von Jesus

Wenn wir den Dienst von Jesus untersuchen, entdecken wir fünf Dinge, die er getan hat, als er auf der Erde wirkte: Jesus pflegte die Beziehung zu seinem Vater im Himmel, er verkündigte das Evangelium vom Reich Gottes, er erfüllte die Bedürfnisse der Menschen, er fand Nachfolger durch das Wirken des Heiligen Geistes, und er opferte sein Leben als Sühne für unsere Sünden.

Das ist (außer dem letzten Punkt) im Wesentlichen, was auch Pastoren tun sollten. Sie müssen ihrem Vorbild Jesus Christus nacheifern. Wenn sie das tun, sind sie seine Jünger, die dann andere zu Jüngern machen, sodass die Gemeinde dynamisch wird und wächst, indem der Heilige Geist in allen Mitgliedern wirkt.

Ich werde diese fünf Punkte ausführen, um ein klares theologisches Verständnis des Pastorendienstes heute zu entwickeln.

1. Jesus pflegte eine enge Beziehung zu seinem Vater. Mehrfach zeigen die Evangelien, dass Christi höchste Priorität in seinem Leben war, Zeit allein mit seinem Vater zu verbringen. Sein Leben offenbart ein intensives Verlangen nach der Gegenwart Gottes; er sehnte sich danach, mit seinem Vater Gemeinschaft zu pflegen. Beachten wir folgende Vorkommnisse in seinem Leben.

Frühmorgens, als es noch sehr dunkel war, stand er auf und ging hinaus und ging fort an einen einsamen Ort und betete dort. (Mk 1,35 EB)

Als er das Volk hatte gehen lassen, stieg er allein auf einen Berg, um zu beten. Und am Abend war er dort allein. (Mt 14,23)

Jesus ging auf einen Berg, um zu beten. Die ganze Nacht hindurch sprach er im Gebet mit Gott. (Lk 6,12 GNB)

Jesus führte ein Leben des Gebets. Er begann jeden Tag in Gemeinschaft mit seinem himmlischen Vater und beendete ihn in einer engen Beziehung zu ihm. Manchmal verbrachte er sogar die ganze Nacht in Gemeinschaft mit ihm. Tatsächlich war Jesus die ganze Zeit in Kontakt mit Gott, der durch ihn wirkte (Joh 14,10b).

Die erste Sache, die Jesus jeden Tag tat, war, sich durch die Gemeinschaft mit seinem himmlischen Vater an die Quelle der Kraft anzuschließen. Dann wirkte er den Tag über aus der Kraft des Heiligen Geistes. Jesus managte seine Zeit, indem er sich vom Sein zum Verhalten bewegte. Sein Sein war es, in Verbindung mit seinem Vater zu stehen und die Freude seiner Sohnschaft zu erfahren. Und sein Wirken war die Erfüllung des Willens seines Vaters. Das war es, was jede seiner Taten so effektiv machte. Durch diese Gemeinschaft erhielt er Gnade, Kraft und Wegweisung vom Vater.

Die Notwendigkeit für uns, Gleiches zu tun, betonte Ellen White in ihrem Buch *Der bessere Weg:*

[Christi] menschliche Natur machte das Gebet zu einer Notwendigkeit – und einem Vorrecht. In dieser Gemeinschaft mit dem Vater empfing er Kraft, Trost und Freude. Wenn er, der Gottessohn und Erlöser der Menschheit, nicht auf das Gebet verzichten konnte, wie viel mehr haben wir als schwache, sündige Menschen es nötig, ausdauernd und inbrünstig zu beten![3]

---

[3] *Der bessere Weg zu einem neuen Leben* (Neuausgabe 2009), S. 91.

In demselben Buch ermahnt sie auch uns, jeden Tag mit einem speziellen Gebet zu beginnen:

Wenn du in Christus bleiben willst, dann vertraue dich ihm jeden Morgen neu an. Bete in etwa so: „Herr, nimm mich ganz als dein Eigentum hin. All meine Pläne lege ich in deine Hand. Gebrauche mich heute in deinem Dienst. Bleibe in mir und gib mir Kraft. Lass alles, was ich tue, durch dich gewirkt sein." Dies ist eine tägliche Angelegenheit. Weihe dich dem Herrn jeden Morgen für diesen Tag. Übergib ihm alle deine Pläne, damit sie ausgeführt werden oder unterbleiben, so wie er es dir zeigt. So kannst du dein Leben Tag für Tag in die Hände Gottes legen. Auf diese Weise wird dein Leben immer mehr nach dem Vorbild des Lebens von Jesus geformt.[4]

Die Evangelien berichten uns, dass Jesus ein Leben in ständiger Verbundenheit zu seinem himmlischen Vater führte. Es wird dort deutlich, dass Jesus morgens und abends sowie vor und nach Krisen betete. Sein Dienst war effektiv aufgrund seines Gebetslebens. Es verband ihn mit dem Vater und befähigte ihn, ständige Gemeinschaft mit ihm zu haben. Daher war sein Leben mit Kraft und Freude erfüllt. Wegen seiner Hingabe an das Gebet nahm sich Jesus in seinem Tagesplan täglich Zeit dafür. Viele stellten Anforderungen an ihn. Das Schicksal der ganzen Menschheit lastete auf seinen Schultern; dennoch (bzw. gerade deswegen) nahm er sich täglich viel Zeit für die Gemeinschaft mit Gott.

Seinem Beispiel müssen wir heute folgen. Und Pastoren haben es dringend nötig, der Art des Dienstes von Jesus nachzueifern.

Der Aspekt der Gemeinschaft ist so wichtig, dass Jesus sogar sagte, dass wir ohne eine enge Verbindung mit ihm *nichts* tun können: „Wer in mir bleibt und ich in ihm, der bringt viel Frucht, denn getrennt von mir könnt ihr nichts tun." (Joh 15,5b EB)

Es ist kein Zufall, dass Jesus seine Jünger vor seiner Himmelfahrt anwies, ihrer Beziehung zu Gott Priorität einzuräumen, bevor sie loszogen, um das Evangelium zu verkünden (siehe Apg 1,4–5).

---

[4] Ebenda S. 68.

Unsere Arbeit im Dienst für Gott ist zuerst, unseren Herrn zu kennen und die Verbindung mit ihm intensiv zu pflegen. Unser Erlöser ruft uns in die Abgeschiedenheit mit ihm, weg vom Verlassen auf uns selbst hin zum Vertrauen auf ihn. Aiden W. Tozer drückte es so aus: „Wir wurden berufen zu einer dauerhaften Beschäftigung mit Gott."[5] Der Kern der Arbeit der Pastoren ist, die geistliche Verbindung mit Christus kontinuierlich aufrechtzuerhalten und anderen zu helfen, sie ebenfalls zu finden und aufrechtzuerhalten.

2. Jesus verkündigte das Evangelium. Er beschrieb seine Mission so: „Der Geist des Herrn ist auf mir, weil er mich gesalbt hat, Armen gute Botschaft zu verkündigen." (Lk 4,18a EB) Matthäus berichtete: „Jesus zog umher durch alle Städte und Dörfer und lehrte in ihren Synagogen und predigte das Evangelium des Reiches." (Mt 9,35a EB)

Jesus lehrte die Menschen, rief sie zur Buße und Umkehr auf (vgl. Mt 4,17) und gab ihnen Kraft und Wegweisung, um ein verändertes Leben zu erfahren. Die Verkündigung des Wortes Gottes führt Menschen immer zu einem neuen, veränderten Leben. Das Wort Gottes hat Macht; es brachte unsere Welt ins Dasein und beorderte Jesus aus dem Grab. Und es ist das Wort Gottes, das uns zurück zu geistlicher Gesundheit und Vitalität bringt und bedeutende Veränderungen und Umwandlungen bewirkt.

Bereits in jungen Jahren entwickelte Jesus eine große Liebe zu den heiligen Schriften. Er lernte sie in der Synagoge kennen und lehrte sie später mit Macht und Autorität. Seine Liebe zum Vater motivierte ihn, darin zu lesen und dessen Willen zu erkennen.

Ein Pastor sollte die Gemeindeglieder immer zu einem besseren Verständnis und Ausleben des Wortes Gottes führen. Beachte die folgenden wichtigen Dinge, die Gottes Wort für uns tut:

- Gottes Wort gibt uns geistliches Leben (vgl. 1 Ptr 1,23).
- Das Evangelium rettet uns (1 Kor 15,1–2).
- Gottes Wort kann Wachstum hervorbringen (1 Ptr 2,2).
- Die Wahrheit heiligt uns (Joh 17,17).
- Gottes Gebote geben uns Weisheit (Ps 119,98).

---

[5] A. W. Tozer, *That incredible Christian*, Christian Publications, Harrisburg (Pennsylvania) 1986, S. 46.

Ich befürchte, dass wir die Heilige Schrift oftmals auf eine reine Informationsquelle reduzieren. Paulus erinnerte daran, dass sie uns für ein neues Leben mit Jesus gegeben ist, um unser Verhalten und unsere Taten zu korrigieren. Er drängte Timotheus dazu, dem öffentlichen Lesen und Predigen (Erklären) der Schriften gewissenhafte Aufmerksamkeit zu schenken (vgl. 1 Tim 4,13). Er erinnerte ihn, dass die heiligen Schriften göttlich inspiriert sind und deshalb „nützlich zur Lehre, zur Überführung, zur Zurechtweisung, zur Unterweisung in der Gerechtigkeit" sind (2 Tim 3,16a EB).

Ellen White machte deutlich, dass wir die Bibel nicht studieren sollen, um mehr zu wissen, sondern um verwandelt zu werden. Sie beschrieb, dass Jesus Nikodemus klarmachte:

Du brauchst nicht so sehr theoretisches Wissen wie eine geistliche Erneuerung. Du brauchst nicht eine Befriedigung der Neugier, sondern ein neues Herz. Du musst ein neues Leben von oben empfangen, bevor du himmlische Dinge wertschätzen kannst.[6]

Demnach ist es an der Zeit, damit aufzuhören, das aufzuwärmen, was wir glauben, und stattdessen darauf zu schauen, was es für einen Unterschied im Leben bewirkt. Bibelwissen kann die notwendige geistliche Erneuerung nicht ersetzen! Lasst uns die Bibel nicht studieren, um noch mehr theologisches Wissen anzusammeln, sondern damit unser Herz erneuert und belebt wird. Das ist das Wesen der Macht des Wortes Gottes. Jesus verkündigte nicht Psychologie, Politik oder gar seine eigenen Ideen – er predigte immer vom Reich Gottes. Deshalb hatte er Macht und Autorität. Hunderte und Tausende von Menschen kamen zu ihm, weil er ihnen das Wort Gottes erklärte, wie sie es nie zuvor gehört hatten.

Wir finden den Dienst mit dem Wort Gottes in mehreren missionarischen Predigten, die in der Apostelgeschichte berichtet sind. Aber es ist offensichtlich, dass Predigt und Ermahnung auch stattfanden, als sich Christen versammelten (vgl. Apg 20,7). Der Bedarf

---

[6] *Das Leben Jesu* bzw. *Der Eine – Jesus Christus* (Ausgaben ab 1995), S. 154 (rev.; vgl. *The Desire of Ages*, S.171).

an Evangelisation, Lehre und Erbauung machte es erforderlich, den Dienst mit dem Wort Gottes als einen wesentlichen Teil in den Dienst der Gemeinde einzubinden. Die Apostel wurden zum „Dienst des Wortes" berufen (Apg 6,4) und Gemeindeälteste sollten fähig sein, die Gemeindeglieder anhand des Wortes Gottes zu lehren und zu ermahnen (vgl. Tit 1,9).

Als ich mehr über die Bedeutung des Wortes Gottes lernte, veränderte sich meine Methode, den Pastorendienst zu verrichten. Ich begann, viel mehr Wert auf die Bibel zu legen, als ich es jemals zuvor getan hatte. In der Vergangenheit war das Wort Gottes eine Quelle von Wissen über Gott, von Lehren und für Predigtideen gewesen; jetzt wurde es für mich zur Quelle von Kraft, Umwandlung und Veränderung. Nachdem ich eine intensivere Begeisterung für das Wort Gottes entwickelt hatte, begann ich, mit größerer Klarheit und Effektivität zu lehren. Bald merkte ich, dass etwas in mir begonnen hatte, sich zu verändern.

Etwas, das ich zu tun begann, wenn ich die Bibel las, war, mir folgende Frage zu stellen: *Was gibt es in meinem Leben, das Veränderung, Umwandlung oder Unterstützung benötigt?* Zum Beispiel fragte ich mich bei der Geschichte von Jona: *In welcher Weise rebelliere ich gegenüber Gottes Auftrag? Oder in welcher Weise renne ich vor ihm weg? Liebe ich verlorene Menschen so sehr, wie Gott es tut?* Solche Fragen haben mein Studium der Bibel und mein Leben revolutioniert.

Als ich diese Prinzipien meinen Gemeindegliedern vermittelte, erlebte ich, dass mit ihnen dasselbe geschah. Auf unserer gemeinsamen Reise mit Christus bewegten wir uns vom Wissen zur Kraft, vom Kennen des Bibeltextes zum Erkennen Gottes, und vom Meistern des Textes dahin, dass Christus uns meistert und umwandelt.

3. Jesus erfüllte die Bedürfnisse der Menschen. Mehr als einmal berichten die Evangelien über Jesus: „Als er die vielen Menschen sah, ergriff ihn das Mitleid, denn sie waren so hilflos und erschöpft wie Schafe, die keinen Hirten haben." (Mt 9,36 GNB; vgl. Mk 6,34) Jesus liebte alle Menschen. Er wusste, dass verlorene Menschen Gott etwas bedeuten (vgl. Lk 15), und deshalb bedeuteten sie auch ihm viel.

Ellen White beschrieb im Buch *Auf den Spuren des großen Arztes* die Methode Christi, Menschen zu gewinnen, folgendermaßen:

Allein die Vorgehensweise Christi wird wahren Erfolg bringen in dem Bemühen, Menschen zu erreichen. Der Heiland mischte sich unter sie, weil er ihr Bestes wollte. Er zeigte ihnen sein Mitgefühl, diente ihren Bedürfnissen und gewann ihr Vertrauen. Erst dann lud er sie ein: „Folgt mir nach."[7]

Zuerst mischte sich Jesus unter die Menschen mit dem Wunsch, ihnen zu helfen. Er zeigte Interesse an ihren Angelegenheiten, baute Beziehungen zu ihnen auf und kam ihnen so nahe. Im Buch *Das Leben Jesu* lesen wir: Die Menschen „sollen sehen, dass unsere Religion uns nicht unfreundlich oder streng macht".[8]

Zweitens zeigte er ihnen sein Mitgefühl mit ihren Problemen.

Drittens stillte Jesus fundamentale Bedürfnisse der Menschen, die sie selbst spürten (wie mangelnde Gesundheit).

Dadurch gewann er viertens ihr Vertrauen. Bevor wir keine Vertrauensbeziehung zu anderen Menschen aufgebaut haben, einige ihrer gespürten Bedürfnisse erfüllt und ihr Herz berührt haben, können wir sie nicht wirkungsvoll bitten, Jesus nachzufolgen.

Merk dir die fortlaufenden Schritte, die Christus in seinem Dienst unternahm, um uns zu zeigen, wie wir durch unsere Verbindung mit ihm seinem Vorbild folgen können, um den Menschen um uns herum Mitgefühl, Hilfe und Liebe zu erweisen.[9]

1. Jesus mischte sich unter Menschen und suchte ihr Bestes.
2. Er zeigte ihnen sein Mitgefühl.
3. Er erfüllte ihre Bedürfnisse.
4. Dadurch gewann er ihr Vertrauen.
5. Dann lud er sie ein, ihm zu folgen.

---

[7] *Auf den Spuren des großen Arztes*, S. 106 (rev.); zitiert nach *Im Dienst für Christus*, S. 151.
[8] *Das Leben Jesu* bzw. *Der Eine – Jesus Christus*, S. 139.
[9] Ausführlicher dazu siehe Philip Samaan, *Christ's Way of Reaching People*, Review and Herald, Hagerstown (Maryland) 1990, S. 33–40.

Die Bedürfnisse der Menschen zu erfüllen war auch das Anliegen der frühen Gemeinde. Das geschah auf viele verschiedene Weisen. Petrus heilte an der Tempelpforte einen verkrüppelten Mann (Apg 3,1–8) und in Lydda einen anderen Gelähmten, der acht Jahre lang bettlägerig gewesen war (Apg 9,33–36). Tabita startete den ersten christlichen Dienst für bedürftige Witwen. Daher genoss sie großes Ansehen in Joppe (V. 36.39). Die Apostelgeschichte offenbart, dass die frühen Christen sich nicht nur untereinander halfen, sondern auch den Menschen in ihrer Umgebung.

Oft sind wir als Christen versucht, uns von dieser Welt zurückzuziehen; doch was wir eigentlich tun müssten, ist nicht nur *in* dieser Welt zu sein (jedoch nicht *von* ihr, vgl. Joh 17,16.18), sondern auch Kontakte zu knüpfen, Beziehungen aufzubauen und Vertrauen zu gewinnen. Ellen White erklärte mit Hinweis auf das Vorbild von Jesus:

> Wir dürfen uns einem geselligen Verkehr nicht entziehen und uns nicht von anderen abschließen. Um alle Menschenklassen zu erreichen, müssen wir ihnen dort begegnen, wo sie sich befinden. Sie werden uns selten aus eigenem Antrieb aufsuchen.[10]

Eines Tages ging ich zum größten Supermarkt im Ort. Am Eingang fragte ich mehr als 20 Personen, als sie den Laden verließen, ob sie wüssten, wo sich die örtliche Adventgemeinde befinde. Nicht ein Einziger konnte es mir sagen. Als Pastor jener unsichtbaren Gemeinde nahm ich dies als ein Gebetsanliegen auf. Als ich meinen Befund dem Gemeindeausschuss mitteilte, spürten wir alle das Bedürfnis, in unserem Dienst für die Stadt noch gewissenhafter zu sein. Wir beschlossen, dass solch ein Engagement auf persönlicher wie auch auf einer institutionellen Ebene stattfinden sollte.

Ich trat daraufhin einigen bürgerlichen Einrichtungen bei, und das taten auch einige Gemeindeglieder. Unsere Gemeinde beteiligte sich daran, Häuser für arme Menschen zu bauen und Seminare über Erziehung und Kochen zu veranstalten. Außerdem öffneten

---

[10] *Das Leben Jesu* bzw. *Der Eine – Jesus Christus*, S. 138.

wir die Turnhalle unserer Gemeindeschule für Aktivitäten der örtlichen Jugendlichen und unser Gemeindehaus für Treffen der Anonymen Alkoholiker und für Alphabetisierungskurse. Dadurch wurden wir in der Kommune sehr bekannt.

Acht Jahre später, als mich der neue Pastor einer benachbarten Adventgemeinde besuchte, erzählte ich ihm die Geschichte, wie ich an der Tür des Supermarktes gestanden und die Menschen gefragt hatte, ob sie wüssten, wo sich die Adventgemeinde befindet. Er beschloss, dasselbe zu tun. Am Ausgang des größten Supermarktes seiner Stadt stellte er dieselbe Frage. Fast alle Menschen, die er anhielt, antworteten ihm, dass sie zwar nicht wüssten, wo die Adventgemeinde seiner Stadt liege, aber wo die Adventgemeinde in unserer Stadt liegt.

Wir müssen uns fragen: Würden uns die Menschen vermissen, wenn unsere Adventgemeinde plötzlich verschwinden sollte?

4. Jesus gewann durch das Wirken des Geistes Jünger. Sobald Jesus mit seinem öffentlichen Dienst im Alter von 30 Jahren begann, rief er Menschen dazu auf, ihm nachzufolgen. Er befähigte zwölf Männer, um seine vertrautesten Jünger zu sein – zwölf Männer, die sein evangelistisches Anliegen vertreten würden. Robert Coleman erklärt in seinem Buch *The Master Plan of Evangelism*: „Er kümmerte sich nicht um Programme, um die Mengen zu erreichen, sondern um Männer, denen die Mengen folgen würden ... Männer waren seine Methode, um die Welt für Gott zu gewinnen."[11] Jesus definierte das Lehren als Ausbildung für eine Lebensweise, nicht als Übertragung von Informationen von einem Verstand zum Nächsten.[12] In seinem Lehrdienst ging es vor allem um das Schaffen von neuen Menschen für eine neue Lebensweise.

Jesus konzentrierte sich auf jene, durch die er beabsichtigte, die Welt umzuwandeln – nicht auf Programme und nicht auf die Menschenmasse. Das war immer seine Methode. Deshalb forderte er seine Jünger heraus, indem er sagte: „Die Ernte ist groß, aber

---

[11] Robert E. Coleman, *The Master Plan of Evangelism*, Spire Books, Old Tappan (New York) 1963, S. 21 (neu erschienen bei Revell 2006).

[12] John W. Frye, *Jesus the Pastor: Leading Others in the Character and Power of Christ*, Zondervan, Grand Rapids (Michigan) 2000, S. 115f.

es sind nicht genügend Arbeiter da. Betet zum Herrn und bittet ihn, mehr Arbeiter zu schicken, um die Ernte einzubringen." (Mt 9,37–38 NLB)

Im Grunde sagte Jesus, dass wir ein mathematisches Problem haben. Wir brauchen mehr Arbeiter – mehr Jünger –, um die Ernte einzubringen, deshalb müssen wir zu allen Menschen gehen und sie zu Jüngern machen. Unsere Rolle besteht darin, für die Ernte zu beten und besonders für diejenigen, die ernten. Gottes Rolle besteht darin, uns Menschen zu schicken, die Erntearbeiter werden.

Die Notwendigkeit, Jünger auszubilden, ist so grundlegend, dass Jesus drei Jahre in Vollzeit mit der Ausbildung seiner Jüngerschaft verbrachte. Genau genommen würde die Gemeinde Christi heute nicht existieren, wenn er nicht so gehandelt hätte. Und wenn wir die neue Generation von Leitern nicht ausbilden, dann wird es in Zukunft keine Adventgemeinden mehr geben.

Die christliche Gemeinde in Jerusalem folgte den Fußspuren von Jesus. Die Apostel tauften nicht nur täglich neue Gläubige infolge ihrer geistvollen Predigten und Zeugnisse, sondern bildeten auch eine neue Generation von Leitern heran. Das waren zuerst die 120 (oder mehr) Jünger, die nach Pfingsten zur Leitung der vielen Hausgemeinden in Jerusalem gebraucht wurden (vgl. Apg 1,15b; 2,42.46). Bald begannen sie auch, die Priesterschaft aller Gläubigen zu verstehen; sie verkündigten und praktizierten sie. Petrus schrieb an die Christen: „Ihr aber seid das erwählte Volk, das Haus des Königs, die Priesterschaft, das heilige Volk, das Gott selbst gehört. Er hat euch aus der Dunkelheit in sein wunderbares Licht gerufen, damit ihr seine machtvollen Taten verkündet." (1 Ptr 2,9 GNB) Jeder wurde als Jünger angesehen und hatte einen Dienst auszuführen (vgl. 1 Ptr 4,10). Ich möchte noch einmal betonen, dass vieles von dem, was ich hier über den Dienst der Pastoren schreibe, auf alle Nachfolger Christi anwendbar ist, die geistlich wachsen und anderen Menschen dienen wollen.

Paulus hatte die Gewohnheit, auf seine Reisen Lehrlinge mitzunehmen. Als er zuerst mit Barnabas unterwegs war, nahm er Johannes Markus mit, der ihn jedoch bald enttäuschte (vgl. Apg. 12,25; 13,5.13; 15,37–40; später war er Paulus jedoch nützlich, vgl.

2 Tim 4,11). An dessen Stelle trat dann Silas. Aber eines der besten Beispiele war der junge Timotheus (Apg 16,1–3). Paulus investierte viel, um ihn zu einem guten Pastor auszubilden, auszurüsten, zu motivieren und zu inspirieren. Interessant daran ist, dass Paulus ihn drängte, dasselbe mit anderen zu tun: „Was du von mir gehört hast vor vielen Zeugen, das befiehl treuen Menschen an, die tüchtig sind, auch andere zu lehren." (2 Tim 2,2)

Oft wird mir die Frage gestellt, wie man neue Leiter in der Gemeinde findet. Meine Antwort ist, darum zu beten und Gottes Verheißungen in Anspruch zu nehmen. Die bereits zitierte Aufforderung von Jesus „Bittet nun den Herrn der Ernte, dass er Arbeiter aussende in seine Ernte" (Mt 9,38 EB) ist auch eine Verheißung.

Die Methode Christi, die künftigen Leiter seiner Gemeinde auszuwählen, war das Gebet. Er verbrachte sogar eine ganze Nacht im Gebet, bevor ihm vor Gott klar wurde, welche der vielen Jünger er als seine Apostel erwählen sollte (vgl. Lk 6,12–16).

Verlorene, bedürftige, verletzte und kranke Menschen umgeben uns, aber wir haben wenige, die sie zu erreichen versuchen. Wir müssen beten, damit Gott uns die richtigen Menschen schickt, um mit verschiedenen Gruppen von Menschen arbeiten und unterschiedliche Bedürfnisse erfüllen zu können.

Der traditionelle Weg, Leiter zu finden, ist, jeden zu nehmen, der willig oder forsch ist oder überredet werden kann. Aber Gott will, dass wir beten, und er uns zu seiner Wahl führt – zu Christen, die „einen guten Ruf haben und voll Heiligen Geistes und Weisheit sind" (vgl. Apg 6,3). Die von Gott berufenen Mitarbeiter werden mit einer Begeisterung zum Dienst ausgestattet sein. Er selbst wird den Dienst, für den sie vorgesehen und begabt sind, in ihr Herz legen.

Eine der Adventgemeinden, die ich betreute, brauchte dringend einen Jugendpastor. Die Gemeindeleitung sandte mich zur Vereinigungsdienststelle, bewaffnet mit Tabellen und Statistiken, um sie zu überzeugen, dass wir einen Jugendpastor brauchten. Aber aufgrund mangelnder Geldmittel konnte sie unsere Bitte nicht erfüllen. Einige Tage später las ich während meiner Andacht Matthäus 9,38, und zum ersten Mal wurde mir klar: *Neue Leiter in der Gemeinde zu finden geht über ernstes Gebet.* Deshalb begann ich, Gott um einen Jugendpastor zu bitten, und ich drängte auch die Gemeinde dazu, zu beten und das Versprechen Christi in Anspruch zu nehmen. Ungefähr vier Monate später erhielt ich einen Anruf von einem unserer Jugendlichen, der die Walla Walla-Universität besuchte und sich auf den Pastorendienst vorbereitete. Der junge Mann bat mich, ihn am folgenden Wochenende zu treffen.

Am nächsten Sonntag trafen wir uns in einem Restaurant. Nach einem angenehmen Essen sagte er mir, dass er ernsthaft darüber nachgedacht hätte, für ein Jahr nach Hause zurückzukehren, um einen Dienst für Jugendliche aufzubauen.

Das endete damit, dass er zwei Jahre seines Lebens gab, um einen fantastischen Dienst für Jugendliche aufzubauen und sicherzustellen, dass sie nach seinem Abschied kompetente Leiter haben würden. Durch diese Erfahrung war mir klar geworden, wie das Versprechen tatsächlich funktionierte.

Sie war so eindrucksvoll, dass sie die Art und Weise prägte, mit Leitungsangelegenheiten in unserer Gemeinde umzugehen. Unser Ernennungsausschuss wurde zu einem Gebetskreis, und unsere Leitungs- und Gemeindeausschusstreffen wurden Gelegenheiten, um Gottes Wegweisung, Weisheit und kompetente, einsatzbereite Leiter zu erbitten.

Eine andere Frage, die mir häufig gestellt wird, betrifft den besten Weg, um Gemeindeglieder auszubilden. Meine Antwort ist: „On the job" (bei der Arbeit). Der Pastor sollte eine ganze Gemeindekultur der Ausbildung, des Coachings, der Motivation und der Verantwortlichkeit schaffen. Jeder Leiter sollte einen neuen Leiter für seinen Dienstbereich ausbilden. Die Förderung der neuen Leitergeneration erfüllt den Auftrag von Jesus, um die neuen Christen für einen effektiven Dienst und die Mission auszurüsten.

Außerdem wird eine Gemeinde, wenn sie nicht gewissenhaft eine neue Generation von Leitern heranzieht, kein Wachstum in der Besucherzahl zu verzeichnen haben. Es könnte zwar ein Wachstum auf der Gemeindeliste entstehen, aber nicht in der Anzahl der Menschen, die wirklich anwesend sind. Effektive Leiter erkennen die Bedürfnisse anderer Menschen. Sie sind es, die Menschen in die Gemeinde bringen, ihnen dienen und sie in ihr halten.

Als ich diese Zusammenhänge begriff, begann ich ein System zu schaffen, um dauerhaft neue Leiter heranzuziehen. Jeder unserer Leiter – welchen Dienst er oder sie auch ausübte – sollte eine/n andere/n ausbilden, betreuen und motivieren, um in diesem Dienstbereich weiterzumachen.

Um dafür ein Beispiel zu geben, bat ich Gott darum, dass er mir jemanden schickte, den ich ausbilden konnte. Der Herr legte mir eine Person ans Herz. Ich kontaktierte John und sprach über meine Vision, die Gott mir gegeben hatte, neue Leiter auszubilden. Er erzählte mir, dass er um jemanden gebetet hatte, der ihn in Spiritualität und im Dienst unterrichtet. Wir kamen überein, montags von 18 bis 21 Uhr Interessierten Bibelstunden zu geben, da das seine Passion war. Unsere Autofahrten nutzte ich, um ihm mitzuteilen, was Gott mir ans Herz gelegt hatte. Jeden Montag verbrachten wir drei bis vier Stunden gemeinsam mit Beten und Bibelstunden. Ich betonte speziell die Wichtigkeit für ihn, bald einen anderen zu unterrichten, wie ich ihn unterrichtete. Etwa drei Monate später spürte ich, dass er bereit war, die Fackel selbst zu tragen. Also bat ich ihn, nun Ted mitzunehmen, und ich würde Glen mitnehmen. Glen war mehr an Hausbesuchen interessiert, deshalb gingen wir jeden Montag in Krankenhäuser oder Altenheime oder besuchten einsame Gemeindeglieder.

Siebeneinhalb Jahre später hatten wir 57 Teams, die jeden Abend in der Woche hinausgingen, um alle Arten des Dienstes zu tun. Wir bildeten wohl mehr als 150 Teams aus, aber nicht alle blieben dabei. Doch wir lobten den Herrn für die 110 Gemeindeglieder, die jeden Abend der Woche Dienste ausführten. Das wäre für eine einzelne Person unmöglich zu schaffen gewesen. Nebenbei erfüllten wir auch noch den Auftrag des Neuen Testamentes: die Heranziehung und Ausrüstung der neuen Generation von Leitern. Jedes Gemeindeglied sollte beides versuchen: geschult zu werden und zu schulen. Gott kann viele Mitglieder befähigen, das zu tun, was ich in diesem Abschnitt beschrieben habe, und das nicht bloß den professionellen Pastoren zu überlassen.

Erschaffe dieses System in deiner Gemeinde. Die Gemeindeglieder werden im Dienst und in der Liebe wachsen; und deine Gemeinde wird in der Gnade und der Besucherzahl wachsen.

5. Jesus gab sein Leben für den Dienst und als Opfer. Das Leben von Jesus zeigt zwei wichtige Wahrheiten. Erstens war er ein dienender Leiter. Jedes Studium über christliche Leitung ist unvollständig, wenn wir sein aufopferndes und dienendes Leben ignorieren. Es ist am Anfang wichtig zu erkennen, dass er das Konzept der dienenden Leitung durch seine eigenen Aussagen verdeutlicht:

Denn auch der Sohn des Menschen ist nicht gekommen,
um bedient zu werden, sondern um zu dienen. (Mk 10,45 EB)

Ich aber bin in eurer Mitte wie der Dienende. (Lk 22,27b EB)

Dem König des Universums ging es nicht um Selbstverherrlichung, Selbstzufriedenheit, Macht oder Kontrolle. Sein Lebenszweck war vielmehr Rettung und Dienst.

Die zweite Wahrheit über Jesus ist, dass er sein Leben als ein lebendiges Opfer gab. Er selbst sagte:

Der Menschensohn ist nicht gekommen, um sich bedienen
zu lassen, sondern um anderen zu dienen und sein Leben als
Lösegeld für viele hinzugeben. (Mt 20,28 NLB)

Um uns zu erlösen, ist der Sohn Gottes ein Mensch geworden, hat die Leiden des zweiten Todes durchlitten und sein Leben am Kreuz als Sühneopfer gegeben. Damit zahlte er den Preis für unsere Erlösung. Der sollte uns eine Vorstellung davon geben, wie wertvoll wir für ihn sind. Jesus erklärte: „Der Menschensohn ist gekommen, um Verlorene zu suchen und zu retten." (Lk 19,10 NLB) Verlorene Menschen bedeuten ihm viel.

Wenn ich also ein echter Pastor und Nachfolger von Jesus Christus sein möchte, dann werden Verlorene mir auch viel bedeuten. Die Rolle des Pastors (genauso wie die Rolle aller Leiter in einer Gemeinde) ist, diesen Wert in das Bewusstsein der Gemeindeglieder einzuflößen, damit auch sie Verlorene suchen. Dadurch offenbart sich das aufopfernde Leben von Jesus auf mindestens zwei Ebenen. Die erste Ebene ist ein Leben des Gebens – das Geben von Zeit, Mitteln und Kraft. Die zweite Ebene ist, unser ganzes Leben in aufopfernder Weise zu geben, wie Paulus schrieb:

> Brüder und Schwestern, weil Gott so viel Erbarmen mit euch gehabt hat, bitte und ermahne ich euch: Stellt euer ganzes Leben Gott zur Verfügung! Bringt euch Gott als lebendiges Opfer dar, ein Opfer völliger Hingabe, an dem er Freude hat. Das ist für euch der vernunftgemäße Gottesdienst. (Röm 12,1 GNB)

In der Apostelgeschichte können wir lesen, wie die erste Christengemeinde dies auslebte: „Alle aber, die gläubig geworden waren, waren beieinander und hatten alle Dinge gemeinsam. Sie verkauften Güter und Habe und teilten sie aus unter alle, je nachdem es einer nötig hatte." (Apg 2,44–45) Sie verstanden, wie großartig das Opfer war, das Jesus für sie gebracht hatte, und waren im Gegenzug willig, auch für andere Menschen etwas zu opfern.

Auf eines habe ich als Pastor immer geachtet: der Erste zu sein, der etwas tut oder macht. Ich habe nie meine Gemeinde gebeten, etwas zu tun, das ich nicht bereit war, selbst zu tun (oder zumindest etwas Ähnliches). Wenn wir als erste beginnen – ob mit einem Dienst, der Evangelisation oder dem Geben von Gaben –, setzen wir ein Zeichen für andere. Jesus hat niemanden gebeten, etwas zu tun, wozu er nicht selbst bereit war.

Er gab sogar sein Leben als Opfer zur Rettung der Welt. Die ersten Christen gaben anderen etwas von ihrem Besitz aus Liebe zu ihren Glaubensgeschwistern. Wir sind gerufen, aus Liebe ähnliches zu tun. Wir sollten nicht an den Gütern dieser Welt hängen. Pastoren und Gemeindeleiter, die im aufopfernden Geben ein Vorbild sind, werden Gemeinden haben, die dasselbe tun werden.

Paulus schrieb an die Gemeindeglieder in Korinth:

> Gott hat uns dazu bestimmt, diese Botschaft der Versöhnung in der ganzen Welt zu verbreiten. (2 Kor 5,19 Hfa)

Gott sandte seinen Sohn auf die Erde, um die zerbrochene Beziehung der Menschen zu ihm wiederherzustellen; und er hat diese Nachricht der Rettung den Nachfolgern von Jesus anvertraut. Die Mission der ersten Christengemeinden und unsere Mission heute ist somit die Mission von Gott, dem Vater, und die seines Sohnes: Eine sterbende Welt zur Gottheit zurückzubringen. Aber um das tun zu können, müssen wir selbst eng mit Christus verbunden sein, während wir das Evangelium verkündigen, die Bedürfnisse der Menschen erkennen und erfüllen, Nachfolger für Jesus gewinnen und ausbilden, und uns selbst der Sache Gottes aufopfernd widmen.

Zusammenfassung

Während die Prinzipien geistlicher Leitung, die wir betrachtet haben, natürlicherweise zu der Aufgabe professioneller Pastoren gehören, gelten sie in gewisser Weise auch allen Gemeindegliedern, die mit einer Leitungsaufgabe betraut sind. Es mag sein, dass du durch eine andere Arbeit deinen Lebensunterhalt verdienst, aber wenn du in die Arbeit für das Reich Gottes involviert bist, dann gilt das Beispiel von Jesus auch für dich. Für alle, die Pastoren sind, als Gemeindeälteste oder -leiter dienen, die Sabbatschule leiten, den Besuchsdienst organisieren, Dienste oder kleine Gruppen leiten, ist Jesus, ihr Herr, das beste Vorbild.

Als unser idealer Hirte (= Pastor, vgl. Joh 10,11.14) zeigte er uns, was wir als geistliche Leiter tun sollen. Zuallererst müssen wir unsere Verbindung mit dem Vater bzw. dem Sohn durch Gebet und eine enge Beziehung zu ihm vertiefen. Dann werden wir fähig sein, das Evangelium des Reiches Gottes weiterzugeben und Leiter auszubilden, die sich um die Bedürfnisse der Menschen und die Ausbildung der Gemeindeglieder kümmern.

Authentische Leitung in der Gemeinde Christi ist dienende Leitung. Jesus kam, um zu dienen, nicht um bedient zu werden. Er beruft uns, es ihm nachzumachen.

Der Kern des Pastorendienstes

Wir finden den Kern des Pastorendienstes eingebettet in dem Text: „Er wählte zwölf von ihnen aus, die ihn ständig begleiten sollten, und nannte sie Apostel. Er wollte sie aussenden, damit sie predigen und mit Vollmacht Dämonen austreiben." (Mk 3,14-15 NLB)

Dieser Abschnitt beinhaltet drei Wahrheiten:

1. Jesus fordert uns auf, bei ihm zu sein. Der Dienst fängt nicht an, wenn du unter Leuten bist. Um effektiv und nachhaltig zu sein, muss er vielmehr damit beginnen, in der Gegenwart Gottes zu sein. Vor einigen Jahren führte das Fuller-Seminar eine Studie über das Andachtsleben von Pastoren durch und entdeckte, dass der durchschnittliche Pastor in den USA jeden Tag nur etwa fünf bis zehn Minuten mit Beten verbringt; effektive Pastoren widmen dagegen dem Gebet mindestens eine Stunde. Christus bittet uns, unser Leben für ihn zu investieren, mit ihm zu gehen, über ihn zu reden und unseren Dienst in Abhängigkeit von ihm zu tun.

2. Er sendet uns aus, zu predigen und geistlich zu heilen und bei den Menschen einen Unterschied zu bewirken. Ich habe erkannt, dass ein christliches Leben, das Jesus ehrt und authentisch ist, eine Voraussetzung ist, um ein mitfühlendes Herz für verlorene Menschen zu haben. Effektiver Pastorendienst startet nicht mit der Menge, aber mit viel Zeit allein mit Christus. Je mehr Zeit wir mit Gott verbringen, desto erfolgreicher wird unser Leben sein. Viele Pastoren sind geistlich am Ende, weil sie viel Zeit damit verbringen zu dienen, und nicht Gott seinen Dienst für sie tun lassen. Fülle dein Herz mit der Gegenwart und der Kraft des Heiligen Geistes, und dein Dienst wird die Signatur des Himmels tragen.

3. Wir tun das alles durch die Kraft des Heiligen Geistes. Wenn du das Wirken des Geistes in deinem Leben und Dienst erfahren willst, dann lebe in Verbindung mit Christus. Das Geheimnis des ganzen Erfolges im Dienst ist unser Erfolg im Gebet in der Stille. Wir können mehr tun als zu beten, nachdem wir gebetet haben; aber wir können niemals mehr tun, als zu beten, bis wir nicht zuerst gebetet haben!

Ellen White formulierte es sehr drastisch: „Der Grund, warum unsere Pastoren so wenig schaffen, ist, dass sie nicht mit Jesus wandeln. Er ist von den meisten eine Tagesreise weit entfernt."[13] Sie sagte nicht, dass die Pastoren nicht effektiv sind, weil sie nicht genügend über Theologie wissen oder nicht genügend Strategien des Gemeindewachstums beherrschen oder zu wenig überzeugend predigen. Vielmehr sind sie nicht effektiv, weil sie nicht mit Jesus wandeln. Er ist von den meisten eine Tagesreise weit entfernt!

Ein Freund von mir sagte zu mir vor einiger Zeit: „Joe, ich habe mich damit abgemüht zu erfahren, warum Petrus *eine* Predigt brauchte, um 3000 Menschen zum Herrn zu bringen, ich aber jetzt 3000 Predigten brauche, um einen Menschen zum Herrn zu bringen. Neulich zeigte der Herr mir, warum. Der Unterschied ist, ob wir den Dienst abhängig von ihm tun oder abhängig von unserer Stärke." Mein Gebet ist, dass jeder von uns den Dienst und die Evangelisation mit der Macht und Effektivität Gottes tut.

Wenn ein Pastor ein Gebetsleben wie Jesus führt, gezielt die Gemeindeglieder zu Jüngern macht und ihre Spiritualität fördert, wird Christus ihn oder sie benutzen, um die Gemeinde in ein Heiligtum für geistlich veränderte Christen zu verwandeln. Jesus verkündete: „Mein Haus wird ein Bethaus genannt werden." (Mt 21,13 EB) Er sagte nicht, dass die Gemeinde ein Ort des Singens, des Predigens oder der Dienste sein würde, obwohl das alles wichtig ist. Stattdessen ist die Gemeinde grundsätzlich der Ort, um Menschen anzuleiten, das Wirken Gottes zu erfahren und vom Heiligen Geist Gaben und Kraft zu erhalten.

Unglücklicherweise sind zu viele Fachmänner mit ihren Programmen und Ideen in die Gemeinden eingedrungen und haben sie eher in eine menschliche Institution als in den lebendigen Leib Christi verwandelt. Wenn wir in Verbindung mit Jesus leben, wird die Gemeinde zu einem heiligen Ort des Gebets, der Gnade und seiner Gegenwart (vgl. Mt 18,20). Das Verlangen von Jesus nach dem Wirken Gottes in seinem Dienst sollte auch unsere Motivation sein und uns inspirieren, mehr und mehr wie Jesus zu werden, zu dienen und zu leiten.

---

[13] *Testimonies for the Church*, Bd. 1, S. 434.

Kapitel 4

Die Ausbildung von Gemeindegliedern und die Heranbildung neuer Leiter

Eine wachsende Gemeinde ist kein Ein-Mann-Unternehmen. Gemeindewachstum geschieht nicht durch das, was der Pastor macht, sondern durch das, was die Gemeindeglieder tun. Wenn sie ihren Glauben anderen Menschen nicht bezeugen und keinen Dienst „in der Welt" ausüben, dann gibt es für eine Gemeinde nur sehr wenige Möglichkeiten zu wachsen und voranzukommen. Unsere Untersuchung, die wir über die am schnellsten wachsenden Adventgemeinden in den Vereinigten Staaten durchgeführt haben, ergab, dass diese Gemeinden einen großen Teil der Zeit, der Energie und des Geldes in die Ausbildung und Zurüstung ihrer Gemeindeglieder stecken.

Durch Interviews mit vielen Pastoren entdeckten wir, dass sie der Ausbildung von Gemeindegliedern zum Dienst durchschnittlich zwei Stunden in der Woche widmen, während die Pastoren von gesunden und wachsenden Gemeinden 10 bis 15 Stunden in der Woche damit verbringen. Zudem sind die Leiter in wachsenden Adventgemeinden sehr gewissenhaft in der Ausbildung weiterer Leiter als Multiplikatoren engagiert. Solche Gemeinden haben Leiter, die sich auf das Ausbilden konzentrieren, und Gemeindeglieder, die lernen wollen, wie sie Dienst und Mission betreiben können. Ob du nun ein Pastor, ein Leiter oder ein Gemeindeglied bist – du solltest sicherstellen, dass deine Gemeinde alles tut, was ihr möglich ist, um eine Kultur des Ausbildens und Zurüstens zu schaffen.

Wir haben auch herausgefunden, dass Durchschnittsgemeinden entweder keine oder sehr wenige Mittel für die Ausbildung in ihrem Haushaltsplan vorgesehen haben, erfolgreiche Gemeinden dagegen bis zu zehn Prozent ihres Budgets dafür ausgeben.

Die Ausbildung wird vom Pastor oder einem der Gemeindeältesten geleitet. Erfolgreiche Pastoren verbringen ungefähr ein Drittel ihrer Zeit damit, ihre Gemeindeglieder für den Dienst und die Mission vorzubereiten. Sie beten dauernd um neue Leiter, suchen nach ihnen und schaffen in ihrer Gemeinde ein System, um sie anzuleiten und auszubilden. Sie bemühen sich sicherzustellen, dass ihre Mitarbeiter vorbereitet und erfolgreich sind. Weil sie Gemeindeglieder nicht als Konkurrenten, sondern als Partner sehen, bilden sie ständig neue Leiter aus und übertragen ihnen einen Teil ihres eigenen Dienstes. Pastoren wachsender Gemeinden kennen den Wert rechtzeitiger Veränderungen, um zu verhindern, dass sich die Wachstumskurve der Gemeinde wieder nach unten bewegt.

Auf diese Weise folgen sie der Anweisung des Paulus an den jungen Pastor Timotheus: „Was du von mir in Gegenwart vieler Zeugen gehört hast, das vertraue treuen Menschen an, die tüchtig sein werden, auch andere zu lehren!" (2 Tim 2,2 EB) Unglücklicherweise stellen viele Gemeinden eher einen Fachmann ein, der ihnen den Dienst abnimmt. Die meisten Adventisten sind mit Wissen überfüttert und in der Praxis ungeübt. Kein Wunder, dass die meisten Adventgemeinden im Wachstum stagnieren oder abnehmen. Einer der Pastoren, die ich interviewte, sagte mir: „Meine Gemeinde begann zu wachsen, als ich den Dienst an meine Gemeinde übergab und meine Gemeinde die Leitung mir übergab."

Der biblische Auftrag der Ausbildung: Schwerpunkt auf der Spiritualität

Lasst uns ein Konzept der Ausbildung und des Ausrüstens entwickeln, indem wir auf den Dienst von Jesus Christus schauen. Er ist der ultimative Ausbilder von Leitern der Gemeinde. Hätte er seine Jünger nicht zu Leitern ausgebildet, würde heute keine Gemeinde existieren. Seine Förderung von Jüngerschaft und Leitung war nicht darauf gerichtet, was Menschen tun können, sondern was sie durch seine verändernde Macht und das Wirken des Heiligen Geistes in ihrem Leben werden können. Oft konzentrieren sich Leiter in ihrem Drang, schnelle Ergebnisse für den Dienst zu bekommen, auf die Technik, die Strategie und das Resultat. Jesus konzentrierte sich immer auf das Sein seiner Jünger, weil er wusste: Wenn er ihnen half, so zu werden, wie Gott es wollte, würden sie sich ihm und seinem Wirken in der Welt anschließen. Deswegen verbrachte Jesus eine beachtliche Zeit damit, seine Jünger in den „Fächern" geistliches Wachstum, die Liebe untereinander und die Liebe zu verlorenen Menschen zu unterrichten, ihre Werte zu prägen und ihren Charakter zu bilden.

Jesus wusste genau: Menschen, in denen der Geist und die Liebe Gottes wohnen, sind willig, ausgebildet und geformt zu werden, um Dienst und Mission zu betreiben. Solche Nachfolger werden gern dienen wollen, weil sie die Liebe Gottes erfahren haben. Deswegen verbrachte Jesus viel Zeit mit seinen Jüngern, um die Entwicklung ihrer Spiritualität zu fördern und sie zu drängen, eine Verbindung zu Gott und zu anderen Menschen herzustellen. Eine engagierte Person dient aus Liebe, ein geistlich gesundes Gemeindeglied dient mit Kraft, aber ein vom Geist erfüllter Christ dient mit Effektivität und Güte.

Im Kern des Verlangens nach Ausbildung stehen die Liebe zu Gott und die Liebe zum Nächsten. Sie sind tatsächlich auch der Kern und das Wesen des Gemeindewachstums. Ich werde nie vergessen, was Peter Wagner, eine der führenden Autoritäten auf dem Gebiet des Gemeindewachstums, in einem seiner Seminare sagte. Er erklärte, dass wir den Kern des Gemeindewachstums durch die Aussage zusammenfassen können: „Liebe den Herrn, deinen Gott, von ganzem Herzen, mit ganzem Willen und mit aller deiner Kraft und deinem ganzen Verstand, und liebe deinen Mitmenschen wie dich selbst!" (Lk 10,27 GNB)

Während die Welt sich dafür interessiert, was Menschen erreichen und leisten können, beschäftigt sich Gott damit, was aus Menschen werden kann. Das Beispiel von Jesus auf dem Gebiet der Ausbildung drängt Pastoren und Leiter dazu, ihre Zeit für andere

Gemeindeglieder einzusetzen, Beziehungen zu ihnen aufzubauen, sie zu lieben, zu ermutigen, auszubilden und herauszufordern.

Durch Unterweisung, Vorbild, Herausforderungen und Verantwortlichkeit stattete Jesus seine Jünger für ihren Dienst und ihre künftige Mission aus. Er leitete sie nicht nur an zu dienen, sondern zeigte ihnen, wie effektiver Dienst getan wird; dann sandte er sie zum Dienst aus, und ließ sie nach ihrer Rückkehr ihre Erfahrungen berichten.

Der engere Leiterkreis einer Gemeinde muss eine sorgfältige Analyse seiner Gemeindeglieder durchführen, um Leiter und potenzielle Leiter zu erkennen.[1] Die Ausbildung sollte folgendes beinhalten: Beten, Ideen geben, Methoden lehren, Bericht erstatten lassen, Verantwortung delegieren (Mk 6,6–13.30).

Die wichtigste Regel beim Ausbilden

Wenn es um das Ausbilden und Anleiten geht, sollte niemand einen Dienst allein verrichten. Es dürfte zwar viel praktischer sein, allein einen Krankenbesuch zu machen, allein eine Sabbatschulgruppe zu unterrichten oder allein Bibelstunden zu geben, aber das ist nicht das Prinzip von Jesus. Es ist auf Dauer viel effektiver, jemanden ins Krankenhaus mitzunehmen und ihm den Dienst zu zeigen. Und es führt zum Wachstum, jemanden mitzunehmen und zu unterrichten, wie man einen Bibelkreis leitet und Menschen zu Jesus führt. Er ging sogar so weit zu sagen, dass es wichtiger ist, um Leiter und Erntearbeiter zu beten als für die Ernte selbst:

> Jesus zog umher ... und lehrte in ihren Synagogen und predigte das Evangelium des Reiches und heilte jede Krankheit und jedes Gebrechen. Als er aber die Volksmengen sah, wurde er innerlich bewegt über sie, weil sie erschöpft und verschmachtet waren wie Schafe, die keinen Hirten haben. Dann spricht er zu seinen Jüngern: Die Ernte ist zwar groß, die Arbeiter aber sind wenige. Bittet nun den Herrn der Ernte, dass er Arbeiter aussende in seine Ernte! (Mt 9,35-38 EB)

---

[1] Siehe dazu Anhang A: „Die Suche nach vielversprechenden Leitern".

Jeder Leiter sollte beten, dass Gott noch einen weiteren Leiter motivieren wird, der sich von ihm ausbilden lässt und seinen Dienst dann ebenfalls ausüben wird. Wie bereits erwähnt, beauftragte Paulus den Pastor Timotheus zur Ausbildung anderer Gemeindeglieder mit den Worten: „Was du von mir gehört hast, das sollst du auch weitergeben an Menschen, die vertrauenswürdig und fähig sind, andere zu lehren." (2 Tim 2,2 NLB)

Beachte die Kette der fortlaufenden Ereignisse: Jeder Leiter soll einen anderen Leiter ausbilden, der einen weiteren Leiter ausbildet, der wiederum einen weiteren Leiter ausbildet, bis Jesus wiederkommt. Unser Erlöser bildete die zwölf und die 70 Jünger aus; sie sollten die Mentoren für die nächste Generation der Leiter in den Gemeinden sein; und dies sollte sich kontinuierlich fortsetzen.

Ellen Whites Aussagen über Ausbildung

Ellen White erkannte den Wert und die Bedeutung, neue Leiter auszubilden – ein Konzept, das sie viele Male betonte.

Sie schrieb zum Beispiel:

Die Prediger sollten nicht die Arbeit tun, die der Gemeinde aufgetragen ist. Dadurch überfordern sie sich und halten andere davon ab, ihre Pflicht zu erfüllen. Sie sollten ihre Glieder dazu erziehen, in der Gemeinde und der Kommune mitzuarbeiten.[2]

Sie ging so weit zu sagen, dass Pastoren mehr Zeit mit der Ausbildung als mit dem Predigen verbringen sollten. Damit ist die Ausbildung sogar wichtiger als das Predigen und Lehren zu vermitteln. Natürlich sah Ellen White die Bedeutung des Predigens, aber das ist nicht genug, um den Missionsauftrag zu erfüllen und eine Gemeinde wachsen zu lassen. Wenn wir die Aufgabe eines Pastors wie sie definieren würden, dann wäre das jemand, der das Evangelium verkündigt und andere dazu ausbildet, ihren Glauben mitzuteilen und einen Dienst zu verrichten. Sie schrieb dazu:

---

[2] *Historical Sketches of the Foreign Missions of the Seventh-day Adventists*, Basel 1886, S. 291; zitiert in *Im Dienst für Christus*, S. 88 (rev.).

Jede Ortsgemeinde sollte ein Ausbildungsort für christliche
Arbeiter sein ...
Dabei sollte nicht nur gelehrt, sondern auch unter erfahrener
Anleitung praktische Arbeit getan werden. Lasst die Lehrer
in der Arbeit unter den Menschen vorangehen; andere werden
sich ihnen dann anschließen und von ihrem Beispiel lernen.
Ein praktisches Beispiel ist mehr wert als viele Anweisungen.[3]

Ellen White betonte auch, dass die Pastoren zuerst die Gemeindeglieder ausbilden sollten, um Mission zu treiben, sodass die ganze
Gemeinde gemeinsam dienen kann.

Wirkt ein Prediger an einem Ort, wo schon Seelen im Glauben
stehen, dann sollte er fürs erste nicht so sehr danach trachten,
Ungläubige zu bekehren, als Gemeindeglieder zur Mitarbeit
heranzuziehen. Er muss auf sie persönlich einwirken, muss sie
beeinflussen, selbst nach einer tieferen Erfahrung zu streben
und für andere zu wirken. Sind sie bereit, den Prediger durch
Gebet und Arbeit zu unterstützen, dann wird ein größerer
Erfolg seine Bemühungen begleiten.[4]

Unsere Untersuchung zeigte dies eindeutig. Wir sahen einen starken Zusammenhang zwischen der Ausbildung der Gemeindeglieder, um Dienst und Mission zu betreiben und neue Menschen in
die Gemeinde zu bringen, und dem geistlichen und zahlenmäßigen
Wachstum einer Gemeinde. Doch ohne das Heranbilden neuer Leiter kann eine Gemeinde zwar laut Gemeindeliste wachsen, aber
nicht in der Anwesenheit im Gottesdienst (dazu später mehr).
    Bei solch einer Ausbildung sollten die Leiter auch genau auf die
geistlichen Gaben ihrer Glieder achten. Ellen White ermahnte die
Adventgemeinden sicherzustellen, dass ihre Mitglieder in ihrem
Dienst am rechten Ort sind, wie Gott sie gemacht und mit Gaben
und Fähigkeiten ausgerüstet hat:

---

[3] *Auf den Spuren des großen Arztes*, S. 111f. (rev.), zitiert in: *Im Dienst für
Christus*, S. 74f.
[4] *Diener des Evangeliums*, S. 174; vgl. *Im Dienst für Christus*, S. 89.

Lass die Hand Gottes den Ton für seinen eigenen Dienst bearbeiten. Gott weiß, welch eine Art Gefäß er haben möchte. Jedem Menschen hat er eine Arbeit gegeben. Gott weiß, für welchen Platz er am besten geeignet ist. Viele arbeiten entgegen dem Willen Gottes, und sie verderben das Netzwerk.[5]

Die Bedeutung der Ausbildung für das geistliche und das Gemeindewachstum

Wenn ich in meinen Seminaren über die Bedeutung der Ausbildung spreche, stelle ich den Anwesenden einleitend zwei Fragen zu einem Fallbeispiel: „Wenn eine Gemeinde im Durchschnitt 100 anwesende Gottesdienstbesucher hat und zu dieser Gemeinde innerhalb eines Jahres weitere 100 Menschen hinzukommen, wie hoch wird dann die Anwesenheit am Ende des Jahres wohl sein? Wenn zu dieser Gemeinde jedoch niemand hinzukäme, wie hoch wäre dann wohl die Anwesenheit am Ende des Jahres?" Beim ersten Szenario meinten die Anwesenden, dass am Ende des Jahres der Gottesdienstbesuch 150, 200 oder sogar mehr Personen betragen würde, weil einige der neuen Gemeindeglieder ihre Familienmitglieder mitbringen würden. Beim zweiten Szenario vermuteten einige 100, andere 80 anwesende Gottesdienstbesucher nach einem Jahr.

Was ist nun die richtige Antwort? Basierend auf der Untersuchung, die wir in den Adventgemeinden gemacht haben, liegen diejenigen richtig, die beim zweiten Szenario mit 80 antworten. Die Anwesenheit wird nach einem Jahr wahrscheinlich nur noch 75 bis 80 Personen betragen, weil jedes Jahr Leute sterben, andere aus irgendwelchen Gründen wegziehen, und wieder andere inaktiv werden. Zudem durchdringt eine Gemeinde – wenn während des Jahres nichts Evangelistisches passiert – ein pessimistisches Gefühl und eine schlechte Stimmung, die es schwermachen, selbst die Anzahl ihrer anwesenden Gemeindeglieder zu halten.

Was geschieht beim ersten Szenario? Unsere Untersuchung zeigte, dass eine Gemeinde, die 100 Mitglieder zu den bisherigen

---

[5] Brief 63, 1898; zitiert im *Seventh-day Adventist Bible Commentary*, Bd. 4, S. 1154, und in *Our High Calling*, S. 335, *Lift Him up*, S. 65.

100 Gottesdienstbesuchern hinzufügt, am Ende des Jahres immer noch nur gut 100 haben wird, sofern sie nicht folgende Dinge tut:
1. Die Basis ihrer Dienste vergrößern;
2. die Anzahl ihrer Leiter vergrößern;
3. sich auf die Familien konzentrieren;
4. einen inspirierenden Gottesdienst anbieten;
5. das geistliche Niveau (die Spiritualität) erhöhen; und
6. eine hoffnungsvolle Atmosphäre schaffen.

Jede Gemeinde wächst in Korrelation mit ihrer Effektivität, die Bedürfnisse der Gemeindeglieder in der Nachfolge und im Dienst zu erfüllen. Der gesunde Menschenverstand sagt uns: Wenn wir Menschen mit Kindern gewinnen wollen, sollten wir lieber sabbats ein Programm für Kinder anbieten. Und wenn wir die Glieder in der Gemeinde halten wollen, dann sollten wir eine Ausbildung in Jüngerschaft durchführen. In diesem Kapitel werden wir erörtern, wie wir die Basis der Dienste in der Gemeinde vergrößern können. Spätere Kapitel werden einige der anderen Faktoren behandeln.

Ein Fallbeispiel für die Bedeutung und Dringlichkeit der Ausbildung

Wir wollen uns eine dynamische Frau vorstellen, die Katrin heißt. (Ich wähle an dieser Stelle eine Frau, weil wir in unserer Untersuchung entdeckt haben, dass der Anteil der Frauen, die einen diakonischen Dienst leisten, viel höher ist als der Anteil der Männer.) Katrin liebt Gott, sie liebt Menschen und sie liebt ihre Gemeinde. Sie kümmert sich um vier oder fünf Familien in der Gemeinde. Ob sie das geplant oder intuitiv macht, ist hier nicht wichtig, sondern nur die Tatsache, dass sie es tut. Während der Woche wird sie die erste Familie besuchen, falls diese nicht zum Gottesdienst kommt; sie hat einen Bibelkreis in der zweiten Familie und führt viele soziale Aktivitäten außerhalb der Gemeinde mit der dritten Familie durch. Zusätzlich schult sie Mitglieder der vierten Familie, damit sie einen Dienst in der Gemeinde übernehmen können. Wenn eine dieser Familien im Gottesdienst fehlt, ruft sie sie an, und in Nöten oder Problemen kümmert sie sich um sie.

Wir wollen weiter annehmen, dass Katrins Adventgemeinde ziemlich aktiv ist und im Verlauf eines Jahres 20 neue Familien hinzugewinnt. Der Pastor der Gemeinde weiß: Wenn sich niemand um diese neuen Familien kümmert und sie unterrichtet, könnten sie sich wieder abwenden. Da er nicht genügend Leiter und Helfer hat, geht er zu Katrin und sagt zu ihr: „Du bist die Beste im Dienst für Familien. Niemand macht das so gut wie du. Du weißt, dass der Herr unsere Gemeinde dieses Jahr sehr gesegnet hat. Er hat uns 20 neue Familien gegeben. Aber du weißt auch, dass wir sie leicht verlieren werden, wenn wir sie nicht betreuen."

Dann schlägt er Katrin vor: „Wie wäre es, wenn du drei oder vier weitere Familien betreuen würdest?" Sie kann das ablehnen; aber selbst wenn sie zustimmen würde, käme es letztendlich nur auf insgesamt vier Familien, die sie effektiv betreuen könnte, weil sie bereits am Limit ihrer verfügbaren Zeit und ihrer begrenzten Kräfte ist. Sollte sie mehr übernehmen, als sie schaffen kann, wird sie verärgert, überarbeitet oder gar entmutigt werden. Katrin hätte gleich andere Leiter (Diakone) als Helfer heranbilden sollen, damit die auch das tun, was sie macht. Das sollten alle in der Gemeinde tun, die einen Dienst durchführen oder leiten.

Jede Gemeinde wächst proportional zu der Anzahl ihrer Dienste: Je mehr sie hat, desto wahrscheinlicher wird sie wachsen. Aber jeder Dienst ist auf einen Leiter angewiesen, den Gott begeistert hat. Jeder Pastor und Leiter sollte beten und anstreben, sich selbst zu vervielfältigen. Die Zahl der Dienste wird niemals wachsen, wenn nicht die Anzahl der Leiter zunimmt. Eine wichtige Funktion der Leiter ist es, sich selbst zu duplizieren und sicherzustellen, dass jeder Mitarbeiter erfolgreich ist in dem, was er tut.[6]

John Maxwell vergleicht diejenigen Leiter, die lediglich Mitarbeiter in ihrem Dienst fördern, mit den Leitern, die andere Leiter für ihren eigenen Dienst ausbilden:[7]

---

[6] Elmer L. Towns and Warren Bird, *Into the Future: Turning Today's Trends Into Tomorrow's Opportunities*, F. H. Revell, Grand Rapids (Michigan) 2000, S. 173.

[7] John Maxwell, *The 21 Irrefutable Laws of Leadership*, Thomas Nelson, Nashville (Tennessee) 1998, S. 210.

Leiter, die Mitarbeiter fördern

- Ihr Bedürfnis ist, gebraucht zu werden
- Konzentration auf Schwächen
- Eigene Macht bewahren
- Zeit mit anderen verbringen
- Wachsen durch Addition
- Einfluss nur auf Menschen, mit denen sie persönlich Kontakt haben.

Leiter, die Leiter entwickeln

- Ihr Bedürfnis ist, erfolgreich zu sein
- Konzentration auf Stärken
- Eigene Vollmacht abgeben
- Zeit in andere investieren
- Wachsen d. Multiplikation
- Einfluss auch auf Menschen, die außerhalb ihres eigenen Wirkungsbereiches sind.

Die Notwendigkeit der Leitung

Eine alte Frage lautet: Was war zuerst da – das Huhn oder das Ei? Aber wenn es um den Dienst und die Leitung geht, ist die Antwort klar. Es gibt keinen Zweifel darüber: die Leiter sind immer zuerst da. Ohne starke und engagierte Leiter würde es keine Dienste geben. Gemeinden könnten Hunderte von Diensten anbieten, können es aber nicht wegen Mangels an Leitern und Ressourcen.

Gott muss eine bestimmte Art von Dienst oder Leitung in das Herz eines Leiters legen, die der will. Wenn Gott sie ihm in das Herz legt, schenkt er auch die Begeisterung, die Gaben und die Fähigkeiten, um die Arbeit auszuführen. Er sorgt auch für die Ressourcen und den Erfolg auf dem Weg.

20 Tipps zur Ausbildung der Gemeindeglieder

Hier folgt eine Liste mit wichtigen Hinweisen für Pastoren und Leiter in den Gemeinden, um die Mitglieder für einen effektiven Dienst und für missionarische Aktivitäten auszubilden.

1. Hilf den Gemeindegliedern, Gott und einander zu lieben. Je mehr sie Gott lieben, desto mehr werden sie dazu neigen, einen Dienst zu tun. Und je mehr sie einander lieben, desto mehr wollen sie einander dienen.

2. Ermutige die Gemeindeglieder. Ständig treffe ich auf Leute, die entmutigt sind, weil niemand ihren Dienst anerkennt.

Einmal traf ich eine Frau, die 20 Jahre lang eine Kindersabbatschulgruppe geleitet hat. Sie sagte mir: „Manchmal kann die Arbeit mit Kindern schwer sein. Oft habe ich mir gewünscht, dass mir jemand für das dankt, was ich tue, oder mir irgendeine Art von Unterstützung gibt." Mach es dir als Pastor zur Gewohnheit, wie ein „Cheerleader" der Gemeinde zu sein. Als Pastor habe ich mindestens zwei Stunden jede Woche verwendet, um Gemeindeglieder anzurufen und zu ermutigen. Und im Laufe des Jahres habe ich kleine Ermutigungskarten für jedes Gemeindeglied geschrieben. Ich habe sogar Gutscheine einer Imbisskette gekauft und sie den Jugendlichen in meiner Gemeinde gegeben, die einen Dienst ausgeführt oder jemandem etwas Gutes getan haben. (Ich war bei allen Teenagern in meiner Gemeinde sehr beliebt!)

3. Gib Gemeindegliedern bedeutungsvolle Aufgaben mit ewiger Tragweite. Jeder möchte etwas dazu beitragen, diese Welt zu verändern. Erinnere sie daran, dass ihr Dienst Menschen hilft, deren Leben verändert, und sie zu Jesus führt.

4. Stelle sicher, dass jedes Gemeindeglied im Team an der richtigen Stelle steht. Seminare über die geistlichen Gaben und anschließende Ausbildungsseminare darüber, wie der Dienst effektiv, mit Freude und mit Zufriedenheit getan wird, sollten mindestens vier Mal im Jahr durchgeführt werden. Schaffe eine Gewinneratmosphäre. Stelle sicher, dass die Gemeindeglieder Erfolg haben. Nichts ist vergleichbar damit, Freude bei der Arbeit für Jesus zu haben. Und wenn sie Erfolg haben bei dem, was sie tun, werden sie dazu neigen, mehr Dienst und Mission zu betreiben.

5. Die Leiter müssen genug über Gott und den Dienst wissen. Hier kommen Jüngerschafts- und Ausbildungsseminare ins Spiel. Viele Gemeinden nehmen einfach an, dass Gemeindeglieder selbstständig wachsen und ihre Fähigkeiten fördern und ausbilden werden. Intentionalität ist der Schlüssel zum Erfolg.

6. Fordere die Gemeindeglieder heraus, für Gott Großes zu tun. Viele werden der Aufgabe gewachsen sein, wenn ihnen der Wert ihres Dienstes gezeigt wird. Es geht nicht nur darum, etwas zu tun, sondern darum, die Welt zu verändern und Menschen Hoffnung, Liebe und das ewige Leben zu vermitteln.

7. Halte Ausschau nach weiteren Leitern, fördere sie und setze sie im Dienst ein. Ich habe es mir als Pastor zur Gewohnheit gemacht, nach der neuen Generation von Leitern Ausschau zu halten und sie dann zu motivieren und auszubilden.

8. Erwarte Großes von Leitern. Viele Gemeinden machen den Fehler, jemandem die Leitung eines Dienstes zu übergeben und nicht viel von ihm zu erwarten. Dann erfüllt sich genau das! Wenn der Pastor jemanden fragt, ob er einen Bereich leiten würde, ist die Rückfrage oft: „Was wird von mir dabei erwartet?", lautet die Antwort oft: „Nicht viel." Im Gegenzug erhält die Gemeinde auch nicht viel! Gemeindegliedern sollte stets klar gesagt werden, was von ihnen als Leiter erwartet wird; denn wenn man von ihnen erwartet, Großes zu erreichen, werden sie das mit Gottes Hilfe tun.

9. Ziehe Leiter stets zur Verantwortung. Nachdem Jesus seine Jünger ausgesandt hatte, bat er sie, ihm Bericht zu erstatten. Verantwortlichkeit ist wesentlich für geistliches Wachstum, Ermutigung und Verbesserung der Fähigkeiten. Triff dich mit den Leitern häufig, besonders sabbats, wenn sie ohnehin im Gemeindehaus sind und es nicht viel Zeit in Anspruch nimmt.

10. Biete kontinuierlich hilfreiche Ausbildungsprogramme an. Verwende den Sabbatvormittag dazu, um die Zeit dafür zu nutzen. Ausbildung sollte kontinuierlich sein, in Seminaren und während der Arbeit erfolgen. Eine Gemeinde sollte zehn Prozent ihres Budgets für die Ausbildung verwenden: Gastredner einladen, Bücher und DVDs kaufen, Leiter zu Fortbildungen schicken usw.

11. Pflege die Beziehungen zu den Gemeindegliedern. Je besser die Beziehung ist, desto mehr werden sie gewillt sein, einen Dienst zu verrichten. Liebe die Gemeindeglieder und hilf ihnen, ihre Nächsten zu lieben. Menschen werden in einer Umgebung der Gnade und Akzeptanz aufblühen. Glaube daran, dass sie erfüllen können, wonach sie streben.

12. Zeige ihnen die Bedürfnisse und die Ergebnisse. Die Welt ist voller leidender Menschen. Unser Dienst besteht darin, die Hoffnung wiederherzustellen und ihnen eine zweite Chance zum Leben zu geben. Welch ein phantastischer Dienst, die Welt zu verändern und sie mit Gnade, Liebe und Optimismus zu füllen! Hilf den

Gemeindegliedern, den Beitrag zu erkennen, den sie für die Ewigkeit leisten, und die Wirkung, die sie in der Welt haben.

13. Personifiziere den Dienstbereich. Beim Dienst geht es nicht um abstrakte Dinge, sondern um Kinder, Mütter und Väter – um Menschen, die wir lieben. Es trifft zu, dass Jesus für die vielen Menschen in Indien und China gestorben ist, aber es ist ungleich effektiver und persönlicher zu sagen, dass er meinen Sohn und meine Tochter im Reich Gottes haben will.

14. Vereinfache die Abläufe in der Gemeinde. Mach es so einfach wie möglich, einen Dienst oder eine Aktivität zu starten.

Ein Pastor erzählte mir folgende Geschichte. Eine alleinstehende Mutter aus seiner Gemeinde kam zu ihm und fragte, ob sie einen Dienst für alleinstehende Mütter beginnen könne. „Das ist eine großartige Idee", antwortete er. „Ich werde es der Person erzählen, die für Kinderarbeit verantwortlich ist." Die stimmte zu, dass das fantastisch wäre, wollte es aber von ihrem Arbeitskreis genehmigen lassen. Der tat das und sah die Notwendigkeit, der Mutter ein Budget für die Kinderbetreuung, Literatur und anderes zu geben, wozu jedoch der Finanzausschuss zustimmen musste. Der meinte auch, dass es eine tolle Idee wäre und stimmte zu, das Geld freizugeben, wenn der Gemeindeausschuss zustimmte. Der Gemeindeausschuss genehmigte die Anfrage mit der Unterstützung aller. Aber da in Kürze eine Gemeindeversammlung stattfinden sollte, stimmten sie überein, sie zuerst zu informieren, damit jeder darüber Bescheid wüsste und den Dienst unterstützen würde. Alle Gemeindeglieder freuten sich über den neuen Dienst und befürworteten ihn enthusiastisch. Inzwischen war jedoch ein Problem aufgetaucht: Die Frau, die den Dienst beginnen wollte, war so frustriert über den langwierigen Prozess, dass sie zu einer anderen Gemeinde gewechselt war und bereits ihren Dienst für alleinstehende Mütter begonnen hatte. Es hatte fast acht Monate von der Anfrage bis zu seiner endgültigen Genehmigung gedauert.

Mach es also Gemeindegliedern so einfach wie möglich, einen Dienst zu starten, und lass sie wissen, dass du hinter ihnen stehst, um sie auf jede mögliche Weise zu unterstützen.

15. Schaffe Strukturen für die Zurüstung. Sie werden zu einer Gemeindekultur führen, in der Mitglieder für den Dienst ausgebildet werden, und gleichzeitig mehr missionarischen Eifer in der Gemeinde schaffen.[8] Jeder Leiter soll weitere Gemeindeglieder ausbilden, die seinen Dienst ebenfalls verrichten.

16. Bring den Leitern nahe, dass ein Dienst ein von Gott gegebenes Geschenk für jedes Gemeindeglied ist, der überall geschieht – in der Gemeinde, zu Hause, auf der Arbeitsstelle usw.

17. Triff dich regelmäßig mit den Leitern. Sprich mit ihnen zu Hause und in der Gemeinde und halte ihnen ständig die Vision vor Augen. Rüste sie durch Unterricht, Ausbildung und Beratung zu. Erinnere die Leiter immer daran, dass Gott sie berufen hat, um die Welt zu verändern und Menschen zu ihm zu führen.

18. Bete um neue Leiter. Fordere von Gott die Erfüllung des indirekten Versprechens in Matthäus 9,38 ein.

19. Sei stets ein Vorbild im Dienst. Was auch immer du von anderen erwartest, musst du auch gewillt sein, selbst auszuführen.

20. Feiert die Erfolge und Zwischenschritte in der Gemeinde. Veranstaltet jedes Jahr mehrere Sabbate, an denen Gottes Aktivität in der Gemeinde anerkannt wird. Jubelt über die Taufen, die Geburten, erfolgreichen Dienste oder Projekte und alles weitere Gute, das in der Gemeinde geschieht. Veranstaltet eine großartige Feier am Jahresende über alles, was Gott getan hat, und sprecht über die Vision, was Gott im kommenden Jahr tun kann.

Was Menschen motiviert

Was motiviert Menschen? Vier Faktoren spielen dabei eine besondere Rolle. Der erste ist die Angst vor Verlust. Menschen werden sich ändern, wenn sie wissen, dass sie ihren Ehepartner oder ihre Arbeit verlieren oder vom Verlust ihrer Gesundheit bedroht werden. Manche werden motiviert von der Hoffnung auf Belohnung wie bessere Bezahlung, einen Aufstieg auf der Arbeitsstelle oder

---

[8] Thom S. Rainer, *Effective Evangelistic Churches: Successful Churches Reveal What Works, and What Doesn't*, Broadman and Holman, Nashville 1996, S. 30.

ein besseres Leben. Wieder andere werden beeinflusst von Beziehungen zu Menschen, die sie respektieren.[9] Der vierte Motivationsfaktor ist die Beziehung zu Gott und die Liebe zu ihm. Christen, die Gott lieben, reisen überall hin, um anderen von seiner Liebe zu erzählen. Sie geben ihre Zeit, ihren Eifer, ihre Gaben, ihr Geld und sogar ihr Leben für seine Sache. Deshalb muss – wie bereits beschrieben – der Schwerpunkt auf der Förderung der Spiritualität liegen. Adventgemeinden tun gut daran, viel in die geistliche Entwicklung ihrer Mitglieder zu investieren.

12 Richtlinien für Pastoren zur Förderung der Dienste

Jede Gemeinde muss ein System haben, um eine neue Generation von Leitern und Gemeindegliedern auszubilden und heranzuziehen. Hier ist eine Auswahl an Praktiken, die wir in einigen der gesunden Gemeinden unserer Untersuchung gefunden haben.

1. **Predige zwei Vortragsreihen über den Auftrag einer Gemeinde** (Evangelisation, Zeugnis, Dienst usw.). Halte eine Reihe von etwa sechs bis acht Predigten im September/Oktober und eine weitere Reihe von drei bis fünf Predigten später. Die Gemeinde muss ständig hören, dass verlorene Menschen Gott viel bedeuten und auch uns viel bedeuten müssen. Die Gemeindeleiter müssen jede Möglichkeit nutzen, die Vision auf frische Weise zu vermitteln. Neben Predigten kann man Lieder, Banner, Slogans oder Gruppenarbeit benutzen. „Eine Vision wird gewöhnlich am effektivsten mitgeteilt, wenn viele verschiedene Methoden genutzt werden: große Versammlungen, Gruppen, Mitteilungsblätter, Poster, Kurzmitteilungen, zwanglose Einzelgespräche. Wenn dieselbe Botschaft aus sechs verschiedenen Richtungen auf Menschen trifft, stehen die Chancen besser, auf intellektueller und emotionaler Ebene gehört zu werden, sodass man sich daran erinnert."[10]

---

[9] Leith Anderson, „Volunteer Recruitment", in James D. Berkley, Hg., *Leadership Handbook of Management and Administration*, Baker Book House, Grand Rapids 1994, S. 280f.

[10] John P. Kotter, *Leading Change*, Harvard Business School Press, Cambridge (Massachusetts) 1996, S. 93.

2. Verwende Zeit in der Sabbatschule für eindringliche Ausbildung, die deinen Predigtreihen folgt. Wir haben herausgefunden, dass die meisten Gemeindeglieder zwar ausgebildet werden wollen, aber keine Extrazeit dafür haben. Nutze deshalb auch die Sabbatschule für Ausbildungsveranstaltungen.

3. Führe regelmäßige Treffen mit allen Leitern in deiner Gemeinde durch (mindestens einmal im Monat), um sie zu ermutigen, zu motivieren, auszubilden, ihnen neue Fähigkeiten beizubringen, neue Veranstaltungen zu planen usw.

4. Besuche jeden Leiter der Gemeinde und erinnere ihn an den bedeutenden geistlichen Wert seiner Aufgabe. Bitte sie während solcher Besuche, drei bis fünf Stunden ihrer Zeit pro Woche für ihren Dienst und die Ausbildung einzusetzen.

5. Besuche jede Dienstgruppe in der Gemeinde. Ermutige die Mitarbeiter und erinnere sie an die bedeutende Aufgabe, die sie erfüllen. Zeige ihnen den ewigen Sinn ihres Tuns. Es geht letztlich nicht um die Erledigung einer Aufgabe in der Gemeinde, sondern um das ewige Schicksal von Menschen.

6. Bemühe dich um ein bis zwei neue Leiter jede Woche. Bete, dass Gott dich zu potenziellen neuen Leitern führen wird. Gehe mit ihnen essen, besuche sie zu Hause oder in ihrem Geschäft und erinnere sie daran, dass Christus möchte, dass sie ihre Gaben im Dienst für ihn und seine Gemeinde einsetzen.

7. Lade Gastsprecher ein, die über die Fähigkeit verfügen, Gemeindeglieder zu motivieren und auszubilden, und deren Arbeit nachweislich erfolgreich war.

8. Benutze Ausschusstreffen, um an die Vision zu erinnern. Mache jedes Ausschusstreffen und auch jedes andere Gremium und Diensttreffen zu einer Gelegenheit zur Anbetung Gottes, zum gemeinsamen Beten für den Dienst, zur Ermutigung und zur Vermittlung der Vision. Anschließend kann sich das Gremium den Agendapunkten widmen. Zuerst sollten die behandelt werden, die sich auf die Mission der Gemeinde beziehen.

9. Benutze eine Vielfalt an Wegen, um deine Botschaft bezüglich des Dienstes zu übermitteln: Predigten, Zeugnisse, Missionsstatements, Slogans, Treffen, Klausurtagungen usw.

10. Schicke die Leiter mindestens einmal im Jahr zu einer inspirierenden Ausbildungsveranstaltung. Leiter brauchen Anregung, Fortbildung und Austausch mit anderen Leitern. **11. Sorge dafür, dass zehn Prozent des Gemeindebudgets für die Ausbildung von Leitern und Gemeindegliedern bereitsteht.** Benutze das Budget, um Leiter und Gemeindeglieder zu Ausbildungen zu schicken, Gastreferenten einzuladen, Material zu kaufen oder Kosten zu erstatten. **12. Betone immer die Spiritualität.** Beachte das geistliche Wachstum der Leiter und Gemeindeglieder genau und tu alles, was du kannst, um ihnen zu helfen, reife und Frucht bringende Christen zu werden (vgl. Joh 15,8.16).

Schritte der Ausbildung

Das einfachste Modell, um jemanden auszubilden, ist, das vorzumachen, was ich vom anderen erwarte (on-the-Job-Training). Hier ist ein Konzept, das die einzelnen Schritte dazu zeigt.[11]

Zeige anderen, was du wie tust, und erkläre ihnen, warum du es tust. Dann übergib die Arbeit an sie und nimm die Rolle eines Coaches, Beraters und Gebetspartners ein.

Ich unterrichte dich	– du lernst es theoretisch.
Ich mache es	– du schaust mir dabei zu.
Ich mache es	– du hilfst mir dabei.
Du machst es	– ich helfe dir dabei.
Du machst es	– ich schaue dir dabei zu.
Du unterrichtest es	– jemand anderes lernt es.

Diese Abfolge ist immer die beste Ausbildung, und sie führt schließlich dazu, anschließend wiederum jemand anderes auszubilden. Das ist das Entscheidende zum Wachstum der Ortsgemeinde.

---

[11] Viele Autoren haben ähnliche Modelle vorgeschlagen wie z. B. John C. Maxwell, *Contagious Leadership Workshop*, Thomas Nelson, Nashville 2006, S. 116.

Ansatzpunkte zur Ausbildung der Gemeindeglieder

1. Betone die Spiritualität - und die Gemeindeglieder werden ihren Dienst wegen ihrer Liebe zu und Hingabe an Christus tun.
2. Gestalte die bestmöglichen Gottesdienste, um die Gemeindeglieder zu inspirieren, ihre Berufung zu erfüllen und ihr Potenzial einzusetzen.
3. Beginne jetzt; warte nicht. Du versäumst bereits Zeit und Gelegenheiten.
4. Baue auf dem auf, was du bereits getan hast. Gewinne jede Woche oder jeden Monat einen Helfer dazu, den du zu einem kompetenten Leiter ausbildest, und füge alle zwei oder drei Monate auch einen weiteren Dienst zur Gemeindearbeit hinzu.
5. Vereinfache die Strukturen. Mach es den Gemeindegliedern so einfach wie möglich, einen Dienst zu starten oder sich daran zu beteiligen. Sie können im Dienst nicht aufblühen, wenn sie viele Hindernisse überwinden und in einer komplizierten Struktur navigieren müssen, um überhaupt anfangen zu können.

Die Aufgabe der Leiter ist es, eine Art „Cheerleader" zu sein, um anderen Gemeindegliedern zu helfen, einen Dienst zu tun, indem sie alle Hindernisse beseitigen und die Mitarbeiter mit allen nötigen Mitteln versorgen.

Unglücklicherweise stellen viele Adventgemeinden zu viele Sperren vor ihre Mitglieder, sodass die ihre Absicht, Jesus zu dienen und Gott zu ehren, nicht verwirklichen können. Effektive Gemeinden tun alles, was sie können, um es ihren Mitgliedern so einfach wie möglich zu machen, Gottes Berufung zu erfüllen. Sie bieten ihnen Gelegenheiten, Mittel und die nötige Ausbildung und Anleitung zum Dienst an, damit sie erfolgreich wirken können.

**Beginne mit der Ausbildung deiner Gemeinde heute
und sie wird eine fantastische Zukunft haben.**

TEIL III

Begeisterte und authentische Spiritualität

Ich bin davon überzeugt, dass die Förderung der geistlichen Verfassung (Spiritualität) der Gemeindeglieder und einer Erweckung der Gemeinde (sofern die nötig ist)[1] die Hauptaufgaben des Pastors einer Ortsgemeinde sein sollten. Der Schwerpunkt der Gemeindearbeit sollte die Entwicklung völlig hingegebener Nachfolger Christi sein, die mit Begeisterung Menschen für Jesus gewinnen. Das wichtigste Kapital einer Gemeinde sind ihre Mitglieder. Wenn sie geistlich gesund sind, wachsen, ausgebildet und ausgerüstet sind, werden sie große Dinge für Gott tun. Sie werden freudig etwas von ihrer Zeit und Energie für Jesus und dessen Absicht geben. Die Apostelgeschichte berichtet uns von solchen Nachfolgern Christi, die sich dem Aufbau des Reiches Gottes widmeten.

Auch heute noch erwarten Menschen die Erfüllung ihrer geistlichen Bedürfnisse in christlichen Gemeinden. Aber wenn sie diese nicht finden, werden sie woanders suchen. Eine Gallup-Meinungsumfrage offenbart, dass immer mehr Menschen sich ihre spirituellen Erfahrungen außerhalb von Kirchengemeinden verschaffen.

---

[1] Grundsätzlich zum Thema Erweckung einer Ortsgemeinde und wie man sie fördern kann siehe Werner E. Lange, Hg., *Unser größtes Bedürfnis. Wie der Heilige Geist mich und unsere Gemeinde (neu) erfüllen kann*, Advent-Verlag, Lüneburg 2011; Praktische Schritte zu einer Erweckung zeigt Randy Maxwell, *Wenn Gottes Volk betet … Gottes Formel für eine Erweckung seiner Gemeinde*, Advent-Verlag, Lüneburg, 2. Auflage 2007; dazu gibt es im Internet Gesprächsanleitungen für Studiengruppen unter www.advent-verlag.de (>Bücher, >Wenn Gottes Volk betet, >Studienanleitungen).

James Rutz folgert aus der Umfrage: „Eine bedeutende Anzahl an Nordamerikanern, die keiner Kirche angehören, empfinden, dass geistliche Erfahrungen in den Gemeinden zu geringe Bedeutung besitzen." Er weist darauf hin, dass ein größerer Anteil dieser Menschen eine plötzliche spirituelle Erfahrung gehabt hatte als die Mitglieder von Gemeinden. Sie sind begeistert, haben aber keinen Ort, wo sie hingehen können. Die Umfrage stellte fest, dass die entscheidende Kritik in Bezug auf christliche Institutionen der Menschen, die keiner Kirche angehören, folgende ist: „Kirchen haben den geistlichen Teil ihrer Religion verloren." Fast jeder fünfte von ihnen gab an, dass er „Probleme" mit einer Gemeinde hatte und stimmte Aussagen wie dieser zu: „Ich wollte einen tieferen spirituellen Sinn finden, als ich ihn in der Gemeinde oder der Synagoge fand."[2] Unsere eigene Untersuchung zeigt, dass gesunde und wachsende Adventgemeinden die Spiritualität in allen Aspekten des Gemeinde- und des christlichen Lebens betonten.

Das Beten bewusst fördern

Gemeindewachstum ist immer eng verbunden mit dem Gebet und dem Wirken des Heiligen Geistes. Vor seiner Kreuzigung verließen Jesus seine Jünger. Sie waren eine Gruppe geschlagener Menschen ohne Zweck und Einfluss; aber als zu Pfingsten der Heilige Geist auf sie kam, stellten sie nach und nach die römische Welt auf den Kopf. Es war das Wirken des Geistes und ihre Verbindung zu dem erhöhten Jesus, die den Unterschied ausmachte. Und vorher hatten sie inständig gemeinsam gebetet (vgl. Apg 1,14).

Der Geist Gottes gibt Leben. Er ließ Jesus von den Toten auferstehen (vgl. Röm 8,11a). Er verlieh den toten Gebeinen des alten Israels Leben (Hes 37,5), und er wird die toten Knochen des neuen Israels zurück ins Leben holen. Gott ist darauf spezialisiert, großartige und unmögliche Dinge zu tun. Die erste Gemeinde wuchs nicht aufgrund von Programmen oder Talenten, sondern vielmehr wegen des Gebets und des Heiligen Geistes. Randy Maxwell erklärt

---

[2] James H. Rutz, *The Open Church: How to Bring Back the Exciting Life of the First-Century Church*, SeedSowers, Auburn (Maine) 1992, S. 3.

in seinem Buch *Wenn Gottes Volk betet:* „„Der Gemeinde mangelt es heutzutage am meisten an Kraft ... Und die Kraft zum Dienst für Jesus kann nur durch Gebet freigesetzt werden.'"[3]

Thom Rainer zeigt, dass betende Gemeinden zum Wachstum neigen und einen höheren Anteil ihrer Mitglieder behalten. Er schreibt: „Wir sind von den Programmen, Plänen, Schwerpunkten und Methoden, die wir in unserer Gemeinde praktizieren, überzeugt. Aber letztendlich wissen wir, dass unsere Stärke nicht von uns ausgeht, sondern von Gott allein. Deshalb ist unser bester Dienst, um Neubekehrte einzugliedern, der Gebetsdienst. Durch eifriges Beten zeigen wir unsere Abhängigkeit von Gott."[4]

Dieser dritte Teil des Buches hat wieder drei Kapitel. Das erste, „Jesus als Mittelpunkt des Lebens", handelt davon, was einen Nachfolger Christi und eine ideale Gemeinde ausmachen. Es basiert nicht auf unserer Untersuchung, sondern auf einem eigehenden Studium von Apostelgeschichte 2,42–47. Ich empfinde es als wichtig, den Kontext zum christlichen Leben, zum Dienst und zur Mission anzuführen. Außerdem glaube ich, dass Dienst und Zeugnis im Kontext der Liebe zu Jesus und einem Gefühl des Stolzes auf die Gemeinschaft der Christen, zu der wir gehören, geschieht.

Das zweite Kapitel, „Verlangen nach dem Wirken Gottes", ist ein persönliches Zeugnis über die Macht des Betens in meinem eigenen Leben und Dienst. Die letzte Adventgemeinde, in der ich als Pastor wirkte, wuchs von 40 auf mehr als 500 Gottesdienstbesucher. Ich füge dieses Kapitel ein, um Adventgemeinden zu inspirieren, mehr zu beten, und auch um zu verdeutlichen, dass das größte Bedürfnis der heutigen Gemeinden nicht mehr Programme und Strategien sind, sondern das Wirken des Heiligen Geistes.

Das letzte Kapitel dieses Teils, „Die Gemeinde zu einem Gebetshaus machen", zeigt Ergebnisse unserer Untersuchung über das Beten in den Gemeinden und entwirft eine Strategie, um deine Gemeinde wahrhaftig in ein „Bethaus" (Jes 56,7) zu verwandeln.

---

[3] *Wenn Gottes Volk betet,* S. 29; es ist ein Zitat von Alvin J. Vander Gried aus *The Praying Church Sourcebook,* Church Development Resources.

[4] Thom S. Rainer, *High Expectation Churches,* Broadman and Holman, Nashville 1999, S. 174f.

Kapitel 5

Jesus als Mittelpunkt des Lebens

Die Gemeinde, nach der wir Sehnsucht haben

Wie sieht deine Traumgemeinde aus? Diese Frage stelle ich oft, wenn ich Seminare über Gemeindewachstum oder Spiritualität halte. Adventisten beschreiben sie mir oft als eine Gemeinde, die voller Freude und Einigkeit ist, voller Kraft und Gnade, aktiv und involviert in die Stadt oder Kommune, motiviert durch die Liebe untereinander und den Dienst aneinander; eine Gemeinde, die Gott an die erste Stelle setzt, ihn anbetet, ehrt und lobt und sein Wort studiert. Wenn ich dies alles höre, weiß ich, dass ihre Traumgemeinde dieselbe ist wie meine.

Es ist möglich, zu solch einer Gemeinde zu gehören. Es gab sie bereits einmal, und es kann sie wieder geben. Was wir dazu benötigen, ist Hingabe an Jesus und ein machtvolles Wirken des Heiligen Geistes. Wir lesen in Apostelgeschichte 2:

> Alle in der Gemeinde ließen sich regelmäßig von den Aposteln im Glauben unterweisen und lebten in enger Gemeinschaft, [brachen das Brot] und beteten miteinander. Eine tiefe Ehrfurcht vor Gott erfüllte sie alle. Er wirkte durch die Apostel viele Zeichen und Wunder. Die Gläubigen lebten wie in einer großen Familie. Was sie besaßen, gehörte ihnen gemeinsam. Wer ein Grundstück oder anderen Besitz hatte, verkaufte ihn und half mit dem Geld denen, die in Not waren. Täglich kamen sie im Tempel zusammen und [brachen] in den Häusern [das Brot]. In großer Freude und mit aufrichtigem Herzen trafen sie

sich zu gemeinsamen Mahlzeiten. Sie lobten Gott und waren im ganzen Volk geachtet und anerkannt. Die Gemeinde wuchs mit jedem Tag, weil Gott viele Menschen rettete. (Apg 2,42–47 Hfa; in V. 42 wurde der Text der Anmerkung dazu eingefügt, ebenfalls in V. 46; vgl. EB.)

Würdest du nicht gern zu einer Gemeinde wie dieser gehören? Tausende Adventisten in aller Welt haben mir ihre Traumgemeinde beschrieben, und fast immer skizzierten sie eine ähnliche Gemeinde, wie die in Apostelgeschichte 2 geschilderte – mit ihrer dynamischen Spiritualität, die im Kontext der Gemeinschaft der Nachfolger Christi gelebt wird. Gott hat uns mit dem Verlangen geschaffen, das wunderbare Leben zu erfahren, das er in seinem Wort dargestellt hat – ein Leben seiner Ehre gewidmet und voller Freude, Dienst und Kraft.

Apostelgeschichte 2 begeistert nicht nur unsere Vorstellung, sondern spricht auch über den Aspekt der praktischen Anwendung. Wir sehen in dem Bericht wahre christliche Hingabe veranschaulicht: der Entschluss, sich Christus anzuvertrauen und sein Leben neu auszurichten, um in Gemeinschaft mit ihm und anderen Christen durch die Anwendung der geistlichen Disziplinen zu leben.

Die erste Gemeinde in Jerusalem ist diejenige, die Christus konzipiert hat; die Gemeinde, nach der wir Sehnsucht haben und dessen Glieder wir durch Gottes Gnade sein können. Ein genauerer Blick auf sie lehrt uns mindestens fünf Einsichten über das geistliche Leben der ersten Christen, die wir benennen und beschreiben, dann graphisch darstellen und erforschen werden.

Authentische christliche Spiritualität und ein Gemeindeleben, wie Gott es sich wünscht (und wie die meisten von uns es sich wünschen) …

1. ist auf Jesus ausgerichtet,
2. wird durch den Heiligen Geist bevollmächtigt,
3. wird durch die geistlichen Praktiken angetrieben,
4. wird im Kontext der Gemeinschaft gelebt,
5. wird durch ausgewogene Beziehungen geleitet.

Jesus als Lebensmittelpunkt

Die meisten von uns führen ein aufgeteiltes Leben. Wir haben unser häusliches Leben, ein Arbeitsleben, ein Andachtsleben (falls wir es überhaupt haben), ein Gemeindeleben und ein Freizeitleben. Aber diese Bereiche sind weitgehend unverbunden oder nur auf schwache Weise miteinander vereint. Bei unserer Arbeit und unseren Freizeitvergnügen sind wir uns nicht sicher, wie sie in ihrem Wesen geistlich sein können. Deshalb gliedern wir unser Leben auf, bis es wie eine Reihe beziehungsloser Aktivitäten aussieht: Familie und Zuhause, Andacht und Gemeinde, Arbeit, Freizeit.

Doch ein Leben, das wir nach dem Willen Gottes führen, hat Jesus Christus als Mittelpunkt, und letztlich kommt alles von ihm oder bezieht sich auf ihn. Das organisierende Prinzip ist Jesus, und das wirkende „Mittel" ist der Heilige Geist. Das bedeutet, dass meine Familie, meine Arbeit, mein Andachts- und Gemeindeleben und meine Freizeit zu ihm gehören und in ihm ruhen sollen. Diejenigen, die solch ein Leben tatsächlich führen, wissen, dass das ohne die Kraft des Heiligen Geistes unmöglich ist.

Stell dir bezüglich des Gemeindewachstums vor, wie die Welt aussehen würde, wenn wir Siebenten-Tags-Adventisten weltweit wie die damaligen Nachfolger von Jesus leben würden, indem wir seine Werte, seine Prinzipien und seine Absichten in alles einbeziehen würden, was wir tun. Das Zuhause, die Arbeitsstelle, die Gemeinde und die Nachbarschaft würden unser Platz des Dienstes, der Mission und Evangelisation werden! Wegen unseres Lebens, unserer Dienste und unserer Liebe würde die Welt über den Erlöser staunen.

Der Einfluss eines hingegebenen Nachfolgers Christi

Funktioniert solch ein Modell des christlichen Lebens tatsächlich auch heute? Hier ist ein Beispiel dafür.

In einer Adventgemeinde, deren Pastor ich war, gab es einen Ingenieur, der Gott liebte und ihm begeistert diente. James arbeitete für ein großes Unternehmen mit mehr als 100 Mitarbeitern unter seiner Verantwortung; er engagierte sich aktiv im Gemeindeleben und der Kommune. Er predigte häufig, gab Bibelstunden und ging auf Missionsreisen. Menschen, die seine Liebe und seinen begeisterten Dienst für Jesus erlebten und die Weise, wie der Heilige Geist ihn führte und stärkte, sagten oft zu ihm: „James, du musst ein Pastor sein."

Er antwortete: „Ich bin schon längst ein Pastor – einer, der von der Wirtschaft und nicht von der Gemeinde bezahlt wird. Keinem Pastor wird Zutritt zu meiner Ingenieursfirma gewährt, aber ich bin jeden Tag dort. Wenn meine Mitarbeiter leiden, fühle ich mit ihnen. Und wenn sie glücklich sind, bin ich es auch. Ich bete für sie abwechselnd und lade sie zu mir nach Hause ein. Ich bin ein Nachfolger Christi, getarnt als Ingenieur."

Beim Besuch der Adventgemeinde von James würdest du dort 20 Ingenieure antreffen, die durch ihn zu Jesus gefunden haben.

Stell dir vor, was Jesus Christus mit dir als seinem Nachfolger bewirken könnte, wenn du ihm voll hingegeben wärest und dein Leben auf ihn ausrichten würdest! Erinnere dich, dass du ein Nachfolger Christi bist, der als Arbeiter oder Angestellter, Krankenschwester oder Lehrerin, Arzt oder Geschäftsführer getarnt ist.

Zusammengefasst bedeutet das Modell der Spiritualität mit Jesus als Mittelpunkt: mit einer Begeisterung für das Wirken Gottes zu leben, seine Kraft und Gnade dauerhaft zu erfahren, die Prioritäten im Leben umordnen und die Liebe, die Grundwerte, die Prinzipien und den Charakter von Jesus widerzuspiegeln. Das Leben mit einem Verlangen nach dem Wirken Gottes verändert unsere Beziehung zu uns selbst, zu anderen Menschen, zu unserem Umgang mit Zeit und Besitz, zu Vergnügungen und Problemen, zu allem im Leben.

Das auf der nächsten Seite abgebildete Modell visualisiert das Leben mit Jesus als Mittelpunkt als etwas, das wie das Rad eines Fahrrades aussieht: Jesus Christus ist die Nabe des Rades, mein Leben ist der Reifen, und der Heilige Geist ist wie die Speichen, die den Reifen mit der Nabe verbinden. Das Rad hat vier Sektoren, die die vier Bereiche unserer Beziehungen repräsentieren: die

Beziehung zu Gott, die Beziehungen zu anderen Menschen, die Beziehung zu sich selbst und zu den eigenen Ressourcen. Hier die Darstellung dieser Art der Spiritualität.

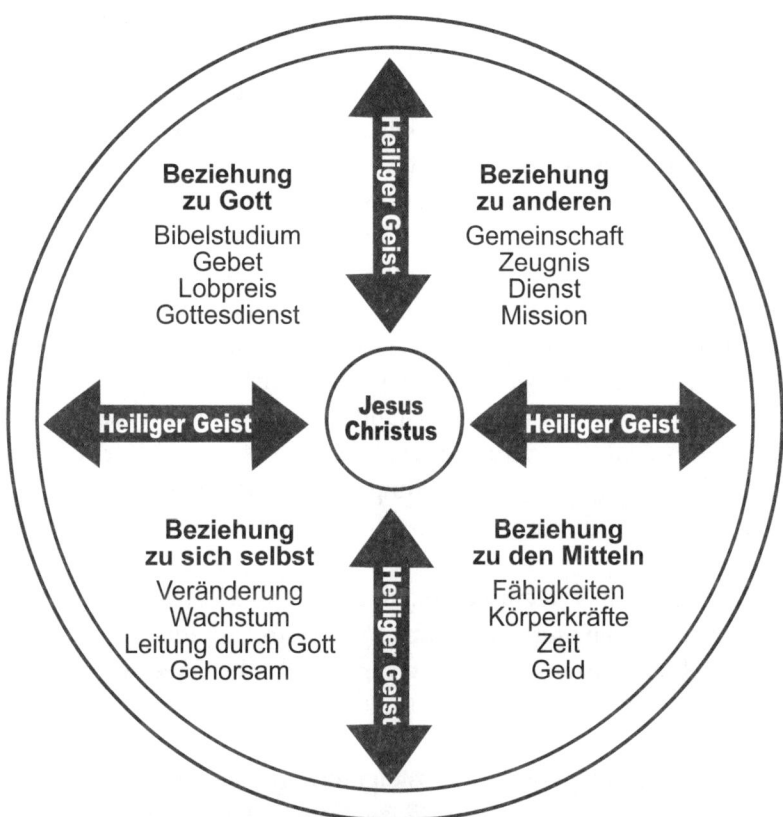

So sieht das Konzept eines Lebens mit Christus als Mittelpunkt aus. Ich tue alles zu seiner Ehre und mit einem Blick für den Dienst, die Mission und Evangelisation. Auf Christus ausgerichtet, befähigt durch den Heiligen Geist, ausgewogen in seinen Beziehungsaspekten, ist es genau solch ein Gemeindeleben, das wir in Apostelgeschichte 2,42–47 dargestellt finden.

Lasst uns jetzt jedes der verschiedenen Elemente aus dem Bericht in der Apostelgeschichte entfalten.

Gemeindeleben auf Jesus Christus ausgerichtet

Die Urgemeinde ist ein Bild der Herrschaft von Christus über jeden Lebensbereich: den religiösen und den weltlichen, den sozialen, materiellen und emotionalen Bereich. Es ist die Integration und Ausgewogenheit zwischen dem Einzelnen und der Gemeinschaft, dem Theologischen und dem Praktischen (Hingabe/Moral), dem Internen und dem Externen, Gott und anderen Menschen – aber immer mit Jesus als Mittelpunkt.

In seiner Predigt stellte Petrus Jesus als denjenigen dar, dem die Menschen antworten müssen: „Das ganze Haus Israel wisse nun zuverlässig, dass Gott ihn sowohl zum Herrn als auch zum Christus gemacht hat, diesen Jesus, den ihr gekreuzigt habt." (Apg 2,36 EB) Das Leben der ersten Christen war eine Antwort auf Jesus als den Herrn, und das bewirkte den großen Unterschied.

Die christliche Gemeinde entstand aus individuellen Reaktionen auf den Aufruf des Petrus, Jesus als den Messias und Herrn anzunehmen und durch die Befähigung des Heiligen Geistes ein frommes Leben zu führen:

Kehrt euch ab von euren Sünden und wendet euch Gott zu. Lasst euch alle taufen im Namen von Jesus Christus zur Vergebung eurer Sünden. Dann werdet ihr die Gabe des Heiligen Geistes empfangen. (V. 38 NLB)

Natürlich hat alles in der Apostelgeschichte bis zu diesem Punkt Berichtete die Grundlage für die zentrale Bedeutung von Christus und das befähigende Wirken des Heiligen Geistes gelegt.[5]

---

[5] Das Buch der Apostelgeschichte beginnt mit Christi Himmelfahrt und der Bemerkung, dass Jesus bis hin zu diesem Zeitpunkt den Jüngern „durch den Heiligen Geist weitere Anweisungen erteilt hatte" (Apg 1,2 NLB). Darauf folgt Christi Versprechen der Taufe mit dem Heiligen Geist, die das Zeugnis wirksam sein lässt. (V. 5.8) Dieser Abschnitt endet mit dem Versprechen seiner Wiederkehr (V. 11). Das zweite Kapitel berichtet das vom Heiligen Geist befähigte Zeugnis über den auferstandenen Erlöser, das dann zu dem zitierten Aufruf führt.

Diese ersten Christen hatten eine intensive Begeisterung für Jesus. Sein Reich, seine Liebe zu ihnen, seine Absichten und seine Vision für die Menschen dominierten ihr Leben. Lukas berichtete ihren Wunsch, mehr über Jesus zu lernen, durch Gebet mit ihm verbunden zu sein und durch Dienst und Mission der Welt von ihm zu erzählen: „Sie blieben aber beständig in der Lehre der Apostel und in der Gemeinschaft und im Brotbrechen und im Gebet." (Apg 2,42 EB) Was nach Kapitel 2 kommt, erzählt von ihrem standhaften Entschluss, für Jesus zu leben und gar zu sterben. Solch eine radikale Hingabe manifestierte sich nicht nur in ihrer religiösen Praxis, sondern auch in der Verwendung ihrer Zeit und ihrer Mittel (vgl. V. 45). Ein Leben, das auf Jesus zentriert ist, wird in jedem Aspekt verändert werden.

Bevollmächtigt durch den Heiligen Geist

Die erste Gemeinde entstand durch eine radikale Veränderung, die stattfand, nachdem der Heilige Geist auf sie herabgekommen war. Erst als die einst furchtsamen Jünger „vom Geist Gottes erfüllt" waren, begannen sie zu predigen, „wie es ihnen der Geist Gottes eingab" (Apg 2,4 GNB). Dann erhielten auch diejenigen, die sich taufen ließen, „die Gabe des Heiligen Geistes" (V. 38). Jedes Modell der christlichen Spiritualität muss diesem Geist Christi Rechnung tragen, der die Quelle der Ausrichtung und der Kraft für ein geheiligtes Leben ist, wie Apostelgeschichte 2 zeigt.[6]

Die dynamische Gemeinde, von der Lukas berichtete, unterscheidet sich sehr von der Gruppe von Jüngern, die wir in seinem Evangelium vorfinden. Kurz vor der Kreuzigung von Jesus schien alles, was er für sie und mit ihnen getan hatte, vergeblich gewesen zu sein. Einer seiner Jünger hatte ihn der Obrigkeit ausgeliefert, ein anderer verleugnete ihn, alle anderen (bis auf Johannes) sind sogar geflohen (vgl. Lk 22,1–6.54–62; Mk 14,50). Aber dieselbe Gruppe von Männern stellte später die römische Welt durch ihr Zeugnis und ihre Tapferkeit auf den Kopf.

---

[6] G. Edwin Bontrager und Nathan Showalter, *It Can Happen Today!*, Herald Press, Scottsdale (Pennsylvania) 1986, S. 20f.

Das mutige Auftreten der Jünger resultierte nicht aus ihrer Teilnahme an Seminaren über Leitung und Evangelisation oder sonst einer Art von Weiterbildung, sondern es war das Ergebnis des verändernden Wirkens des Heiligen Geistes. „Ihr werdet Kraft empfangen, wenn der Heilige Geist auf euch gekommen ist", hatte Jesus ihnen beim Abschied versprochen (Apg 1,8 EB).

Ellen G. White erklärte die ungeheure Veränderung, die der Heilige Geist in jedem Christen hervorbringt, folgendermaßen:

> Das Leben eines Christen ist keine Modifikation oder Verbesserung des alten, sondern eine Veränderung der [geistlichen] Natur. Es gibt ein Absterben gegenüber der Selbstsucht und der Sünde, und es beginnt ein völlig neues Leben. Diese Veränderung kann nur durch das effektive Wirken des Heiligen Geistes geschehen.[7]

Der Heilige Geist gab den Christen der ersten Gemeinde die Kraft, nach den Prinzipien des Reiches Gottes zu leben, während sie noch auf der Erde waren. Die Christen hatten einen Vorgeschmack der Ewigkeit im Herzen. In derselben Weise, wie er auf die erste Gemeinde kam, wird Gottes Geist auch auf uns kommen und uns ermöglichen, Jesus effektiv zu dienen. Das größte Erfordernis der heutigen Gemeinden sind nicht mehr Programme, neue Methoden, Bücher oder Seminare, sondern sie müssen durch den Heiligen Geist erfüllt, geführt, bewegt und kontrolliert werden.

Unsere Kirche steht an einer Kreuzung. Wir haben die Begeisterung der frühen Adventisten verloren und sind uns nicht sicher, wie wir sie zurückgewinnen können. Einige Stimmen weisen uns an, in die Vergangenheit zurückzugehen und wie unsere Gründer zu leben. Andere sagen: „Nein! Wir müssen nur relevant und liebenswürdig sein." Was wir nach meiner Überzeugung tatsächlich brauchen, ist, die Erfahrung der ersten Christengemeinde selbst zu erleben, indem wir mit der Kraft und Effektivität des Heiligen Geistes erfüllt sind, angetrieben werden von unserer Liebe für die Verlorenen und der Dringlichkeit der Wiederkunft.

---

[7] *Das Leben Jesu*, S. 155f. (rev.; vgl. *The Desire of Ages*, S. 172).

Angetrieben durch die geistlichen Praktiken

Christliche Disziplinen sind geistliche Praktiken, die das Wachstum unserer Beziehung zu Gott unterstützen. Die Liste aus der Apostelgeschichte beinhaltet Bibelstudium, Gebet, Gemeinschaft, Dienst, Geben, Anbetung, Lobpreis, Freude und Einfachheit. Die ersten Christen spürten, dass ihnen diese geistlichen Praktiken ermöglichten, in der individuellen und der gemeinschaftlichen christlichen Erfahrung voranzukommen.[8] Obwohl dieser Abschnitt der Apostelgeschichte nicht alle Praktiken aufzeichnet, erwähnt er eine höhere Anzahl an geistlichen Disziplinen als irgendein anderer Teil des Neuen Testamentes. Wegen des begrenzten Platzes hier werde ich nur ein paar der markantesten Praktiken behandeln.[9]

Eine lernende Gemeinde. „Sie blieben aber beständig in der Lehre der Apostel" (Apg 2,42a). Sie hörten nicht nur zu, als die Apostel die Botschaft über Christus verkündigten, sondern in den Hausgemeinden lernten sie sie näher kennen. Die Christen wollten alles, was sie konnten, über Gott, den Messias und dessen Gebote lernen. Eine der besonderen Herausforderungen der heutigen Gemeinden ist der Mangel an biblischem Verständnis und der Anwendung der Lehren. Weil der Reichtum Christi unerschöpflich ist, gehört zur authentischen Spiritualität ein andauerndes Lernen über Gott. Wir können immer mehr über Jesus entdecken und täglich in der Erkenntnis und im geistlichen Wachstum vorankommen (vgl. Eph 1,17–19; 2 Kor 3,18). Im Bereich des Gemeindewachstums wurde uns klar: Je besser jemand Jesus persönlich kennt, desto mehr will er anderen Menschen etwas über ihn mitteilen.

Entgegen der Meinung einiger Adventisten, dass wachsende Gemeinden die Bibel ignorieren oder ausgrenzen, lehren und erklären sie sie in Wirklichkeit in einer verständlichen Sprache. Die Verkündigung ist relevant, interessant und praktisch. Ein Pastor sagte in

---

[8] Adele Ahlberg Calhoun, *Spiritual Disciplines Handbook: Practices That Transform Us*, IVP Books, Downers Grove (Illinois) 2005, S. 36–40.
[9] Ausführlich zu den geistlichen Disziplinen siehe Jon Dybdahl, *Wie stille ich meinen geistlichen Hunger? Zehn bewährte christliche Disziplinen*, Advent-Verlag, Lüneburg 2011.

unseren Interviews: „Ich lehre die Bibel, um die Herzen zu berühren." Ein anderer erklärte: „Wenn ich am Rednerpult stehe, denke ich nicht an Gelehrte der Exegese. Ich denke an den Müllarbeiter und die Kassiererin: *Was müssen sie über Jesus hören, und wie kann ich ihnen seine Botschaft vermitteln?*"

Eine betende Gemeinde. Die Apostelgeschichte enthält zahlreiche Hinweise auf das Beten der ersten Christen. Sie beteten, wenn die Dinge gut liefen und wenn die Situation schlecht aussah (vgl. Apg 4,23–31; 12,5.12). Sie beteten in Krisen und in Zeiten, wenn sie gute Erfahrungen gemacht hatten. Sie führten ihr Leben in Verbindung mit Jesus und glaubten, dass die Kraft von ihm stammt und der Weg, um sie zu erhalten, das Beten ist. „Alle in der Gemeinde ... beteten miteinander." (Apg 2,42 Hfa)

Das Beten war wichtig für das Leben dieser Gemeinschaft. Die Christen waren auf Jesus angewiesen und suchten seine Führung und Kraft, und sie fügten sich bewusst seinem Willen und seiner Absicht.[10] Jesus hatte seinen Jüngern deutlich gemacht, dass sie ohne eine Verbindung zu ihm nichts tun können, indem er sagte:

Bleibt in mir und ich in euch. Wie die Rebe keine Frucht bringen kann aus sich selbst, wenn sie nicht am Weinstock bleibt, so auch ihr nicht, wenn ihr nicht in mir bleibt. Ich bin der Weinstock, ihr seid die Reben. Wer in mir bleibt und ich in ihm, der bringt viel Frucht; denn ohne mich könnt ihr nichts tun. (Joh 15,4–5)

Aber mit ihm gemeinsam können wir aufgrund der Gebete und des Wirkens des Geistes großartige Dinge für das Reich Gottes tun!

Als wir die schnell wachsenden Adventgemeinden untersuchten, entdeckten wir, dass sie eine starke Betonung des Betens zeigten; das zeigte sich durch betende Pastoren, Leiter und viele betende Mitglieder. In Ausschusssitzungen wurde dem gemeinsamen Beten Priorität eingeräumt, und in den Gemeinden gab es Möglichkeit zum Beten vor, während und nach den Gottesdiensten. Zusätzlich

---

[10] Darrell L. Bock, *Acts*, Baker Exegetical Commentary on the New Testament, Grand Rapids (Michigan) 2007, S. 151.

etablierten erfolgreiche Gemeinden Gebetspartnerschaften. Mit anderen Worten: Das Gebet *durchdrang* die Gemeinde.

Ich habe Gemeindeglieder immer ermutigt, für fünf Personen regelmäßig zu beten, deren Bedürfnissen zu dienen und sie zu lieben. Als Ergebnis dieser Gebete habe ich miterlebt, dass viele Jesus als Herrn angenommen haben. Warum betest du nicht wie ich für fünf Personen und schaust dann, was Gott für sie tut?

Eine Gemeinde, die Gemeinschaft miteinander pflegt. „Alle in der Gemeinde ... lebten in enger Gemeinschaft" (Apg 2,42 Hfa). Die ersten Christen trafen sich sabbats zu Hausgottesdiensten und auch an jedem Wochentag, um Gemeinschaft zu pflegen (sie hatten auch sehr kurze Wege). Es war eine Traumgemeinde der Gemeinschaft, der Heilung und der Liebe. Ihre Gemeinschaft war eine Folge ihrer Bindung an Jesus. Die ersten Christen hatten Glaube, Hoffnung, Liebe, Ziele, Bestimmung und Missionsarbeit gemeinsam – das führte sie zu einer vertraulichen Beziehung.

Biblische Gemeinschaft entsteht immer aus der Gemeinschaft aller mit Jesus und wird dadurch genährt. Meine Verbundenheit zu manchen Menschen basiert lediglich auf gegenseitigem Interesse, während meine Verbundenheit zu meinen Brüdern und Schwestern im Herrn auf unserer Liebe und Hingabe zu Jesus basiert. Authentische Bruderschaft und Gemeinschaft werden in Christus gefunden (vgl. Eph 2,14; Gal 3,26–28). Die Gemeinschaft von Gläubigen, die versuchen, Jesus ähnlicher zu werden, ist unwiderstehlich und bedeutungsvoll. Wenn sie gegeben ist, entdecken wir, dass unsere geistliche Gesundheit und unser geistliches Wachstum in Korrelation zu unserer Beteiligung an der Gemeinschaft stehen.[11]

Regelmäßig in eine Gemeinde zu gehen bedeutet nicht gleichzeitig, biblische Gemeinschaft zu haben. Unsere Gemeinschaft mit anderen Christen ist in der Gemeinschaft mit Gott verankert. Johannes schrieb über die Apostel: „Was wir gesehen und gehört haben, das verkündigen wir auch euch, damit auch ihr mit uns Gemeinschaft habt; und unsere Gemeinschaft ist mit dem Vater und mit seinem Sohn Jesus Christus." (1 Joh 1,3) Jesus ist das Herz, der

---

[11] C. H. Dodd, in George Panikulam, *Koinonia in the New Testament*, Biblical Institute Press, Rom 1979, S. 3.

Atem und die Grundlage christlicher Gemeinschaft. Jesus ist der, den wir gemeinsam haben. Echte Gemeinschaft kann ohne den Heiligen Geist in und unter uns nicht wirklich existieren.[12] Die wachsenden Gemeinden von heute legen wie die Modellgemeinde in Jerusalem eine starke Betonung auf die Gemeinschaft. Eine dynamische Adventgemeinde füttert ihre Mitglieder zweimal an jedem Sabbat: Frühstück und Mittagessen. Eine wunderbare Atmosphäre und Stimmung existieren, wenn die Gemeindeglieder zusammen „das Brot brechen" und beim Mittagessen zusammenbleiben. Wie kann deine Gemeinde regelmäßige Gemeinschaft zwischen ihren Mitgliedern fördern?

Eine gebende und mitteilende Gemeinde. „Alle, die zum Glauben gekommen waren, bildeten eine enge Gemeinschaft und taten ihren ganzen Besitz zusammen. Von Fall zu Fall verkauften sie Grundstücke und Wertgegenstände und verteilten den Erlös unter die Bedürftigen in der Gemeinde." (Apg 2,44–45 Hfa) Aus ihrer heiligen Gemeinschaft floss eine übernatürliche Großzügigkeit. Sie betrachteten ihren Reichtum nicht als ihr Eigentum und liebten einander bis zu dem Ausmaß, dass sie ihren Besitz für das Wohl der Gemeinschaft verkauften.[13]

Echte Gemeinschaft beinhaltet mehr, als etwas gemeinsam zu haben; sie beinhaltet auch, miteinander zu teilen. Aller Besitz der ersten Christen gehörte Jesus, und sie verwendeten ihn zu seiner Ehre. Sie gaben nicht widerwillig oder ungern, sondern großzügig aus Liebe für den Fortschritt des Reiches Gottes in der Welt und zur Verbesserung der Situation anderer Gemeindeglieder.

Echte Spiritualität bedeutet, wie Christus zu sein, und das bedeutet wiederum, in aufopfernder Liebe zu leben. Ein echter Christ kann es nicht ertragen, wenn er zu viel besitzt, während andere zu wenig zum Leben haben. Wenn die Welt unsere Liebe und Fürsorge füreinander sieht, werden sie mehr dazu neigen, Jesus als ihren Retter und Herrn anzunehmen und unserer Gemeinde beizutreten.

---

[12] Lloyd J. Ogilvie, *Acts*, The Communicator's Commentary, Word Publ., Waco (Texas) 1983, S. 74f.
[13] C. K. Barrett, *Acts: A Shorter Commentary*, Clark, London 2002, S. 33.

Wachsende Gemeinden bemühen sich, die Bedürfnisse ihrer eigenen Mitglieder zu erfüllen, indem sie sich um die Kranken und Verletzten, die Bedürftigen und Schwachen kümmern. Sie beten füreinander, teilen ihre finanziellen Mittel und haben einen starken Krankenbesuchsdienst. Das ist die Art der ersten Gemeinde. Unsere Untersuchung zeigte, dass wachsende Adventgemeinden auch sehr in das Leben ihrer Stadt bzw. Kommune einbezogen sind. Wir haben dabei die Entstehung neuer Herangehensweisen beobachtet. Anstatt eines Wohlfahrtsprogramms bieten diese Gemeinden ihren Mitmenschen innovative Dienste an wie Finanzplanungskurse, Mütterkreise, Gewichtsabnahme- und andere Selbsthilfegruppen, Sprachkurse für Asylanten usw.

Eine anbetende Gemeinde. Gott zu verehren bedeutet, ihn als göttlich zu akzeptieren und anzubeten. Es gilt, Gott als die Quelle des Lebens und als Herrscher des Universums zu respektieren und zu achten (vgl. Offb 4,8–11). Ihn anzubeten bedeutet, sich als ein Unterlegener einem Überlegenen zu beugen. Wenn ich Gott anbete, sage ich durch meine Handlungen: „Gott, du bist besser als ich. Du bist größer als ich. Du bist mehr als ich."

Die Anbetung der Urgemeinde in Jerusalem zeigte sich im Lobpreis Gottes (vgl. Apg 2,47a). Ihre Anbetung fand noch in den Vorhöfen des Tempels statt, aber vor allem in den Versammlungen in Privathäusern (V. 46), wo sie Christus unbehelligt loben konnten. Ihre Anbetung motivierte sie, ihre Fähigkeiten, ihre Zeit, ihre Stellung und sogar ihr Leben für die Sache Christi einzusetzen. Christus saß für sie nicht nur auf seinem Thron mit dem Vater (vgl. Offb 3,21b), sondern auch auf ihrem Herzensthron. Das ist das Ergebnis biblischer Anbetung.

Lobpreis ist ein äußerliches Zeichen des innewohnenden Heiligen Geistes. Wenn er uns mit den Dingen Gottes erfüllt, wird sich der Geist der Anbetung, des Lobpreises und der Freude zeigen. Der musikalische Ausdruck dieses Lobpreises muss nicht in eine bestimmte Kategorie passen. Manche wachsenden Adventgemeinden haben eine traditionelle Gottesdienstform, andere benutzen zeitgemäße Musik, aber die meisten eine Mischung aus traditionellen und neueren Liedern. Der wichtige Punkt ist, dass die spürbare

Gegenwart Gottes und nicht die Aktivitäten der Anbetenden die Menschen zu den Gottesdiensten wachsender Gemeinden lockt. Wenn Frauen und Männer die Freude der Gemeinschaft mit Jesus im Gottesdienst erfahren, kommen sie erneut und bringen einen Freund bzw. eine Freundin mit.

Im Kontext der Gemeinschaft leben

Als Teil des ausgewogenen Bildes der Spiritualität der ersten Christengemeinde finden wir eine eindrucksvolle Beschreibung der Verbindung zwischen der individuellen Erfahrung der Christen und des gemeinsamen Lebens. In diesem ganzheitlichen Modell sehen wir, dass die Christen eine enge Verbindung mit Christus unterhielten und auch eine starke und willentliche Verbundenheit mit Glaubensgeschwistern, mit ihren Nachbarn und mit ihrer Stadt. Ihre Lebensweise war offenbar so begehrenswert, sodass sie „im ganzen Volk geachtet und anerkannt" waren. Die Folge war: „Die Gemeinde wuchs mit jedem Tag, weil Gott viele Menschen rettete" (Apg 2,47 Hfa).

Wenn unsere Spiritualität sich nur auf die Beziehung zu Gott konzentriert, werden wir wie Mönche; wenn sich unsere Aufmerksamkeit nur auf menschliche Beziehungen fokussiert, werden wir Sozialarbeiter. Authentische Spiritualität fördert eine vertikale Beziehung zu Gott und eine horizontale Beziehung zu den Menschen. Es gilt: „Du sollst den Herrn, deinen Gott, lieben von ganzem Herzen, von ganzer Seele, von allen Kräften und von ganzem Gemüt, und deinen Nächsten wie dich selbst." (Lk 10,27) Jesus bestätigte, dass dies die größten Gebote sind (Mt 22,36–40).

Jedes glaubwürdige Modell der Spiritualität muss die Entwicklung des geistlichen Lebens im Kontext der Gemeinschaft beinhalten. Geistliches Wachstum und unser Verlangen, Jesus ähnlicher zu werden, kann nicht verlässlich außerhalb einer Gemeinschaft Gleichgesinnter aufrechterhalten werden. Während wir vieles tun müssen, um geistlich zu wachsen, sind unsere Anstrengungen unvollständig, wenn wir uns nicht auch gezielt bemühen, unter anderen Christen zu leben und einen Beitrag zu deren Leben zu leisten.

Wir lesen in der Apostelgeschichte 2, dass die Urgemeinde aus Menschen bestand, die eine persönliche Entscheidung für Christus getroffen hatten und die alle am gemeinsamen Leben teilnahmen: Sie studierten, beteten, priesen Gott, aßen gemeinsam und teilten auch ihre Güter. Jesus hatte dieses Modell mit seinen Jüngern begonnen, und die erste Gemeinde führte es fort.

3000 Menschen hatten auf den Aufruf zur Annahme Christi reagiert, waren getauft worden und wurden zur Gemeinde hinzugefügt (Apg 2,38–41.47); und innerhalb dieses Leibes Christi zeigten sie eine Liebe für die Menschen innerhalb als auch außerhalb der Grenzen ihrer Gemeinschaft. Ihr Beispiel für Spiritualität zeigt, dass eine starke Beziehung zu Jesus uns immer motivieren wird, zu seiner Ehre zu leben; und das umfasst, andere mit seiner Liebe zu umarmen. Je näher wir bei Jesus sind, desto mehr werden wir andere Menschen lieben.

Durch ausgewogene Beziehungen geleitet

Die Spiritualität der Christen der ersten Gemeinde in Jerusalem nährte vier Beziehungsebenen: die zu Gott, zu anderen Menschen, zu sich selbst und zu den Mitteln, die uns zur Verfügung stehen.

Die Beziehung zu Gott. Die ersten Bekehrten bekannten sich nicht nur zu Christus, lobten Gott, beteten und lernten die Lehren der Apostel, sondern sie taten dies auch mit Hingabe. Jesus war das Zentrum ihres Lebens, und das wurde allen offenbar. Gebet, Studium, Anbetung und Andacht sind geistliche Übungen, die eine gesunde Beziehung zu Christus fördern.

Die Beziehungen zu anderen Menschen. Als der Heilige Geist zu Pfingsten auf die versammelten Jünger herabkam, wurde ihre Aufmerksamkeit nach außen auf die Menge gelenkt. Und als 3000 Menschen an diesem Tag zu ihrer Gemeinde hinzugefügt wurden, förderten die Christen die Gemeinschaft weiterhin als eine geistliche Praxis in den Hausgemeinden. Die Apostelgeschichte erwähnt dies neben dem Gebet, dem Studium der Lehre der Apostel und den gemeinsamen Mahlzeiten. Wir offenbaren unsere Beziehung zu anderen durch unsere Hingabe daran, sie anzuhören, sie zu lieben und ihnen zu dienen. Einige hilfreiche Aktivitäten, um die Gesundheit in diesem Bereich der Spiritualität zu entwickeln, sind: Gemeinschaft, Dienst, Evangelisation, Liebe und Ermutigung.

Die Beziehung zu sich selbst. Angefangen mit der anfänglichen Reue und alles, was danach kam, miteingeschlossen, basierte das Wesen der ersten Gemeinde auf der Gnade Gottes und individuellen Entscheidungen. Bei der biblischen Spiritualität spielt die persönliche Entscheidung eine wichtige Rolle. Genau wie die ersten Bekehrten auf den Aufruf des Petrus reagierten und sich für ein Leben mit Christus entschieden, ist auch unsere Spiritualität teilweise von unserer Entscheidung abhängig. Paulus schrieb: „Ich ermahne euch nun ... durch die Barmherzigkeit Gottes, dass ihr eure Leiber hingebt als ein Opfer, das lebendig, heilig und Gott wohlgefällig ist. Das sei euer vernünftiger Gottesdienst." (Röm 12,1). Unsere Beziehungen zu Gott und zu anderen Menschen leiten sich von unserer Beziehung zu uns selbst ab – von einer Hingabe, die wir vollziehen, um völlig und von ganzem Herzen zur Ehre Gottes zu leben. Es geht auch darum, Christus zu erlauben, uns nach seinem Bild zu verändern (vgl. 2 Kor 3,18). Diese Beziehung zu Gott offenbart sich in unserem Leben in der Veränderung des Herzens und des Verstandes, im geistlichen Wachstum und im Gehorsam gegenüber Gott und Christus.

Die Beziehung zu unseren Mitteln. Eine grundlegende Komponente der Spiritualität ist – wie eben gesagt – die Hingabe des ganzen Lebens an Gott. Davon geht die Veränderung aus in Bezug auf das, was wir gewohnt waren, unser eigen zu nennen: Fähigkeiten und Begabungen, unsere Körperkräfte, Zeit, Geld und Besitz. Der vernünftige Gebrauch von Mitteln, regelmäßiges Geben von Zehnten und Gaben und ein gesundheitsbewusstes Leben demonstrieren eine gesunde Einstellung gegenüber den Ressourcen, die uns zur Verfügung stehen.

Als Folge ihrer innigen Beziehung zu Gott, zu anderen und zu sich selbst hatten die ersten Christen eine radikale Beziehung zu ihren Mitteln: Sie teilten alles, was sie besaßen, und gaben alles für das Reich Gottes (vgl. Apg 4,34–37). Sie gaben, weil sie Jesus liebten, und sie gaben großzügig, weil sie ihre Geschwister liebten.

Zusammenfassung

Spiritualität betrifft das ganze Leben und die gesamte Person. Das Bild der ersten Christengemeinde in Jerusalem zeigt eine ganzheitliche Spiritualität, die die Gesamtheit der Erfahrung der Christen betraf. Genau wie die Sündhaftigkeit berührt auch das geistliche Leben jeden Aspekt unserer Persönlichkeit. Spiritualität heißt niemals, einmal oder zweimal in der Woche in die Gemeinde zu gehen oder gelegentlich die Bibel zu lesen und manchmal zu beten. Sie durchdringt alles, was wir denken, sagen und tun. Sie definiert uns und sondert uns für Christus ab.

Das Leben, das Jesus für uns und für seine Gemeinde erträumt; die Gemeinde, von der wir träumen; das Gemeindeleben, das in Apostelgeschichte 2,42–47 beschrieben wird, stellt Christus in den Mittelpunkt, wird durch den Heiligen Geist bevollmächtigt, von geistlichen Praktiken angetrieben, im Kontext der Gemeinschaft mit Gemeindegliedern gelebt und durch ausgewogene Beziehungen geleitet.

Und nicht nur die Gemeindeglieder liebten diese Gemeinde. Sie „lobten Gott und hatten Gunst beim ganzen Volk. Der Herr aber tat täglich hinzu, die gerettet werden sollten." (Apg 2,47 EB)

Eine der Fragen, die wir in unserer Untersuchung den Pastoren, Leitern und Gemeindegliedern stellten, war: „Würde diese Gemeinde vermisst werden, wenn sie aus der Stadt (oder Kommune) verschwinden würde? Wir erhielten viele verschiedene Antworten, aber die häufigste Antwort war: „Ich glaube, dass die Leute überhaupt nicht wissen, dass es diese Gemeinde gibt."

Ich bete darum, dass deine Gemeinde ihrer Kommune oder Stadt bald in solch mächtiger und effektiver Weise dienen wird, dass – wenn sie weggenommen würde – die Menschen in ihrer Umgebung eine harte Zeit ohne ihren Dienst und ihre Fürsorge haben würden.

Jesus am Arbeitsplatz

Als Pastor hatte ich die Angewohnheit, die Gemeindeglieder in ihrem Geschäft oder auf ihrer Arbeitsstelle zu besuchen (falls das möglich war) und sie zu erinnern, dass dies ihr Platz für ihren Dienst und ihre Mission war, um für die Ausbreitung des Reiches Gottes zu wirken.

Tina, eine fromme und engagierte Ärztin aus der Gemeinde, hatte eine eigene Praxis. Nach ihrer Sprechstunde besuchte ich sie dort. Wir aßen gemeinsam zu Abend; danach bat ich sie um eine Führung durch ihre Praxis. Als wir sie beendet hatten, knieten wir nieder und beteten, dass Gott ihre Arbeit segnen und diese in Möglichkeiten für den Dienst verwandeln möge, um Menschen näher zu Jesus zu bringen. Ich sagte zu ihr: „Tina, du bist eine christliche Ärztin. Dein Auftrag geht über das körperliche Heilen hinaus. Gott wird Menschen zu dir schicken, die nur du erreichen kannst, damit sie die Liebe und Gnade Gottes kennenlernen." Tina, die Tochter eines erfolgreichen Evangelisten und Pastors, erwiderte daraufhin: „Auf diese Weise habe ich es noch nicht betrachtet."

Dein Zuhause, deine Arbeitsstelle bzw. dein Geschäft sind die vorrangigen Plätze zum Dienst. Verwandle sie in Möglichkeiten, um neue Bürger für das Reich Gottes zu gewinnen.

Kapitel 6

Verlangen nach dem Wirken Gottes

Als enthusiastischer junger Pastor besuchte ich die erste Prediger-tagung. Der Vereinigungsvorsteher stand vor 100 Pastoren und verkündete, während er eine Menge Papier hochhielt: „Jetzt haben wir ein Programm, mit dem das Werk vollendet wird." Da ich bald in den Himmel kommen wollte, war ich begeistert. Aber offensicht-lich wurde das Werk noch nicht beendet, und wir sind noch hier.

Zwei Jahre später stand der Vorsteher an demselben Platz und rief aus: „Jetzt haben wir ein Missionsprogramm, das das Werk Gottes vollenden wird." Wieder war ich begeistert. Aber trauriger-weise sind wir immer noch hier. Nach weiteren zwei Jahren ver-kündete ein anderer vor den versammelten Pastoren: „*Jetzt* haben wir ein Programm, das Gottes Werk vollenden wird!" Dieses Mal war ich nicht einmal aufmerksam, denn ich wusste inzwischen, dass keines dieser Programme irgendetwas bewirken würde.

Missionsprogramme und Methoden zum Gemeindewachstum sind großartig und wunderbar (und offenbar vermehren sie sich wie Kaninchen). Das einzige Problem ist, dass sie ohne Kraft nicht funktionieren, genauso wie sich kein konventionelles Auto auf der Welt ohne Kraftstoff bewegt, egal welcher Marke. Was wir vor al-lem brauchen, ist keine ausgereiftere Strategie, sondern eine Ver-bindung mit der Quelle der Kraft.

Wir alle wissen, dass mit den heutigen Gemeinden etwas faul ist. Wir träumen von einer dynamischen Gemeinschaft der Gläubi-gen, die Christus liebt und die Welt mit Liebe und Kraft missioniert – eine durch den Heiligen Geist erfolgreiche Gemeinde. Was wir stattdessen sehen, sind stagnierende oder schrumpfende Adventgemeinden, bestehend aus Menschen, die in weltlichen Dingen enthusiastisch sind und fast gleichgültig gegenüber Christus. Daran ist etwas grundlegend falsch.

James H. Rutz listete die zehn häufigsten Probleme auf, denen die Gemeinden gegenüberstehen: Gleichgültigkeit, Oberflächlichkeit, Weltlichkeit, Mangel an Spenden, ausgebrannte Pastoren, Verlust von Teenagern und jungen Erwachsenen, Angst vor Mission, schlaffe Selbstdisziplin, volle Terminpläne (ohne echte Ergebnisse) und ein chronischer Mangel an starken und engagierten Mitgliedern. Er nannte das „den Zustand der heutigen Gemeinden".[1]

Aber wie war der Zustand der neutestamentlichen Gemeinden? Sie hatten hingegebene Nachfolger Christi, die mit ihrer Botschaft und ihrem Leben die damalige römische Welt von Grund auf veränderten. Sie breiteten sich wie ein Flächenbrand über die Kulturen aus, überwanden die Hürden des Pharisäertums und des Heidentums und überstanden Verfolgungen. Sie waren vollmächtig!

Vor vielen Jahren schrieb A. W. Tozer: „Wenn man den Heiligen Geist von der heutigen Gemeinde wegnehmen würde, würden 95 Prozent unserer Aktivitäten weitergehen, ohne dass jemand den Unterschied merken würde. Wenn der Geist von der neutestamentlichen Gemeinde weggenommen worden wäre, hätten 95 Prozent ihrer Aktivitäten aufgehört und jeder hätte den Unterschied gemerkt."[2] Heute brauchen wir mehr denn je den Heiligen Geist!

Nicht durch menschliche Macht

Wenn wir zu sehr von menschlichen Bemühungen abhängen, vertrauen wir zu wenig auf das Wirken Gottes. Wir denken, dass die Gemeinde vorankommen würde, wenn wir einen besseren Prediger, einen Jugendpastor, einen besseren Chor oder ein besseres Gebäude hätten. Solche Dinge sind gut, aber sie sind nicht das Patentrezept für unsere kranken Gemeinden. Nachdem wir jedes Seminar besucht, jede Strategie angewendet, jede Aufgabe erledigt haben, finden wir uns am selben Fleck wieder – nur müder.

---

[1] James H. Rutz, *The Open Church,* Seedsowers, 1992, S. 2.
[2] A. W. Tozer, „Reflections", *Christianity Today,* 13. Dez. 1985, S. 46.

Die Bibel gibt uns ein heiliges Rezept. „Dies ist das Wort des Herrn für Serubbabel: ‚Nicht durch menschliche Macht und Gewalt wird es dir gelingen, sondern durch meinen Geist! Das sage ich, der Herr, der Herrscher der Welt.'" (Sach 4,6 GNB) „Macht" meint hier: jede denkbare Anstrengung und Einfallsreichtum. Wir denken, dass das Werk Gottes durch unsere Taten vollbracht wird – durch Programme, die wir entwickeln, durch die Mittel, die wir haben, durch die Fähigkeiten, die wir einsetzen. Jedoch erinnert uns Gott daran, dass nichts davon Dinge von ewiger Bedeutung vollendet. Was wirklich funktioniert, um Menschen zu verändern, um das Reich Gottes wachsen zu lassen, um eine Freundschaftsbeziehung mit Christus zu leben, das bewirkt der Geist des Herrn.

Ein weiteres Buch, ein weiterer Plan, ein weiteres Seminar, weitere „fünf Schritte, um die Gemeinde zu verändern" – das ist nicht die Antwort für unser Problem. Wir brauchen nicht mehr Formeln, sondern mehr *Erfüllung*. Wir brauchen nicht mehr Pläne, sondern mehr *Kraft*. Und wir brauchen nicht mehr Strategien, sondern mehr *Geist*.

Dienst losgelöst von der Kraftquelle

Der Kern unseres Problems ist eine fehlende Verbindung: Uns fehlt die lebendige Verbindung zu dem Weinstock. Ohne Jesus Christus gibt es kein Leben. Er sagt auch zu uns:

Bleibt in mir und ich in euch. Wie die Rebe keine Frucht bringen kann aus sich selbst, wenn sie nicht am Weinstock bleibt, so auch ihr nicht, wenn ihr nicht in mir bleibt. Ich bin der Weinstock, ihr seid die Reben. Wer in mir bleibt und ich in ihm, der bringt viel Frucht; denn ohne mich könnt ihr nichts tun.
(Joh 15,4–5)

Eine der Gemeinden, deren Pastor ich war, hatte einmal 80 Mitglieder, aber eine großartige Vision. Sie trafen sich eines Tages und beschlossen, ein neues Gemeindehaus mit 600 Sitzplätzen zu bauen. Während der nächsten Jahre wuchs die Anzahl der Gottesdienstbesucher auf über 100, und sie begannen, sich auf ihr Traumhaus vorzubereiten. Aber während des Planungsprozesses begannen sie zu streiten, und die Besucherzahl verringerte sich auf 40 und blieb ein Jahr auf dem Niveau.

Das alles war geschehen, bevor ich dort Pastor wurde. Ich akzeptierte die Einladung, Pastor dieser Gemeinde zu werden, weil ich ein Experte für Gemeindewachstum werden wollte. In dieser Zeit habe ich an meiner Doktorarbeit in Leiterschaft und Gemeindeentwicklung gearbeitet. Ich verwendete alles, was ich gelernt hatte, indem ich die Strategien, Pläne und Programme aus meinem Unterricht und meinen Seminaren ausführte. Dreieinhalb Jahre lang arbeitete ich 60 bis 80 Stunden in der Woche mit jeder Methode, die ich kannte. Meine Frau half mir dabei 30 bis 40 Stunden in der Woche. Dann geschah etwas Ungewöhnliches.

Nach den dreieinhalb Jahren intensiver Bemühungen und der Anwendung innovativer Methoden ging die Besucherzahl im Gottesdienst von 40 auf 30 zurück. Ich war ein Experte in Gemeinderückgang geworden!

Ich hatte diese dreieinhalb Jahre mit einem Dienst losgelöst von der Quelle des Lebens, getrennt vom Weinstock, verbracht. Ich hatte die wichtigste Zutat der gesunden Gemeindeentwicklung vergessen: das Wirken Gottes. Gott ist es, der seine Gemeinde wachsen lässt; unsere Aufgabe ist es, uns völlig und radikal auf ihn zu verlassen. Ellen White brachte es auf den Punkt:

> Die erste Lektion, die den Mitarbeitern unserer Institutionen gelehrt werden muss, ist die Lektion der Abhängigkeit von Gott. Bevor sie in irgendeiner Arbeit Erfolg haben können, müssen sie – jeder für sich – die Wahrheit akzeptieren, die in den Worten Christi enthalten ist: „Ohne mich könnt ihr nichts tun." (Joh 15,5b)[3]

Was Ellen White die erste Lektion nennt, habe ich als letzte Lektion gelernt. Es war einfacher für mich, Pläne und Strategien umzusetzen, als mein Herz und meine Pläne seinem Willen zu übergeben.

---

[3] *Testimonies for the Church*, Bd. 7, S. 194.

Die fantastische Zukunft durch den Geist

Was ist Gottes Lösung für uns? Was möchte er? Wie können wir die Lebendigkeit der ersten Christengemeinde wiedererlangen? Jesus sagte zu seinen Jüngern, kurz bevor er in den Himmel erhoben wurde:

Aber ihr werdet Kraft empfangen, wenn der Heilige Geist auf euch gekommen ist; und ihr werdet meine Zeugen sein, sowohl in Jerusalem als auch in ganz Judäa und Samaria und bis an das Ende der Erde. (Apg 1,8 EB)

Folgendes geschah: Die Jünger warteten auf den Herrn und beteten. Sie erhielten Kraft und Vollmacht, als der Heilige Geist sie erfüllte. Und dann – und erst dann – gingen sie hinaus, um die Welt mit dem Evangelium zu missionieren.

Ob die kleine, enttäuschte Gruppe von Jüngern dem Versprechen von Jesus nun vertraute oder nicht – sie taten das Richtige. Sie gingen zurück den Berg hinunter in die Stadt, und „alle waren einmütig beieinander und beteten beharrlich um das Kommen des Heiligen Geistes" (V. 14b GNB).

Sie widmeten sich dem Gebet. Aber haben ernste Männer und Frauen nicht wichtigere Dinge zu tun? Immerhin setzten erneut germanische Barbaren über den Rhein, Verschwörer trachteten Kaiser Tiberius nach dem Leben, und Hunger breitete sich über das Römische Reich aus! Die meisten Menschen denken, dass solche Dinge die Art von Themen sind, die von Bedeutung sind. Und sie sind wichtig! Aber alle Jünger kamen im Obergemach eines Hauses zusammen und beteten; und das ist das wirklich Wichtige, weil das Gebet bewirken kann, was keine Macht der Welt schafft.

Auch wir müssen erfassen, wie wichtig das Beten für uns heute ist. Wenn die biblischen Ermahnungen nicht deutlich genug sind, dann lasst uns auf unsere eigenen Jahre des frustrierenden Dienstes schauen als Beweis, dass wir uns, losgelöst von der Kraftquelle, nicht länger auf menschliche Bemühungen verlassen können, um den Gemeindedienst zu tun. Unsere einzige Option ist, uns Gottes

Lösung anzuvertrauen: dem Beten. Die Hingabe an Gottes Lösung gab Gideon einen wunderbaren Sieg über die Armee der Midianiter. Durch das Wirken Gottes besiegten 300 Männer eine erheblich größere Streitmacht. Sie erlangten den Sieg nicht durch ihre eigene Stärke, sondern durch Gottes Stärke. Das brauchen auch wir heute. Eine Armee marschiert auf ihren Füßen, aber Gottes Gemeinde marschiert auf ihren Knien. Dann erlebt sie das Wirken Gottes, das wir heute so dringend benötigen.

Die Gemeinde hat eine fantastische Zukunft, weil durch Gott alle Dinge möglich sind. Ellen White versicherte:

Der Herr ist bereit, große Dinge für uns zu tun. Wir werden den Sieg nicht durch Zahlen gewinnen, sondern durch die völlige Hingabe der Seele an Jesus. Wir sollen in seiner Stärke vorwärts gehen, im Vertrauen auf den mächtigen Gott Israels.[4]

Das Beten ist der Weg vorwärts zur Erweckung und Neubelebung, zur Kraft, zum Erfolg und zum Wachstum.

Die Mittel der Erneuerung

[Wenn] mein Volk, über das mein Name genannt ist, sich demütigt, dass sie beten und mein Angesicht suchen und sich von ihren bösen Wegen bekehren, so will ich vom Himmel her hören und ihre Sünde vergeben und ihr Land heilen. (2 Chr 7,14)

Hier ist der Kern für Erneuerung – Gottes Versprechen für uns.[5]

Es wäre gut für uns, die fünf Bedingungen für Erneuerung, die in dieser Verheißung genannt werden, genau zu beachten. 1. Wir gehören zu Gott und sind sein Volk. 2. Wir müssen uns auf Gottes Namen berufen. 3. Wir müssen uns selbst demütigen – das bedeutet, Egoismus und Eigeninteresse aus unserem Leben zu entfernen. 4. Wir müssen beten und Gott suchen. 5. Wir müssen unsere Sün-

---

[4] *Gospel Workers* (1892), S. 458; *Sons and Daughters of God*, S. 280.
[5] Ausführlich dazu siehe Randy Maxwell, *Wenn Gottes Volk betet*, Advent-Verlag, 2. Auflage, Lüneburg 2007.

den bereuen und bekennen. Dann wird Gott unser Schreien hören und unsere Gebete beantworten und uns geistlich erneuern. Das ist kein Programm, das wir betreiben, sondern eine innige Beziehung zu Gott. An der Stelle einer Strategie steht die Hingabe an den Herrn Jesus Christus.

Ellen White schrieb über unseren Teil bei der Neubelebung:

Eine Erweckung wahrer Frömmigkeit unter uns ist das größte und dringendste all unserer Bedürfnisse. Danach zu streben, sollte unsere vorrangige Aufgabe sein ... Aber es ist unsere Aufgabe, durch Bekenntnis [der Sünden], Demut, Reue und ernsthaftes Gebet die Bedingungen zu erfüllen, unter denen Gott versprochen hat, uns seinen Segen zu geben. Eine Erweckung kann nur als Antwort auf Gebet erwartet werden.[6]

Eine geistliche Erneuerung geschieht, wenn Christen Gott ganz ernst nehmen und eine beachtliche Zeit damit verbringen, ihn zu suchen. „Wir können sicher sein: das Geheimnis allen Versagens ist unser Versagen im verborgenen Gebet."[7]

Meine erstaunliche Erfahrung

Nachdem der Gottesdienstbesuch in der Adventgemeinde, für die ich zuständig war, trotz all meiner Bemühungen von 40 auf 30 zurückgegangen war, beschloss ich, den Pastorendienst zu beenden und wieder als Ingenieur zu arbeiten. *Ich werde mehr Geld verdienen, die Wochenenden frei haben, und mich nicht mehr mit schwierigen Menschen abplagen müssen,* dachte ich. Auf meinem Computer verfasste ich mein Kündigungsschreiben. Als ich gerade fertig war, klingelte es an der Tür; und während ich an der Tür war, las meine Frau das Schreiben. Später fragte sie mich, warum ich den Dienst als Pastor beenden wolle.

---

[6] *Für die Gemeinde geschrieben*, Bd. 1, S. 128 (rev.); zitiert aus Werner E. Lange, Hg. *Unser größtes Bedürfnis*, S. 65.

[7] Unbekannter Autor, *The Kneeling Christian*, CreateSpace, Scotts Valley (Kalifornien) 2009, S. 3.

„Es ist sehr einfach", erklärte ich ihr. „Ich habe kalkuliert, dass – wenn die aktuelle Tendenz anhält – in dreieinhalb Jahren nur du und ich in dieser Gemeinde übrig bleiben werden. Das will ich nicht. Ich möchte einen ehrenhaften Abgang, so ehrenhaft wie möglich."

Meine Frau schaute mich an und fragte einfach: „Hast du für deine Gemeinde gebetet?" Ich empfand die Frage als ein bisschen kränkend und hart, und begann, mich zu verteidigen, hatte aber sehr bald die Diskussion verloren, weil ich tief in mir zugeben musste, dass ich strategische Pläne und Programme mehr mochte als das Beten und die Spiritualität.

Durch die Ermutigung meiner Frau beschloss ich, einen Tag in der Woche mit Fasten und Beten zu verbringen. Am ersten Montagmorgen sagte meine Frau zu mir, als ich zum Gemeindehaus aufbrach: „Bete, als ob dein Leben davon abhängt." Ich sagte ihr, dass ich nicht wüsste, was das bedeutet, aber ich würde mein Bestes tun.

Im Gemeindesaal kniete ich vor einer Bankreihe nieder und betete für die Familie, die gewöhnlich dort saß. Nach zwei Minuten im Gebet überfiel mich ein tiefes Schlafbedürfnis, und ich schlief an diesem Tag acht Stunden im Gemeindehaus. Normalerweise schlafe ich nicht während des Tages, aber mein Versuch zu beten schien das verändert zu haben.

Meine größte Herausforderung nach diesem Tag war zu überlegen, was ich meiner Frau sagen sollte, wenn ich nach Hause kommen würde. Sie fragte mich natürlich, wie der Tag gelaufen sei. Ich murmelte etwas wie „Großartig" und in Gedanken fügte ich hinzu: *für die zwei Minuten, die es dauerte*. Aber mit ihrer Ermutigung machte ich weiter.

Am nächsten Montag verbrachte ich drei Minuten im Gebet, die folgende Woche vier, dann runter auf drei und hoch auf fünf Minuten. Dann machte ich die wichtigste geistliche Entdeckung in meinem Leben: *Ich* war die größte Herausforderung für meine Spiritualität – nicht die Ablenkung durch das Internet, Fernsehen, Radio oder Sport. Ich fand heraus, dass ich nicht dafür geschaffen war. Gib mir ein Programm, eine Strategie oder etwas zu tun, und ich würde es tun! Aber bei der Spiritualität geht es um zwei Dinge, die das komplette Gegenteil zu unserer Kultur, unseren Werten, unserer Weltanschauung und unserer menschlichen Natur sind. Es geht um mein demütiges Leben und meine Verbindung zu Gott. Meine Frau ermutigte mich weiterhin, und ich blieb bei meiner Selbstverpflichtung. *Ich werde beten und weiterhin beten, auch wenn es mich umbringt,* sagte ich zu mir selbst. Glücklicherweise brachte es mich nicht um. Mit der Zeit begann sich einiges in meinem Leben zu verändern. Etwas Erstaunliches geschah.

Acht Monate setzte ich meine Gebetsbemühungen fort. Nach den ersten Wochen voller Entschlossenheit und Ringen im Gebet stellten sich schließlich Freude und innerer Friede ein. In meinem neugefundenen Enthusiasmus suchte ich nach zusätzlichen Wegen, um das Gebet in mein Leben zu integrieren. Ich praktizierte täglich eine Stunde Beten, während ich spazieren ging. Zunehmend wurde ich mit Hoffnung und Optimismus erfüllt. Meine Predigten und mein Dienst wurden effektiver. Die geistliche Disziplin des Betens veränderte mich.

Eines Sabbats, als ich im Gottesdienst predigte, sah ich die gleichen treuen 30 Gemeindeglieder plus vier weitere Personen: ein Ehepaar mit ihren zwei kleinen Töchtern. *Sie müssen Adventisten von außerhalb sein,* dachte ich mir. Ich vermutete nicht, dass sie Suchende sein könnten. Zu dieser Zeit war unsere Gemeinde so deprimierend, dass selbst ich sie nicht besucht hätte, außer aufgrund der Tatsache, dass ich ihr Pastor war.

Als ich das Ehepaar an der Tür verabschiedete, fragte ich, ob sie sich wegen eines Urlaubs in unserer Gegend aufhielten. Ich war sehr verblüfft zu hören, dass sie auf der anderen Straßenseite wohnten. Nun wollte ich unbedingt wissen, warum sie in die Adventgemeinde gekommen waren.

„Unser Chef hat mit uns eine Angeltour in Alaska gemacht, und er ist ein Adventist gewesen", erzählte mir der Mann bereitwillig. „Jeden Abend versammelte er die Mannschaft und sprach über seine Lebensphilosophie. In einer dieser Zusammenkünfte sagte er uns: ‚Wenn ihr jemals in eine Kirche geht, muss es eine Gemeinde der Siebenten-Tags Adventisten sein; die haben die Wahrheit.'"

Nach dem Urlaub vergaß dieser Mann, was sein Chef über die Adventgemeinde erzählt hatte, und sein Leben ging weiter wie vorher. Aber eines Tages sagte seine Frau zu ihm: „Wir haben zwei Töchter, und wir müssen sie in eine Kirche mitnehmen. Ich bin in die katholische Kirche gegangen. Lass uns dorthin zurückkehren."

„Auf gar keinen Fall", erwiderte ihr Ehemann. „Mein Chef sagte, es muss eine Adventgemeinde sein oder gar keine Kirche."

Sie entgegnete, dass es ihr egal sei, solange es eine Kirche ist. Deshalb kamen sie an dem Sabbatmorgen in meine Gemeinde.

Sie waren begierig nach Gott. Ich studierte die Bibel mit ihnen zweimal in der Woche. Und zwei Monate später taufte ich sie. Ich widmete ihnen die Predigt und erzählte ihre Geschichte und auch meine eigene. Ich erzählte den Gemeindegliedern über meinen Kampf mit dem Beten und wie ich mich daran gewöhnte, in das Gemeindehaus zu kommen und für sie zu beten. Ich erzählte ihnen, wie ich Gott darum gebeten hatte, mir jemanden zu schicken, den ich taufen konnte. „Der Gott des Universums erhörte das Gebet eines entmutigten Pastors mitten im Nirgendwo des Bundesstaates Washington und hat mir dieses Ehepaar geschickt."

Nachdem ich dies gesagt hatte, stand ein 69-jähriger Mann auf, kam nach vorne und sagte unter Tränen: „Ich habe vier erwachsene Kinder, und alle sind weit weg vom Herrn. Aber weil Gott das Gebet von Pastor Joe erhört und ihm diese Familie geschickt hat, weiß ich, dass er mein Gebet auch erhören und mir meine Kinder und ihre Familien geben wird. Ich werde für sie Tag und Nacht beten. Ich möchte, dass ihr für sie und mich betet. Zieht mich dabei zur Verantwortung. Erinnert mich, dass Gott Gebete beantwortet."

Als er aufhörte, erhob sich spontan eine Frau auf der anderen Seite des Saales und äußerte eine ähnliche Überzeugung.

Während dieses einen Sabbatgottesdienstes gaben mehr als zehn Gemeindeglieder ähnliche Zeugnisse ab. Damit begann eine Gebetsbewegung, die sich wie ein Lauffeuer verbreitete. Die Gemeindeglieder begannen, vor, während und nach dem Gottesdienst zu beten, während der Woche und an den Wochenenden. Sie beteten allein und in Gruppen, aber immer mit Leidenschaft und Hingabe.

Acht Jahre später war diese Gemeinde von 30 entmutigten Gliedern auf ungefähr 500 hingegebene Nachfolger von Jesus angewachsen. Diese 30 Adventisten ohne Ziel wurden zu 500 Adventisten, die ihre Stadt auf den Kopf stellten. Aus 30 Mitgliedern, die aus Pflichtgefühl zum Gottesdienst gekommen waren, wurden 500, die sich nun trafen, um Gott zu loben und zu danken.

Gott tat etwas Fantastisches. Alle Strategien des Gemeindewachstums, die ich umgesetzt hatte, hatten nichts bewirkt, aber das Beten verwandelte mein Leben und das Leben dieser Gemeinde. Das Beten veränderte mein Leben, und ich weiß, dass es dein Leben verändern wird. Ebenso wie Beten meine damalige Gemeinde verändert hat, wird es auch deine verändern.

Wir hatten vorher viele Missionsprogramme ausprobiert und waren gescheitert; aber als wir Gott ausprobierten, waren wir erfolgreich. Gott steht treu zu seinen Versprechen. Er wird großartige Dinge für uns tun, wenn wir uns ihm übergeben. Er will diese Erfolgsgeschichte immer wieder wiederholen, und er will mit deiner Gemeinde beginnen.

Wir sind beschäftigte Menschen. Fristen und Termine erdrücken uns, Aufgaben verlangen ständig unsere volle Aufmerksamkeit. In diesem Beschäftigtsein tendieren wir dazu, die einzig wahre Priorität zu ignorieren. Lasst uns das Beschäftigtsein ablehnen und stattdessen die geflüsterte Einladung Gottes zu vertrauensvoller Kommunikation annehmen.

Das Mittel der Kraft

Zwei Bäume wuchsen zu nah an unserem Haus und gefährdeten es. Also nahm ich meine Handsäge, um den ersten mit meiner Manneskraft zu Fall zu bringen. Nach zwei Stunden harter Arbeit hatte ich gerade mal einen großen Kratzer in die Seite des Baumes gesägt. Jeden Tag verbrachte ich ein oder zwei Stunden damit, an diesem Baum zu sägen, und nach zwei Wochen stürzte er endlich um. Mein Nachbar hatte Mitleid mit mir – vielleicht wegen meines Jammerns – brachte seine Kettensäge und fällte den zweiten Baum innerhalb weniger Minuten, wofür ich Wochen gebraucht hätte.

Das ist nur andeutungsweise der Unterschied zwischen Gottes Macht und unserer eigenen. Die Tragödie im Leben zu vieler Christen ist, dass sie göttliche Stärke durch menschliche Bemühungen ersetzen. Das Ergebnis ist offensichtlich. Wenn wir versuchen, mit menschlichen Möglichkeiten zu erreichen, was nur mit geistlichen Mitteln geschafft werden kann, untergraben wir Gottes Autorität!

Die Begriffe „Kraft" und „Gebet" bzw. „beten" sind häufig in der Apostelgeschichte zu finden. Das intensive Beten ist das Mittel, durch das Gott seine Kraft in die Welt lässt.

Das Problem, mit dem die Gemeinden kämpfen, ist nicht Mangel an Kraft. Grenzenlose Kraft ist für den Bittenden verfügbar. Nein, die Schwierigkeit liegt vielmehr bei uns. Wir bitten gar nicht um die Kraft, aber wir beklagen uns, dass wir sie nicht haben.

In mancher Hinsicht sind wir sogar ungläubiger als die arabischen Stammesführer, die Lawrence von Arabien nach dem Ersten Weltkrieg zu der Friedenskonferenz in Paris mitgebracht hatte. Diese Männer staunten über viele Dinge, aber am meisten über das fließende Wasser in ihrem Hotelbadezimmer. In der Wüste war Wasser eine knappe Ressource, hier bekamen sie es einfach durch das Drehen am Wasserhahn kostenlos und scheinbar unerschöpflich.

Als sie Paris verlassen wollten, fand Lawrence sie, als sie versuchten, die Wasserhähne abzubauen. Dieser Komfort würde ihnen das Leben in der Wüste wesentlich erleichtern! Er erklärte ihnen, dass hinter den strömenden Wasserhähnen große Wasserspeicher waren und sie ohne solch einen Vorrat nutzlos wären. Aber die Araber waren sich sicher, dass diese magischen Geräte ihnen für immer Wasser geben würden.

Sind wir nicht noch ungläubiger in unserem Christenleben als sie? Im Heiligen Geist sind tatsächlich tiefe Reservoire voller Kraft – Wasserbrunnen, die ins ewige Leben sprudeln. Aber wir zapfen sie nicht an! Wir meinen, erst noch dies oder das tun zu müssen. Der Heilige Geist kann aber nicht durch geschlossene Wasserhähne fließen; er kann nicht durch ein Leben wirken, das Christus nicht hingegeben ist.[8]

---

[8] Samuel Hugh Moffett in *The Power to Make Things New*, Bruce Larson, Hg., Waco (Texas) 1986, S. 130f.

Lasst uns also die Wasserhähne öffnen, die wirklich mit einer unerschöpflichen Quelle verbunden sind. Das Versprechen der Kraft des Heiligen Geistes ist für alle, die daran glauben, und sie werden sie erhalten. Und wenn wir im Glauben an den Wasserhähnen drehen und die Kraft fließt, dann Obacht! Denn „mit großer Kraft bezeugten die Apostel die Auferstehung des Herrn Jesus, und große Gnade war bei ihnen allen" (Apg 4,33).

Abraham betete – nur ein Mann – und Lot wurde gerettet, als Sodom durch Feuer vom Himmel vernichtet wurde. Mose betete – nur ein Mann – und das Wasser des Roten Meeres teilte sich. Josua betete – nur ein Mann – und die Mauern von Jericho stürzten ein. David betete – nur ein Mann – und der Stein seiner Schleuder drang in Goliaths Stirn und der Riese fiel tot um. Elia betete – nur ein Mann – und Feuer fiel vom Himmel herab und verschlang sein Opfer. Daniel betete – nur ein Mann – und die Löwenmäuler wurden geschlossen. Esther betete – in diesem Fall nicht nur sie, sondern auch Mordechai und andere Juden, die sie darum gebeten hatte – und Gott bewahrte alle in Persien verbliebenen Juden vor der völligen Vernichtung.

Wenn du hinhörst, könntest du in deiner Gemeinde Menschen hören, die an dem *Wenn*-Wasserhahn festhalten: „Wenn wir einen besseren Pastor hätten …" „Wenn wir ein besseres Programm hätten …" „Wenn wir bessere Gemeindeglieder hätten …" „Wenn wir mehr Mittel hätten …" „Wenn wir sonst was hätten, wären wir fähig, eindrucksvolle Dinge zu tun. Evangelisation und Gemeindewachstum würden unsere Sitzreihen überfluten lassen und die Gabenkörbe füllen." Aber Gottes Werk geht nicht durch menschliche Macht oder Kraft voran, sondern durch den Heiligen Geist. Wenn der Wasserhahn nicht mit einem Wasserreservoir verbunden ist, wird er uns nur enttäuschen.

Die Verheißung von Jesus gilt noch immer für seine Nachfolger: „Aber ihr werdet Kraft empfangen, wenn der Heilige Geist auf euch gekommen ist; und ihr werdet meine Zeugen sein" (Apg 1,8 EB) – Zeugen in einer trockenen und durstigen Welt. Wir sollen bezeugen, dass der Messias gekommen ist und uns erlöst hat, und sagen, dass er wiederkommen wird und sein Geist bereits da ist.

Die Möglichkeiten des Wachstums

Die Größe der Gemeinde in Jerusalem am Morgen des Pfingsttages betrug etwa 120 Jünger und Jüngerinnen (vgl. Apg 1,15). Am Abend waren es 3120 Menschen, die gemeinsam den Herrn Jesus priesen. Dann fügte Gott weitere hinzu und die Zahl der Männer allein wuchs auf 5000 (Apg 4,4). Danach gibt uns der Bericht in der Apostelgeschichte keine genaue Mitgliederzahl mehr an; Lukas erwähnte nur, dass „die Zahl der Jünger in Jerusalem sich sehr mehrte" (Apg 6,7 EB). Diese junge Gemeinde vergrößerte sich nicht aufgrund ihrer Programme, Methoden oder Strategien. Das Geheimnis hinter ihrer Vergrößerung war Gott: seine Kraft, sein Wirken, sein Heiliger Geist, seine Effektivität. Wenn die heutigen Gemeinden dasselbe erfahren wollen, müssen sie dieses Geheimnis wiederentdecken und durch den Heiligen Geist ausgerüstet und kontrolliert werden.

Ich war vor einigen Jahren in Mailand, eine der säkularsten Städte der Welt, um den Adventisten dort eine Gebetsvision vorzutragen und sie zum Beten herauszufordern. Eine der Gemeinden von Mailand – im Herzen des industriellen Zentrums von Italien – nahm die Vision auf. Ihre Gemeindeglieder begannen zu beten und verwandelten ihre Gemeinde in ein Gebetshaus. Sie beteten für ihre Gemeindeglieder, Freunde, Verwandten und die Einwohner Mailands. In etwa einem Jahr hat Gott diese Gemeinde von 35 Gottesdienstbesuchern auf 180 wachsen lassen. Wenn Gott das in Mailand tun kann, könnte er es dann nicht auch in deiner Stadt?

Ich habe bereits in Kapitel 3 die Aussage von Ellen White zitiert: „Der Grund, warum unsere Pastoren so wenig schaffen, ist, dass sie nicht mit Jesus wandeln. Er ist von den meisten eine Tagesreise weit entfernt."[9] Ellen White hat uns damit gezeigt, dass unsere Wirkungslosigkeit nicht aus theologischen Irrtümern oder dem Ignorieren der neuesten Gemeindewachstums- und Missionsstrategien entsteht, sondern aus unserem Mangel an der Verbindung zu Christus. Oswald Chambers formulierte es treffend: „Der bleibende Wert unseres öffentlichen Dienstes für Gott wird an der Tiefe

---

[9] *Testimonies for the Church*, Bd. 1, S. 434.

der Vertrautheit in unserer privaten Zeit der Gemeinschaft und der Einheit mit ihm gemessen."[10]

Christus ruft uns, bei ihm zu verweilen. Nur dann kann er uns aussenden, um zu predigen, zu lehren, zu lieben und die Welt zu verändern. Das geschieht durch das Wirken des Heiligen Geistes. Jesus „berief zwölf, damit sie bei ihm seien und damit er sie aussende, zu predigen und Vollmacht zu haben, die Dämonen auszutreiben" (Mk 3,14–15 EB).

Und Jesus hat auch *dich* gerufen, um bei ihm zu verweilen. Begib dich täglich in die Gegenwart Gottes. Lobpreise Jesus und übergib dich ihm als ein lebendiges Opfer (vgl. Röm 12,1).

Ellen White erklärte:

Jene, die nicht jeden Tag in der Schule Christi lernen, die nicht viel Zeit mit innigem Gebet verbringen, sind nicht geeignet, um Gottes Werk in irgendeinem seiner Teilgebiete zu erledigen; denn wenn sie es tun, wird die menschliche Verdorbenheit sie sicher überwinden und sie werden zur Eitelkeit verleitet. Jene, die Mitarbeiter von Jesus Christus werden und die Spiritualität besitzen, um geistliche Dinge zu erkennen, werden ihr Bedürfnis nach Tugend und Weisheit vom Himmel verspüren, um sein Werk zu tun.[11]

Stelle dich der Herausforderung

Was könnte Gott in dir, mit dir und durch dich tun, wenn du dein Leben in ein Gebetsleben verwandeln würdest? Probiere es aus und finde es heraus. Bete, als würde dein Leben davon abhängen. Wenn du kein Verlangen hast zu beten, dann bitte Gott darum, es dir zu geben. Mach das Beten zu deiner Gewohnheit. Bete regelmäßig jeden Tag für deinen Ehepartner, deine Kinder, deine Gemeinde und für verlorene Menschen. Bete mit Freunden, und suche dir einen Gebetspartner, dem du Rechenschaft gibst.

---

[10] Oswald Chambers, *My Utmost for His Highest* (auf Deutsch: *Mein Äußerstes für sein Höchstes*), Lesung für den 6. Januar.

[11] *Testimonies to Ministers*, S. 169.

Entscheide dich dafür, verlorenen Menschen durch deine Fürbitte zu dienen. Wähle dir etwa fünf Nichtadventisten als Gebetsanliegen aus. Kümmere dich um sie, sorge für sie und versuche, eines ihrer gespürten Bedürfnisse zu erfüllen. Wenn die passende Zeit kommt, sprich über deine Werte und gib dein Zeugnis, wie du zu Christus gefunden hast und was er in deinem Leben verändert hat;[12] und dann schau, was Gott in ihrem Leben tun wird. Manche werden sich Jesus zuwenden. Sie werden es als Antwort auf deine Gebete, deinen Dienst und dein attraktives christliches Leben tun.

Dann wirst du eines Tages durch das neue Jerusalem gehen, und jemand wird auf dich zukommen und dir sagen: „Vielen Dank dafür, dass du dich um mich gekümmert hast. Deswegen bin ich nun hier." Wäre das nicht eine herrliche Belohnung?

Seid allezeit fröhlich, betet ohne Unterlass,
seid dankbar in allen Dingen; denn das ist
der Wille Gottes in Christus Jesus an euch.
(1 Ths 5,16–18)

Wie deine Gemeinde den Segen durch Gottes Erneuerung, Kraft und Wirken erfahren kann, indem sie in ein „Gebetshaus" verwandelt wird, ist das Thema des nächsten Kapitels.

---

[12] Ausführlich dazu siehe Morris Venden, *Christus bezeugen – ohne Druck*, Advent-Verlag, Lüneburg 2008, Anhang 1 „Praktische Anleitungen zum Zeugnisgeben" und Anhang 2 „Evangelisation durch Freundschaften".

Kapitel 7

Die Gemeinde zu einem Gebetshaus machen

Als der Vereinigungsvorsteher mir etwas über meine neue Gemeinde in einer Kleinstadt erzählte, beschrieb er sie als „eine großartige Gemeinde" und zählte eine lange Liste von aufregenden Sachen auf, die dort geschehen waren. Dort geschehen *waren* – in der Vergangenheit. Es stellte sich heraus, dass diese Gemeinde von 100 Mitgliedern auf „13 treue Seelen" geschrumpft war. Aber als ich am ersten Sabbat zögernd ankam, zählte ich keine 13, sondern nur 9 Besucher. Auf 13 wäre man gekommen, wenn man mich, meine Frau, meinen Sohn und meine Tochter, die noch im Bauch ihrer Mutter war, mitgezählt hätte.

Nach einigen Monaten Arbeit mit absolut keinen Ergebnissen und keinem Signal, dass der Gemeindekörper noch irgendeinen Puls hatte, rief ich einen Freund an. „Diese Gemeinde ist unglaublich", erzählte ich ihm. „Es ist unglaublich, dass 20 Jahre seit ihrer letzten Taufe vergangen sind. Es ist unglaublich, dass sie in 26 Jahren keine öffentliche Evangelisation gehabt haben. Und es ist unglaublich, dass jeder einzelne Vorschlag, den ich gemacht habe, entschieden abgewiesen wird."

Ich hatte geplant, ein Mitteilungsblatt herauszugeben, aber sie protestierten. Sie seien zu wenige, um eins zu benötigen. Als ich die Idee eines Potlucks einbrachte, lehnten sie es ab, weil sie sich untereinander nicht mochten. Sie waren zu müde für irgendeine Art missionarischer Arbeit und lehnten die Idee einer Kindersabbatschule mit der Begründung ab, dass nicht genug Kinder da wären. Alles, was ich versuchte, wurde abgelehnt. Ich war kurz davor aufzugeben.

„Bete das Gebet von John Knox", sagte mein Freund nach meinem frustrierenden Versagenskatalog. „Er betete: ‚Herr, gib mir Schottland, oder ich sterbe!'"

„Aber ich will nicht sterben", protestierte ich. Ich glaubte nicht, dass die Chancen, diese Kleinstadt zu gewinnen, sehr gut waren, insbesondere, wenn ich mir die Leute in meiner Gemeinde ansah.

Mein Freund versicherte mir, dass ich nicht sterben würde. „Bete einfach", meinte er.

Eine besondere Erfahrung aufgrund des Betens

Ich begann, in den Hügeln über der Kleinstadt, die im Tal lag, spazieren zu gehen, und betete währenddessen und sprach mit Gott. Es war jedoch schwer, nicht entmutigt zu sein. Wir hatten fast keine Gemeindeglieder und vor allem kein Geld, keine Energie und keine Begeisterung. Mein Haferflockenbrei am Morgen war aufregender als meine Gemeinde!

Aber Gott hatte eine große Überraschung für uns parat.

Unten in diesem Tal lebte eine 80-jährige Adventistin, Eileen, eine der treuen neun dieser Gemeinde. Sie war wahrscheinlich die Person, der man am wenigsten zutraute, Erneuerung oder irgendetwas anderes in die Gemeinde zu bringen, denn sie war 80! Zudem gehörte sie zu einer aussterbenden Adventgemeinde mit knappen Mitteln und keinerlei Enthusiasmus.

Aber Eileen begann, für ihre Nachbarin Phoebe zu beten, eine 25-jährige Frau, die das klassische Beispiel für moralische Ausschweifungen war. Jeden Tag nahm sie Drogen und trank Alkohol, und jede Nacht schlief sie mit einem anderen Mann. Sie war wahrscheinlich die letzte Person in der ganzen Stadt, bei der man sich vorstellen könnte, dass sie sich bekehren würde.

Nach mehr als einem Jahr hatte ich die Gemeinde endlich überzeugt, eine Evangelisationsreihe zu veranstalten. Ich hatte ihre Zustimmung erreicht, indem ich ihnen versprach, dass ich sie nie wieder bitten würde, jemals irgendetwas zu tun, wenn es nicht funktionieren würde. „Können wir das schriftlich bekommen?", fragten sie mich. Sie meinten das ernst!

Am Eröffnungsabend waren alle neun Gemeindeglieder treu anwesend – plus einer weiteren Person! Am Beginn dieser Woche hatte Eileens Nachbarin Phoebe bei einem Jagdausflug – desorientiert durch ihre Drogen – versehentlich ihre Mutter angeschossen. Ihre Mutter überlebte, aber der Unfall beunruhigte Phoebe sehr. Weil sie wusste, dass ihre Nachbarin Eileen für sie gebetet hatte, ging Phoebe zu ihr. Eileen tröstete sie, lud sie ein, in ihrem Haus zu bleiben und brachte sie zum ersten Abend der Evangelisationsreihe mit. Dort hörte Phoebe zum ersten Mal das Evangelium und kam beim Aufruf zur Entscheidung nach vorne.

Am nächsten Abend waren wieder alle neun Gemeindeglieder anwesend – plus 50 weitere Menschen! Begeistert von der lebensverändernden Botschaft über Jesus hatte Phoebe alle ihre Freunde und Verwandten angerufen und sie gedrängt, die Vorträge zu besuchen. Gott überraschte uns weiterhin, und bereits am Ende der Veranstaltungsreihe konnte ich zehn Personen taufen. Die Gliederzahl der Gemeinde hatte sich mehr als verdoppelt!

Gottes Wirken und Segen hielt an. Das letzte Mal, als ich in dieser Gemeinde war, traf ich dort 137 Personen – ohne ungeborene Kinder mitzuzählen!

Die Gebete einer 80-jährigen Frau für ihre Nachbarin hatten eine radikale Veränderung in ihrem und im Leben der Gemeinde bewirkt. Eileen hatte nicht viel Energie, Geld oder herausragende Fähigkeiten, aber Gott wirkte mächtig als Antwort auf ihre Gebete. Als ich über die Bedeutung des Gebetes predigte, hatten acht Personen in der Gemeinde höflich gelächelt – und nichts getan. Aber Eileen fing an zu beten! Sie nahm die Vision auf, handelte nach ihrer Überzeugung und betete beharrlich für Phoebe, ohne sich die fantastischen Ergebnisse vorzustellen, die folgen würden.

Die Erneuerung einer Gemeinde entsteht nicht durch Wünschen, Hoffen, Klagen oder durch harte Arbeit. Sie erfolgt als eine Gebetserhörung. Wir haben diese Lektion noch nicht gelernt! Wir wissen zwar, dass das Beten enorm wichtig ist, aber wir verstehen nicht, dass es entscheidend ist. So viel wir auch über unser Bedürfnis zu beten reden, sind wir doch bedauerlich unwissend über seine Kraft in den Gemeinden und in unserem Leben!

Drei Gemeindetypen bezüglich des Betens

Alle Gemeinden funktionieren nach einem von drei verschiedenen Modellen bezüglich des Gebets und der Spiritualität.

Wir können das erste Modell die Gemeinde mit routinemäßigen Gebeten nennen. Solche Gemeinden gibt es viele; aber sie legen keine besondere Betonung auf das Beten. Sie haben Gebete am Anfang und Ende jeder Veranstaltung, jedes Treffens und jedes Programmes: zu Beginn und am Schluss der Sabbatschule, während der Predigtstunde am Sabbatmorgen, ein Gebet am Anfang und eines am Ende jeder Ausschusssitzung. Sie haben vielleicht sogar eine wöchentliche Gebetsstunde, in der allerdings mehr ein Vortrag gehalten, die Bibel studiert oder einfach mehr geredet als gebetet wird. Die Gebete finden routinemäßig statt, weil es die Art und Weise ist, wie die Dinge getan werden sollen – sie stehen auf dem Programm.

Modell einer Gemeinde mit routinemäßigen Gebeten

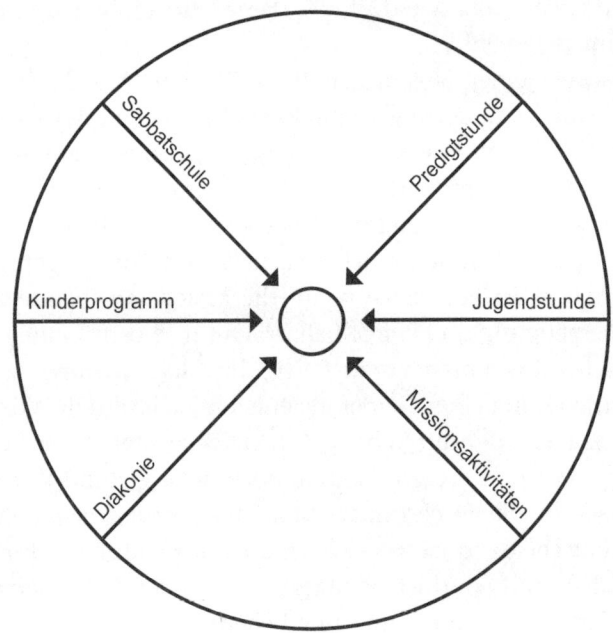

Das zweite Modell: die Gemeinde mit einem Gebetsdienst. Sie hat erkannt, dass Gebet wichtig ist, sodass sie das Beten an eine Gruppe von Gemeindegliedern delegiert hat (manchmal nennen sie sich Gebetskämpfer). Deshalb taucht das Beten als ein Dienst der Gemeinde auf. Obwohl die Gemeinde das Gebet in gewisser Weise betont, hat sie im Ganzen kein Gespür für die Dringlichkeit des Betens. Die meisten Glieder einer Gemeinde mit Gebetsdienst beten nicht wirklich viel; sie meinen, dass andere es tun werden.

Modell einer Gemeinde mit einem Gebetsdienst

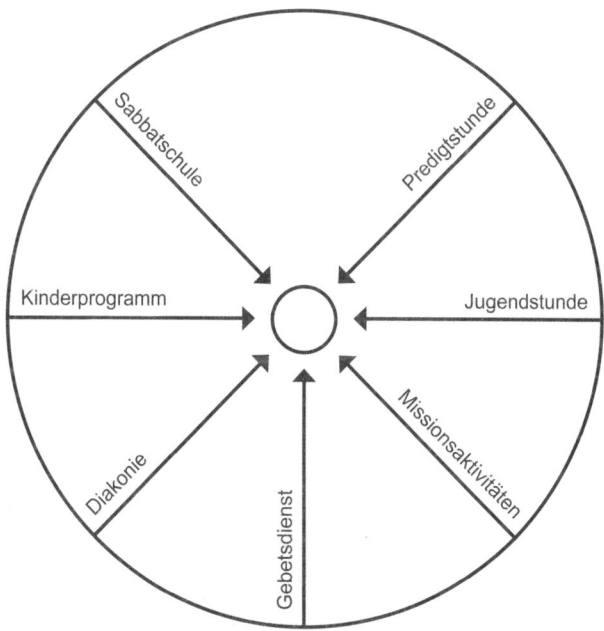

Das dritte Modell ist die betende Gemeinde. Weil sie das Wirken des Heiligen Geistes und das Beten sehr ernst nimmt, stellt sie es in das Zentrum jeder Aktivität. Solche Gemeinden beten nicht nur am Anfang und am Ende jeder Versammlung, sondern sorgen dafür, dass alle Aktivitäten der Gemeinde mit dem Duft des Gebets und der Kraft des Heiligen Geistes erfüllt sind. Die Atmosphäre und alle Gemeindeaktivitäten drehen sich um das Beten.

Dadurch wird diese Gemeinde zu einem „Gebetshaus" (Jes 56,7 NLB). Solche Gebetshäuser werden Heiligtümer der Verbindung zu Gott. Die Ausschusstreffen verwandeln sich in Gebetsstunden, während die Gebetstreffen eine Zeit der Gebetserfahrungen und des Lobpreises, der Hingabe und der intensiven Fürbitte werden. Die Gemeindeglieder erkennen ihr Bedürfnis nach dem Wirken des Heiligen Geistes und schreien zu Jesus heraus: „Wir sind hilflos ohne dich" (vgl. Joh 15,5b). Sie suchen ihn mit großem Verlangen.

Modell einer betenden Gemeinde

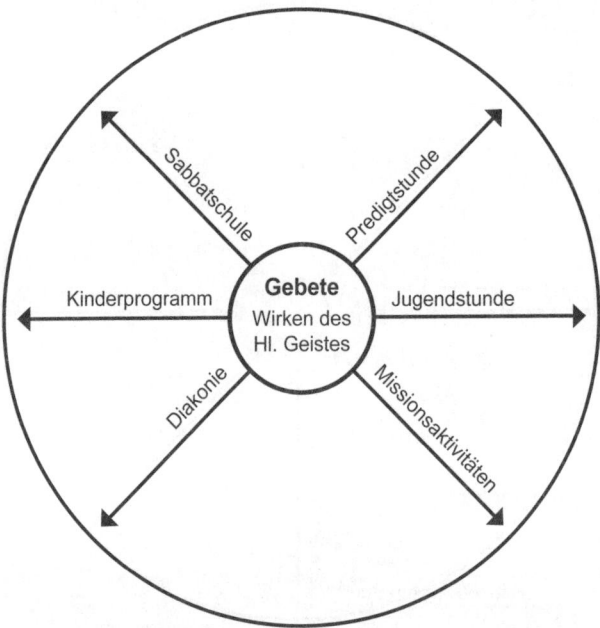

Ich reise ausgiebig, um Seminare über Gebet, Gemeindewachstum und Spiritualität zu halten. Wenn ich eine neue Gemeinde besuche, frage ich die Mitglieder gern, welcher Art von Gemeinde sie angehören. Die Mehrheit ist in der Kategorie der Gemeinde mit einem Gebetsdienst; ein großer Teil gesteht ein, dass in ihrer Gemeinde nur routinemäßige Gebete praktiziert werden, und nur fünf Prozent sagen, dass ihre Gemeinde eine betende Gemeinde ist.

95 Prozent der Adventgemeinden empfinden das Beten also als ein nebensächliches Anliegen oder als einen Dienst von wenigen Gemeindegliedern! Deshalb müssen sich 95 Prozent der Gemeinden von der Behandlung des Gebets als eine Formalie oder einen Dienst unter vielen wegbewegen und Gebetshäuser werden, die sich auf den Gott konzentrieren, der auf unsere Gebete wartet und sie gern beantwortet, wenn sie ein Ausdruck der Hingabe an ihn und der Abhängigkeit von ihm sind.

Wie kann eine Gemeinde eine betende Gemeinde werden? Eine der wichtigsten Dinge, die du für Gottes Werk tun kannst, ist, für deine Gemeinde(n), deren Mitglieder, deine Stadt und mindestens fünf Menschen zu beten, die du gern zum Herrn bringen würdest.

Wie die Leiter ein Gebetshaus schaffen können

1. Die Leiter müssen selbst Beter sein. Zunächst müssen die hauptsächlichen Leiter der Gemeinde (insbesondere der Pastor und die Gemeinde- und Bereichsleiter) an das Gebet als das entscheidende Mittel zum Wachstum glauben, und sie müssen das Beten praktizieren – als Einzelne und als Leitungsteam. Sie müssen Jesus lieben und eine authentische Beziehung zu ihm haben. Ihr Leben sollte eine völlige Abhängigkeit von Jesus widerspiegeln.

Dann müssen diese Leiter beginnen, für ihre Gemeinde zu beten und für die Entstehung einer Gruppe von enthusiastischen Adventisten, die bezüglich der Notwendigkeit des Betens dieselbe Überzeugung haben wie sie. In jeder Gemeinde wirst du Mitglieder finden, die wirklich die Bedeutung des Gebets erkennen. Die Leiter müssen genau solche Art Christen sein. Nur betende Leiter können eine betende Gemeinde schaffen!

2. Die Vision einer betenden Gemeinde vermitteln. Der Pastor, die Bereichsleiter und alle Leiter von Gemeindediensten müssen den Gemeindegliedern die Vision für das Beten vermitteln und dazu jede vorhandene Möglichkeit nutzen: Predigten, Zeugnisse, Erfahrungen, Geschichten, Slogans und auch die Sabbatschule. Verwendet jede verfügbare Möglichkeit, um die Botschaft, dass alles vom Beten abhängt, zu verstärken und das Vertrauen zu vergrößern, dass Gott großartige Dinge tun wird als Antwort auf unsere Bitten (vgl. Joh 15,7–8.16). Solch ein Bemühen erfordert kreative Wiederholung, um die Kraft der Vision aufrechtzuerhalten und sie den Gemeindegliedern zu jeder Zeit vorzuhalten. Verwendet so viele verschiedene Methoden wie möglich, um eure Gemeinde zu inspirieren und zu motivieren, um sich im Gebet an Gott bzw. Jesus zu wenden und auf ihn zu vertrauen.

Der Schlüssel, um die Gebetsvision erfolgreich zu vermitteln, ist natürlich, dass jeder Leiter eines Bereiches oder Dienstes daran glaubt. Unter ihrer Leitung muss das Beten ihre Dienste durchdringen. Jede Woche sollten die Gesprächsgruppenleiter der Sabbatschule die Bedeutung des Gebets hervorheben, und Zeit einräumen, um Anliegen auszutauschen, Erfahrungen zu berichten und eine Gebetsgemeinschaft zu haben. Die Gemeinde- und Bereichsleiter müssen die Bedeutung des Gebets denjenigen verdeutlichen, um die sie sich in ihrem Verantwortungsbereich kümmern. Alle Diakone sollten in ihren Diensten und Besuchen dasselbe tun. Jeder, der eine Leitungsposition hat oder einen Dienst verrichtet, sollte eine Quelle der Inspiration werden, um die Gemeindeglieder zu motivieren, sich an Gott zu wenden und mehr zu beten. Schließlich sollte bei jeder Gemeindeaktivität das Gebet im Mittelpunkt stehen.

Deswegen ist es die Funktion des Pastors und der Hauptleiter, andere Leiter und die Gemeinde zum Beten zu ermutigen. Diese Leiter sollen auch die Gemeindeglieder inspirieren, insbesondere aber diejenigen in der zweiten Ebene der Leitung. Jene Leiter vermitteln die Vision weiter, indem sie jede sich ihnen bietende Möglichkeit nutzen, bis die meisten Gemeindeglieder unterrichtet und motiviert sind, beharrlich zu beten.

Zu Beginn des Prozesses werden die Gemeindeglieder mit etwas Enthusiasmus sagen: „Wir mögen, was wir da über das Beten hören." Es dauert ungefähr zwei Jahre, bis die nächste Stufe erreicht wird: Widerstand. Dann beginnen die Mitglieder zu zeigen, dass sie der ständigen Betonung überdrüssig sind: „Wir müssen zu einem anderen Thema wechseln!" Die Gemeinde wird auf dieser Stufe ungefähr ein oder zwei Jahre bleiben, aber gebt nicht auf! Lasst mit der Betonung des Gebetes und des Heiligen Geistes nicht nach. Die dritte Stufe ist die wichtigste. Nun beginnen Mitglieder, folgendes zu sagen: „Alles dreht sich um das Beten." Insgesamt kann es vier oder fünf Jahre benötigen, um diesen Punkt zu erreichen, aber das ist es wert. Jetzt ist die Gemeinde ein Gebetshaus!

Viele Pastoren und Leiter verlieren den Mut, bevor sie an diesem Punkt ankommen, aber betet weiter! Gott wird euch segnen, und irgendwann wird eure Gemeinde mit Beten und dem Heiligen Geist erfüllt werden und zu einem Schauplatz, an dem Gott seine Liebe, Gnade und Macht zeigen kann und wird.

3. Bringt den Gemeindegliedern bei, wie man betet. Viele Gebete von Christen sind eine Art Wunschliste: „Herr, segne mich, segne meine Familie. Gott, gib mir dieses; Gott, bewirke jenes." Es ist dringend notwendig, dass die Leiter der Gemeinde die Mitglieder anleiten, wie sie eine sinnvolle Stunde jeden Tag mit Jesus verbringen können. Erklärt ihnen, dass es dabei um Anbetung und Lobpreis geht, um Vergebung und den Sieg über sündige Gewohnheiten zu bitten, um die Rettung von verlorenen Menschen, um Danksagung und die Bitten für die eigenen Bedürfnisse, die der Familie, der Gemeinde, der Freunde und Nachbarn, oder einfach darum, die Gegenwart Gottes in der Stille zu genießen.

Zeigt den Gemeindegliedern, wie sie selbst täglich eine sinnvolle Andacht halten können, aber auch mit ihrer Familie. Macht es auf jeden Fall persönlich, berührt die Herzen und betet für die Mitglieder und ihre Bedürfnisse. Wenn eine Gebetserhörung stattgefunden hat, dann erwähnt es im Gottesdienst und erinnert jeden daran, dass der Heilige Geist mitten unter ihnen wirkt.

Helft ihnen auch zu verstehen, warum Gott einige Gebete nicht beantwortet. Hier ist eine einfache Formel, die uns bei unserem Ringen mit anscheinend unbeantworteten Gebeten helfen kann:

Wenn die Bitte falsch ist, sagt Gott: „Nein".

Wenn der Zeitpunkt falsch ist, sagt Gott: „Später".

Wenn du das Problem bist, sagt Gott: „Lass die Sünde los".

Wenn alles in Ordnung ist, sagt Gott: „Los geht's".

4. Macht weiter. Nach einiger Zeit wird jedes Projekt oder jeder Schwerpunkt in der Gemeinde seinen Glanz verlieren. Der anfängliche Enthusiasmus der Mitglieder wird schwinden, und sie werden aufhören, mit der vorherigen Intensivität zu beten. Ich habe das überall erlebt: Mitglieder begannen intensiv mit vielen anderen zu beten, aber irgendwann verminderte sich das Interesse.

Hier sind einige Gründe, warum Gemeindeglieder die Begeisterung für das Beten verlieren:

- Das Beten wird nicht mehr so stark betont, und damit ist das Gefühl für dessen Dringlichkeit verloren gegangen.
- Diejenigen mit der Gabe der Fürbitte wurden mit der Verantwortung zu beten beauftragt, und der Rest der Gemeindeglieder fühlte sich davon freigestellt.
- Formalität hat das Gespür des Übernatürlichen ersetzt.
- Die Ergebnisse des Betens werden immer seltener wahrgenommen und der Gemeinde nicht mehr bekanntgemacht.
- Das Beten ist vom Gottesdienst getrennt worden.
- Die Gebetsanliegen haben sich von den Bedürfnissen der Menschen außerhalb der Gemeinde abgewandt und beziehen sich zunehmend auf die Gemeindeglieder.
- Die Verbindung zwischen dem Beten und der Mission wird allmählich ignoriert.

Ich habe dieses Schema zuerst bei meinen anfänglichen Versuchen entdeckt, das Beten hervorzuheben. Zu Beginn des ersten Jahres meiner Konzentration auf das Beten hielt ich acht Predigten über das Thema, und die Mitglieder diskutierten darüber überall und zu jeder Zeit. Eines der Themen war das Fürbittgebet. Ich betonte, dass man für andere Menschen beten und sich auch um sie kümmern müsse. Ungefähr zwei Wochen später kam eine Frau aus der Gemeinde und erzählte mir, dass diese Predigt ihr Leben verändert habe. Einige Jahre zuvor hatte sie nach vielen Jahren enger Freundschaft einen Streit mit einem anderen Gemeindeglied gehabt. Dadurch hatten sie in den letzten zweieinhalb Jahren keinerlei Kontakt gehabt. Dann begann sie, meine Vorschläge für das Fürbittgebet umzusetzen, und der Herr legte die Überzeugung in ihr Herz, dass sie für ihre ehemalige Freundin beten sollte. Zunächst widersetzte sie sich, aber schließlich hat sie sich dem Heiligen Geist übergeben. Er begann, ihr Herz für die andere Adventistin aufzuweichen. Sie ging zu ihr, und sie versöhnten sich.

Eine Zeitlang hörte ich von vielen Mitgliedern dieser Gemeinde Geschichten wie diese, eine nach der anderen. Im Juli und August jedoch hörten sie auf. Mir wurde klar, dass ich in den letzten vier Monaten keine große Betonung mehr auf das Beten gelegt hatte. Ich beschloss, von nun an fast jede Woche in irgendeiner Weise das Beten durch meine Predigten, durch Zeugnisse vor der Gemeinde, mit Geschichten oder auf irgendeine Weise, die mir einfiel, zu betonen.

Zugleich mit dieser öffentlichen Betonung begann ich zu beten, dass Gott etwas Außergewöhnliches in unserer Mitte tun würde. Ein Jahr lang beteten wir um 30 Taufen, und der Herr gab uns 36. Das zweite Jahr beteten wir um 50, und der Herr segnete uns mit 57. Das folgende Jahr beteten wir um 100, und Gott brachte 99 zu uns. In einem Jahr waren wir in verzweifelten Schwierigkeiten: Wir benötigten 130 000 Dollar oder die Feuerwehr würde das Gemeindegebäude schließen, weil es zu groß war, um ohne Feuerschutz auszukommen. In jenem Jahr stellte der Herr uns die ganze Summe zur Verfügung – eigentlich ein unmöglich zu erreichendes Ziel. Solche Dinge halfen meiner Gemeinde wirklich, das Wirken Gottes in ihrer Mitte zu erkennen.

Betet, dass Gott Eindrucksvolles unter euch tun wird. Betet für hohe Taufzahlen. Betet darum, Zweifel fernzuhalten. Betet für ein neues Gebäude. Betet für Dinge, von denen ihr wisst, dass ihr sie niemals ohne das Wirken des Heiligen Geistes tun könnt. Bittet Jesus immer, große Dinge zu tun. Ich weiß, dass er es tun wird.

All unsere Bedürfnisse, Freuden, Sorgen und Ängste können wir zu ihm bringen. Wir können ihn damit weder belasten noch ermüden …
Von all unserem Leid ist auch Gott berührt, selbst von unseren Leidensäußerungen. Alles, was uns verwirrt, sollen wir vor ihn bringen. Nichts, was unseren Frieden stört, ist für ihn zu gering, dass er nicht darauf achten würde. Es gibt kein Kapitel unserer Lebensgeschichte, das er nicht lesen könnte, keine Lebenssituation, die sich mit seiner Hilfe nicht meistern ließe.[1]

---

[1] Ellen G. White, *Der bessere Weg zu einem neuen Leben* (2009), S. 97f.

5. Bietet viele Möglichkeiten zum Beten an. In unserem schnelllebigen Zeitalter und einer Gesellschaft von überfüllten Terminplänen ist es falsch, die ganze Betonung auf das Beten zu einem bestimmten Zeitpunkt und an einem bestimmten Ort (wie das Gemeindehaus) zu legen. Traditionell messen viele Adventgemeinden die Effektivität ihres Gebetsdienstes an der Anzahl von Mitgliedern, die am Dienstag- oder Mittwochabend in die Gebetsstunde kommen. Aber heutzutage ist es viel schwerer für Mitglieder, für einen Dienst unter der Woche zu einer bestimmten Zeit in das Gemeindehaus zu kommen. Deshalb ist es notwendig, den Gemeindegliedern verschiedene Zeiten und Orte anzubieten, um gemeinsam zu beten und die Verbindung zu Jesus zu stärken.

Eine Gruppe kann sich am Sabbatmorgen um 8.30 oder 9.00 Uhr im Gemeindehaus treffen, um zu beten. Viele Gemeinden haben Gebetsmöglichkeiten nach dem Gottesdienst eingerichtet, damit jeder, der gern betet oder andere für sich beten lassen möchte, Gelegenheit dazu hat. Eine Gebetsgruppe kann sich auch während der Sabbatschule treffen, und sehr effektiv ist es auch, wenn einige Glieder während der Predigt für den Verkündiger beten. Und natürlich können und sollen sich kleine Gruppen während der Woche zu verschiedenen Tageszeiten (auch früh morgens oder vormittags) zum Beten treffen; auch der Sonntag könnte dafür genutzt werden. Außer dem Gemeindehaus und Privatwohnungen können Restaurants und Cafés, Parks und – wenn möglich – auch ein zentraler Platz in der Stadt zum Beten genutzt werden. Den Gemeindegliedern sollte durch ein Infoblatt bekanntgegeben werden, wann und wo sie Gelegenheiten zum Beten haben. (Nicht vergessen, die Telefonnummer des jeweiligen Leiters anzugeben.)

6. Betont die Fürbittgebete für verlorene Menschen. Wenn eine Gemeinde ihre Stadt erreichen und ein Wachstum des Reiches Gottes stattfinden soll, muss sie gezielt Fürbitte üben. Fordert die Mitglieder heraus, für Verlorene zu beten, die sie kennen. Jeder Gläubige sollte für mindestens fünf Menschen jeden Tag beten, ihnen auch seine Liebe erweisen und für ihre Bedürfnisse sorgen. Durch das Wirken des Geistes und den Einfluss der Freundschaft werden einige von ihnen in die Gemeinde kommen.

7. Macht die Siege aufgrund des Betens deutlich. Siege über sündige Gewohnheiten oder Versuchungen sind ohne ernstes Beten unmöglich. Es ist hoffnungslos zu versuchen, ein siegreiches Christenleben ohne die Kraft von oben zu leben. Im Leben zu siegen heißt in Wirklichkeit, im Gebet zu siegen. Viele Christen erfahren solch ein Leben nicht, weil sie nicht genug beten.

Aber im Gebet zu siegen ist Gottes Wille für uns. Zu siegen bedeutet, angesichts von Schwierigkeiten erfolgreich zu sein, zu überwinden und zu triumphieren. Siegreiches Gebet ist das Gebet, das durch alle Schwierigkeiten und Hindernisse vorangeht, das die Dämonen Satans zurücktreibt und dem Willen Gottes in der Welt zum Durchbruch verhilft. Solch ein Gebet übernimmt nicht nur die Initiative, sondern hält an der Offensive für Gott fest, bis der geistliche Sieg gewonnen wurde. Eine Armee marschiert auf ihren Füßen, aber die Gemeinde Christi marschiert auf ihren Knien.

In unseren Interviews mit Pastoren wachsender Gemeinden fasste einer von ihnen seine Funktion als geistlicher Leiter der Gemeinde folgendermaßen zusammen: „Unter der Woche spreche ich mit Gott über meine Gemeinde, aber am Sabbat spreche ich zu meiner Gemeinde über Gott." Ein anderer Pastor erklärte, dass die Hauptarbeit des Pastors das Beten sei und der Gemeinde zum Beten zu helfen. Noch ein anderer sagte, dass seine Funktion sei, Männer und Frauen, Jungen und Mädchen durch die Macht des Gebets zu Gott zu bringen. Und ein weiterer erklärte, dass es die Aufgabe der Leiter sei, die Gemeinde in ein Gebetshaus für alle Mitglieder zu verwandeln.

Ich fordere dich heraus, deine Funktion als Pastor oder Leiter einer Ortsgemeinde oder irgendeines Dienstes oder als Gemeindeglied im Licht der Macht des Gebets zu bewerten. Ich dränge dich dazu, Jesus zu antworten und ihn besser kennenzulernen. Es wird Mühe, Veränderung der Prioritäten und sogar Opfer deinerseits benötigen, aber keine Mühe wird reichlicher belohnt werden als die Arbeit, die wir auf unseren Knien tun. Geht also durch das Beten voran!

Praktische Schritte zu einem Gebetshaus

1. Bete darum, nach Gott zu hungern und zu dürsten.
2. Bitte Gott, dass er Gemeindegliedern ein Verlangen gibt, intensiv zu beten. Dann suche diese Gruppe von betenden Gemeindegliedern, die die Leitung einer Gebetsbewegung übernehmen können.
3. Ernenne einen Gebetsleiter oder -koordinator in der Gemeinde, der die Gebetszeiten planen und organisieren soll. Seine Hauptaufgabe besteht darin, die Vision des Betens vor den Gemeindegliedern aufrechtzuerhalten.
4. Fördere das Gebet in Verbindung mit Gemeindeprojekten wie Veranstaltungen, spezielle Dienste, Missionsunternehmungen und Evangelisationsreihen.
5. Veröffentliche und verteile regelmäßig eine Gebetsliste mit Anliegen der Gemeinde und ihrer Dienste.
6. Verstärkt das Fürbittgebet für verlorene Menschen. Das Ziel sollte sein, mindestens 50 Prozent der Gemeindeglieder zu gewinnen, um für Nichtadventisten zu beten.
7. Habt mehr als ein wöchentliches Gebetstreffen. Entwickelt ein ganzes Programm von Gebetstreffen zu verschiedenen Zeiten für verschiedene Gruppen und evt. für bestimmte Anliegen.
8. Plane interessante und spezielle Programme mit einer besonderen Betonung auf dem Beten. Hier einige Ideen:
   - Predige einmal pro Jahr eine Reihe über das Beten.
   - Biete eine Studiengruppe über das Beten an.
   - Plane während des Gottesdienstes alle zwei bis drei Wochen Zeugnisse und Erfahrungen über das Beten ein.
   - Veranstalte eine Gebetskonferenz in deiner Gemeinde.
   - Etabliere eine Gebetsfrühstücksgruppe für Männer und für Frauen, die sich jeden Monat zum Beten treffen.
   - Veranstalte ein Gebetsbankett.
   - Biete einige Besinnungstage im Jahr mit Beten an, an denen sich Gemeindeglieder an einem besonderen Ort versammeln.

TEIL IV

Hingegebene und aktive Gemeindeglieder

Wirkliches Gemeindewachstum findet statt, wenn Gemeindeglieder die Mission von Jesus Christus mit Enthusiasmus fortführen und seine Botschaft ihren Mitmenschen aktiv mitteilen. Wir haben allerdings in unserer Untersuchung herausgefunden, dass zwei Drittel der Siebenten-Tags-Adventisten in ihrem ganzen Leben *nicht eine* Person für Jesus gewonnen haben. Diese mangelhafte Beteiligung an der Mission könnte folgende Ursachen haben: ein schwaches geistliches Leben, eine fehlende missionarische Vision, die Angst vor Zurückweisung, eine Abneigung gegenüber traditionellen Missionsmethoden (wie Haus-zu-Haus Arbeit oder öffentliche Vorträge), die Professionalisierung der Evangelisation oder Zweifel darüber, ob Menschen am Evangelium und insbesondere an unserer speziellen Botschaft interessiert sind. Manche schämen sich auch wegen ihrer Ortsgemeinde. Dieser vierte Teil des Buches behandelt, wie wir diesen Trend umkehren können. Er hat vier Kapitel:

1. Die fehlende Komponente in den meisten Adventgemeinden.
2. Der effektivste Missionar heutzutage.
3. Kettenreaktion durch Oikos-Evangelisation.
4. Nötige Veränderungen in Adventgemeinden Nordamerikas und Europas.

Das erste Kapitel (8) handelt von der Motivation zum Zeugnis. Die meisten Christen engagieren sich nicht in der Mission, weil sie wenig von dieser Komponente besitzen. Lies dieses Kapitel, prüfe, wie viel du davon besitzt und was du tun kannst, um mehr davon zu bekommen, und dann hilf anderen, es auch zu bekommen.

Das zweite Kapitel beantwortet die Frage: Wer ist der effektivste Missionar heutzutage? Die Antwort mag dich überraschen.

Kapitel 10 behandelt das biblische Oikos-Prinzip und zeigt, inwiefern es das effektivste missionarische Prinzip der Welt ist. Es sollte daher das Herz aller evangelistischen Bemühungen der Adventgemeinden sein.

Kapitel 11 zeigt einige beunruhigende Zustände in vielen Adventgemeinden, die wir durch Umfragen herausgefunden haben, die wir sabbatvormittags durchführten. Es geht in diesem Kapitel auch um die Veränderungen, die notwendig sind, damit eine Gemeinde gesund wird und wachsen kann. Diese Veränderungen können nur dann stattfinden, wenn jeder Leiter in einer Ortsgemeinde mit den anderen kooperiert.

Kapitel 8

Die fehlende Komponente
in den meisten Adventgemeinden

Eine Bekannte erzählte mir von einer Auseinandersetzung, die sie eine Woche vorher mit ihrem Mann gehabt hatte. Sie waren unterwegs zu einem Familienessen, um den 40. Geburtstag seiner Schwester zu feiern. Sie hatten vor dem Gottesdienst vereinbart, dass sie bis zum Segen bleiben, sich dann von einigen verabschieden und schnell losfahren würden, um nicht zu spät zu kommen. Als sie nach dem Gottesdienst in ihr Auto stiegen, tadelte er sie leicht: „Liebling, es ist 11 Uhr 44! Du hast gesagt, dass wir schnell losfahren würden." Sie protestierte lächelnd: „Aber wir sind doch nur 14 Minuten nach dem Segen geblieben. Das ist überhaupt nicht lange! Außerdem lieben wir beide diese Gemeinde. Du weißt, wie schwer es uns immer fällt zu gehen."

Dieses Ehepaar gehört zu einer Adventgemeinde, die sie lieben und von der sie so begeistert sind, dass sie jeden Sabbat 45 Minuten zum Gottesdienst fahren und 45 Minuten zu jedem Gemeindeausschuss, zur Gebetsstunde und zum Pfadfinderprogramm. Dabei gibt es Adventgemeinden, die näher an ihrem Wohnort liegen. Sie pendeln über diese große Entfernung, kommen früh und bleiben lange, weil sie mit den Mitgliedern ihrer Gemeinde verbunden sind. Sie erleben eine liebevolle Gemeinschaft und haben Freude. Sie sind begeistert, zu dieser Adventgemeinde zu gehören.

In unseren Interviews mit Mitgliedern blühender Gemeinden haben wir folgendes festgestellt: Gesunde, wachsende Gemeinden haben eine Komponente, die stagnierende oder abnehmende

Gemeinden nicht besitzen. Diese Komponente ist *Enthusiasmus*, der bei den meisten Adventgemeinden offenbar Mangelware ist.

In diesem Kapitel verwende ich die Begriffe Enthusiasmus und Begeisterung (lies Be-Geist-erung) synonym. Enthusiasmus ist „Gottesbegeisterung" (von griech. *en theos*, in Gott); man kann auch sagen, er ist einfach Glaube in Aktion. Er ist ein logischer Ausdruck des freudigen Wissens über Gottes gute Nachricht für diese Welt, er ist aus Liebe zu Jesus und dessen Anbetung geboren und fließt über in unsere Leidenschaft, ihn der Umwelt mitzuteilen.

Die Mitglieder wachsender Gemeinden sind begeistert von Gott, begeistert von ihrer Gemeinde und begeistert, ihren Glauben anderen zu bezeugen. Sie sind stolz auf ihre Ortsgemeinde und bringen gern ihre Freunde und Verwandten mit, weil sie wissen, dass die gesegnet werden. Für diese Glieder ist der Besuch der Gemeinde ein freudiges Ereignis, das sie mit anderen teilen möchten.

Als die Gemeindewachstumsforschung in ihren Anfängen war, drückte es ihr Begründer Donald McGavran in seinem Buch *The Bridges of God* treffend so aus: Die beste Erklärung für Gemeindewachstum ist der Enthusiasmus der Mitglieder über Gott und ihre Gemeinde.[1] Das ist zwar 50 Jahre her, aber es gilt heute noch genauso. Als ich Pastoren florierender Adventgemeinden nach deren Wachstumsgeheimnis befragte, antworteten sie, dass es der Enthusiasmus der Mitglieder sei: Sie seien begeistert von ihrer Gemeinde und empfehlen sie ihren Freunden weiter.

7 Faktoren einer begeisternden Gemeindekultur

Was verursacht eine solche Begeisterung? Die Ergebnisse zeigen uns, dass mindestens sieben Faktoren zu einer Kultur beitragen, welche die Mitglieder begeistert von ihrer Gemeinde sein lässt.

1. Die eigene Erfahrung der Erlösung

Wenn Menschen Jesus annehmen und lieben lernen, erfahren sie Freude, Begeisterung und Lebenssinn. Wenn wir Christi Gegenwart spüren, wird das Herz berührt und wir möchten tun, was im-

---

[1] Zitiert bei Bill M. Sullivan, *Ten Steps to Breaking the 200 Barrier*, Beacon Hill, Kansas City (Missouri) 1988, S. 73.

mer er auch will (vgl. Joh 14,15). Menschen, die Jesus lieben, sind um die ganze Welt gereist, um anderen von ihm zu erzählen. Sie haben Mühsal, Verfolgung und Schwierigkeiten riskiert; einige haben sogar ihr Leben für ihn gegeben. Das Evangelium inspiriert und motiviert uns, Jesus unseren Mitmenschen zu bezeugen.

2. Der Sache Christi verschrieben

Als Menschen sehnen wir uns danach, Teil von etwas Größerem zu sein. Wir möchten erleben, dass wir in der Welt etwas bewirken können, das für andere einen Unterschied ausmacht. Als Nachfolger Christi machen wir die Ausbreitung des Reiches Gottes zu unserer Sache, und unsere Arbeit dafür bewirkt einen ewigen Unterschied für das Leben anderer. Was immer wir im Dienst für Jesus tun – eine Bibelgesprächsgruppe oder den Gottesdienst leiten, Bibelstunden geben, Kranke besuchen, Obdachlose versorgen – wir tun es, um Hoffnung, Gottes Gnade, Christi Erlösung und das ewige Leben anderen zu bringen und um Gott zu ehren. Enthusiastische Gemeindeglieder kennen die Bedeutung ihres Dienstes.

3. Liebe und Annahme

Der Geist der Liebe, Annahme und Vergebung durchdringt die ganze Gemeinde. Sowohl die Gemeindeglieder und die Gäste als auch Menschen außerhalb erfahren diese Liebe. Ein Bewusstsein der Zugehörigkeit und Vertrautheit erfüllt die Gemeinde. Die Anwesenden können ihre Ansichten ausdrücken, ohne belächelt oder gar verurteilt zu werden, auch wenn sie ganz anderer Meinung sind. Selbst wenn sie vielleicht anders gekleidet sind, anders aussehen und anders essen, wissen sie, dass sie dennoch akzeptiert und geliebt werden. Wachsende Gemeinden legen Wert auf die wichtigen Dinge, nämlich Gott und Menschen zu lieben.

4. Ein warmes und freudevolles Klima

Eine Atmosphäre der Liebe und Annahme führt zu einem Klima der Wärme und der Freude, der Zuneigung und des Glücklichseins. Umfangreiche Studien (Valuegenesis 1 und 2) zeigten, dass die wichtigsten Erwartungen, die Jugendliche an ihre Gemeinde haben, eine warme und liebevolle Umgebung ist. Sie möchten zu einer Gemeinschaft gehören, in der sie geliebt und akzeptiert sind, herausgefordert werden und sich dennoch sicher fühlen.

5. Ein inspirierender Gottesdienst

Enthusiastische Mitglieder wachsender Gemeinden freuen sich auf den Gottesdienst, weil sie wissen, dass sie dort Gott begegnen, er große Dinge unter ihnen tut und sie gesegnet werden. In Teil V werde ich ein ganzes Kapitel dem Gottesdienst widmen (Kap. 12).

6. Sinnvolle und relevante Dienste

Blühende Adventgemeinden führen alles, was sie tun, in einer geistlichen und fürsorglichen Atmosphäre durch. Von der Sabbatschule bis zum Dienst an Kindern und Jugendlichen, von der Diakonie bis zu sozialen Einsätzen sollten die Dienste der Gemeinde und auch alle Missionsaktivitäten sinnvoll und relevant sein. Wachsende Gemeinden bemühen sich konzentriert und gezielt, die vielfältigen Bedürfnisse der Mitglieder und der Suchenden zu erfüllen.

7. Das Streben nach guter Qualität[2]

Erfolgreiche Gemeinden versuchen ständig, alles Mögliche zu tun, um Gott zu ehren und Menschen zu inspirieren. Ihre Mitglieder fühlen sich wohl in den Gottesdiensten und bei den Diensten ihrer Gemeinde, weil sie gut durchgeführt werden. Sie können ohne Besorgnis Freunde und Familienangehörige einladen, weil sie auf das stolz sein können, was ihre Gemeinde macht.

Wie steht es in deiner Gemeinde mit der Begeisterung und der Freude? Sind die Gemeindeglieder von ihrer Erfahrung mit Christus und von den Leuten in der Gemeinde so begeistert, dass sie andere an dieser Erfahrung teilhaben lassen möchten? Kann es sein, dass auch deine Gemeinde ein bisschen (oder viel) mehr Freude und Begeisterung gebrauchen könnte?

„Sicherlich!", sagst du wahrscheinlich. „Aber wie soll das geschehen?" Ich gebe zu, dass Begeisterung schwer zu erzeugen ist, weil sie mit der gesamten Qualität des Gemeindelebens zu tun hat. Und doch ist sie ein wichtiger Faktor, um eine Gemeinde zum Wachsen zu bringen und dieses Wachstum aufrechtzuerhalten.

Es mag schwierig sein, eine enthusiastische Gemeinde zu entwickeln, aber es ist nicht unmöglich. Mit Gottes Hilfe und mit einer gezielten Vorgehensweise kann es gelingen.

---

[2] Auch auf dieses Thema werde ich in Kapitel 12 näher eingehen.

10 Wege, um Begeisterung zu entfachen

Will man eine wachsende, begeisterte Gemeinde haben, die Gott ehrt und Menschen in sein Reich führt, muss man die sieben Faktoren einer enthusiastischen Gemeindekultur in der Gemeinde entwickeln. Welche Schritte sollten wir gehen, um diese Merkmale in die Kultur und Praxis einer Ortsgemeinde umzusetzen? Hier sind zehn mögliche Wege, um diese sieben Faktoren in deiner Gemeinde zu fördern. Sie sind eine Zusammenstellung dessen, was wir über das gefunden haben, was wachsende Adventgemeinden tun, um Begeisterung zu entfachen.

1. Bete beharrlich. Eine Quelle der Freude, der Liebe, des Vertrauens und der Erwartung wird sich auftun, wenn wir beten. Bete darum, dass Gott Begeisterung und Siege in dein Leben bringt und auch den Gemeindegliedern schenkt, die sich in den Diensten engagieren. Das Beten ist stets die Grundlage für alles.

2. Fördere die Spiritualität. Je geistlicher die Mitglieder sind, umso begeisterter sind sie von Jesus und der Gemeinde und umso mehr neigen sie dazu, anderen Menschen ihren Glauben zu bezeugen. Wer Jesus liebt, wird alles tun, um ihm zu gefallen und ihn zu ehren. Als Folge davon sind sie an vorderster Front im Dienst der Gemeinde und in der Mission. Deshalb wird dein Bemühen, ein gesundes geistliches Leben zu entwickeln, das auf Christus ausgerichtet ist, auch direkte Auswirkungen auf die Begeisterung und Freude in deiner Gemeinde haben.

3. Fördere den Optimismus, der auf dem Glauben basiert.
Optimismus entfacht Erwartungen, unterstützt die Freude und hilft, Schwierigkeiten zu überwinden. Ich spreche hier nicht über spirituellen Wirbel, sondern über eine positive geistige Grundhaltung. Auch wenn einige Christen bestimmte Elemente des positiven Denkens als säkular oder humanistisch ansehen, reden wir hier über die Hoffnung und den Optimismus auf der Grundlage des Glaubens, der wirksam ist, weil Gott dahinter steht. Wenn du denkst, dass du es mit Gott kannst, dann hast du Recht: Gott wird es möglich machen. Aber wenn du denkst, du kannst es nicht, hast du auch Recht: Du wirst es ohne Gottes Hilfe nicht tun können.

Das tiefsinnigste Konzept, das ich aus unserer Untersuchung entnommen habe, besagt, dass der Verstand wie ein Acker ist: Er wird hervorbringen, was du hineinpflanzt. Solltest du Unkraut pflanzen, wird Unkraut wachsen; solltest du Kartoffeln oder Gemüse pflanzen, wird das heranwachsen. Und das gleiche gilt auch für unseren Geist: Wenn du negative Gedanken säst, wirst du Negatives ernten; aber wenn du positive Gedanken säst, wirst du auch Positives ernten.

Eine unserer Aufgaben als geistliche Leiter ist, den Gemeindegliedern zu einem Optimismus zu verhelfen, der auf dem Glauben beruht (wie ich bereits in Kap. 2 beschrieben habe). Jesus hat allen versprochen: „Bittet, und ihr werdet erhalten, um was ihr gebeten habt." (Mt 7,7 NLB) Diese Verheißung garantiert weder Gesundheit oder Reichtum noch Ruhm (wie manche Christen meinen), aber sie weist auf eine ausgewogene Herangehensweise an das Leben hin. Sie ignoriert auch nicht die Tatsache, dass die Welt voller Kummer, Leiden, Sünden, Krankheit und Schmerzen ist; vielmehr gilt es, Probleme zu akzeptieren und daran zu glauben, dass Gott uns befähigt, sie zu überwinden. Glücklich zu sein ist größtenteils eine Einstellungssache. Millionäre fühlen sich oftmals elend, während andere Menschen, die kaum genug haben, um sich Lebensmittel zu kaufen, glücklich sind.

Optimismus auf der Grundlage des Glaubens ist wesentlich für die Begeisterung in der Gemeinde. Wenn Leiter führen möchten, müssen sie positiv denken. Ein solcher Optimismus sollte alles in der Gemeinde beeinflussen – von den Predigten bis zu den sozialen Diensten und vom Zeugnis bis zum ganzen Leben.

Dies ist eine Lektion, die ich in meiner ersten Predigerstelle zu lernen begann. Ich bekam manchmal zu hören, dass ich die Gemeindeglieder nicht geistlich nähren würde. Aber ich verstand das nicht, denn ich predigte doch das Evangelium. Ich studierte die Briefe von Paulus intensiv und dachte, dass ich meine Arbeit gut mache. Was meinten also meine Kritiker?

Eines Tages saß ich in meinem Büro und fragte mich: *Wird diese Predigt irgendjemandem helfen? Wird sie jemanden ermutigen? Wird sie jemanden aufbauen?* Als ich meine Predigten dann anhand dieser Kriterien ausarbeitete, bemerkte ich sofort den Unterschied. Auf meiner ersten Predigerstelle hatte ich im Endeffekt den Gemeindegliedern folgendes gesagt: „Ihr Schlangenbrut! Wer hat euch eingeredet, dass ihr dem kommenden Gericht Gottes entrinnen werdet?" (Mt 3,7b Hfa) Ich hatte nicht bemerkt, wie negativ mein Ansatz war – ohne jegliche positive Ermutigung. Bildlich gesprochen kamen die Leute in die Gemeinde gekrochen; niedergedrückt von der Welt wollten sie schon fast aufgeben. Sie schauten mich an, als ob sie sagen wollten: „Pastor, hast du heute ein gutes Wort für mich? Hat mir Gott zu diesem Durcheinander, in dem ich lebe, eine Hilfe oder Lösung anzubieten? Hast du Worte der Hoffnung und der Ermutigung, um mich aufzurichten?"

Nachdem ich diesen Zustand erkannt hatte und die Schlussfolgerungen daraus zog, begann ich über Bibeltexte zu predigen wie: „Meine Gnade genügt dir, denn meine Kraft kommt in Schwachheit zur Vollendung." (2 Kor 12,9a EB) Ich predigte immer noch über Sünde und Heiligkeit, über die Verlorenheit der Menschen und über das Gericht und schwächte diese Botschaft nicht ab. Ich sprach immer noch über Hingabe an Jesus und Selbstverleugnung, aber nicht ständig und nicht mehr auf dieselbe Art und Weise. Und vor jedem Sabbat stellte ich mir dieselben Fragen, um zu prüfen, wie hilfreich meine Predigten tatsächlich sein würden.

Zuvor hatte ich die Leute ermahnt, besser zu werden und noch mehr für den Herrn zu arbeiten. Jetzt sagte ich ihnen: „Es ist wunderbar, dem Herrn zu dienen. Er kennt deine Situation, und er wird dir Kraft geben, damit umzugehen." Immer wieder sagte ich den Gemeindegliedern, dass Gott sie liebt und wie wertvoll sie in seinen Augen sind. Das meine ich damit, vom Podium begeisternden Optimismus strahlen zu lassen. Betone das Positive!

Die Prinzipien, die ich erkannt habe und heute anwende, kann jeder anwenden. Ob als Pastor, Gemeindeleiter, Leiter eines Dienstes oder bloßer Helfer kannst du einen Unterschied bewirken, wenn du deinen Dienst begeistert, authentisch und relevant ausführst. Wende das beim Predigen und Lehren, in allen Diensten und in der Evangelisation an. Was auch immer du tust, tue alles mit Optimismus zur Ehre Gottes.

4. Diene mit Begeisterung. Das verbessert die Stimmung der Gemeindeglieder und ist ansteckend. Sei echt, aber begeistert! Ich habe von Pastoren wachsender Gemeinden gelernt: Geh aufrecht und zügig zum Sprecherpult. Das weckt in den Zuhörern positive Erwartungen. Oft sehe ich Pastoren zum Pult trotten, als ob sie sich davor fürchten. Wenn du Begeisterung erzeugen willst, musst du enthusiastisch sein und leidenschaftlich sprechen.

„Das kann ich nicht", magst du jetzt sagen. Dann sei so enthusiastisch, wie du kannst. Enthusiasmus kommt aus dem Wissen, dass Jesus uns liebt und seine Liebe ihn bis zum Kreuz führte, um für uns zu sterben. Leute lassen sich für Sport oder Geld, für die neue Mode oder Streitpunkte in Ausschusssitzungen begeistern. Wie viel mehr sollten wir von Jesus begeistert sein, der den Wert unseres Lebens durch die Größe seines eigenen Opfers bewies.

Phineas Bresee erklärte: „Wenn jemand seinen Enthusiasmus verliert, kann er sich genauso gut begraben lassen." Er wusste, dass ein Mangel an Begeisterung „eines der größten Hindernisse für das Werk Gottes ist." Weiter sagte er sogar, dass ein Mangel an Enthusiasmus „ein sicherer Beweis dafür ist, dass die himmlische Vision trübe geworden ist".[3] Einige betrachten Enthusiasmus als eine weltliche Emotion; tatsächlich ist das Gegenteil der Fall. Die zwei griechischen Worte, von denen wir den Begriff ableiten, bedeuten „in Gott". Jesus sagte: „Wer in mir bleibt und ich in ihm, der bringt viel Frucht." (Joh 15,5) Welche bessere Quelle für den Enthusiasmus gibt es als Jesus in dir? In Wahrheit ist Enthusiasmus einfach Glaube in Aktion. Er ist der logische Ausdruck des freudigen Wissens von Gottes guter Nachricht für diese Welt.

5. Setze Glaubensziele. Ein Ziel gibt Leuten etwas, worüber sie begeistert sein können, worauf sie hinarbeiten und worüber sie sich freuen können. Ein gutes Ziel wird einen besonderen Einsatz und Gottes Wirken erfordern. Es sollte zwar größer sein als die Möglichkeiten, die euch zurzeit zur Verfügung stehen, aber auch realistisch sein, sonst wird es die Gemeindeglieder entmutigen. Die meisten Gemeindeglieder möchten etwas Großes anstreben und lassen sich begeistern von der Möglichkeit, es zu erreichen.

---

[3] Zitiert bei Bill M. Sullivan, *Ten Steps to Breaking the 200 Barrier*, S. 73.

6. Richte die Gemeindearbeit geistlicher aus. Mach in deiner ganzen Kommunikation klar, dass die Rettung von Menschen und die Erneuerung des Lebens die Aufgabe der Gemeinde ist. Erinnere die Gemeindeglieder immer daran – ob vom Podium oder in Mitteilungsblättern, in Telefonaten oder im Gemeindeausschuss –, dass ihr nicht bloß Zahlen erhöht oder Gebäude baut – sondern Gottes Werk verrichtet. Jeder Dienst bedeutet, Menschen zu Jesus zu führen und einen Unterschied in ihrem Leben zu bewirken.

Wenn du die Mitteilungsblätter von begeisterten Gemeinden liest, wirst du entdecken, dass alles geistlich ausgerichtet ist. Sie treiben nicht einfach Geld auf oder bitten um Spenden – sie bitten die Mitglieder, Gott ein großes Geschenk zu machen. Sie errichten auch nicht einfach ein Gemeindehaus – sie bereiten einen Platz für Menschen, die als Ergebnis treuer Missionsarbeit gewonnen werden. Gemeindeleiter können sagen: „Du schuldest dem Herrn zehn Prozent deines Einkommens, und du solltest fünf weitere Prozent geben, damit wir damit versuchen können, einige Projekte umzusetzen." Aber die Mitglieder werden sich beschweren und protestieren, dass sie das nicht schaffen, weil sie zu viele eigene Rechnungen bezahlen müssen. Angenommen, der Gemeindeleiter sagt stattdessen: „Das Geben hat mit deiner Liebe und Treue zu Gott zu tun. Gott tut wunderbare Dinge in der Welt, und durch deine Gaben kannst du daran Anteil haben. Geben hat mit deiner Liebe zu Gott und den Prioritäten in deinem Leben zu tun. Wir tun ein großes Werk für Gott, und du bekommst die Möglichkeit, an diesem großartigen Dienst teilzuhaben. Du kannst in das Reich Gottes investieren." Die Mitglieder werden jetzt ganz anders reagieren und werden ihre Mittel in solch eine Vision investieren.

Als ich eine wachsende Adventgemeinde besuchte, traf ich einen Zahnarzt, der Gott, seine Gemeinde und seine Umwelt leidenschaftlich liebte. Ich fragte ihn nach seinem Dienst in der Gemeinde. Er erzählte mir, dass er für die Verstärkeranlage verantwortlich war. Dann sprach er begeistert von all den Sachen, die er macht, damit das Audiosystem gut funktioniert. „Ich komme mehrere Male pro Woche hierher in die Gemeinde, um die Ausrüstung zu überprüfen, sodass alles ordentlich funktioniert. Denn was hier

am Sabbatvormittag geschieht, ist eine Sache von Leben und Tod."
Er hielt kurz inne und sagte: „Nein, es ist eine Sache von *ewigem*
Leben oder *ewigem* Tod." Der Heilige Geist hatte die Augen dieses
Zahnarztes auf die ewige Bedeutung gelenkt, die sein Dienst am
Technikpult am Sabbatvormittag hat.

Ich bete, dass jeder von uns dies erkennen kann: Wir führen nicht
nur eine Gesprächsgruppe oder leiten die Pfadfindergruppe oder
verteilen Essen an Bedürftige, sondern wir können einen ewigen
Unterschied im Leben derer bewirken, denen wir dienen.

Paulus schrieb, dass wir „alles zu Gottes Ehre" tun sollen (1 Kor
10,31). Wenn du den Zweck von irgendetwas nicht damit verbinden kannst, die Ehre Gottes zu vermehren, dann solltest du es gar
nicht erst beginnen!

7. Feiert Siege und Erfolge. Das ist unerlässlich, um Begeisterung zu entfachen. Jedes Mal, wenn jemand, der den Gemeindegliedern bekannt ist, sein Leben Jesus übergibt, sollte es im Gottesdienst besonders erwähnt werden. Oder wenn jemand eine
besondere Gebetserhörung erlebt, dann berichte davon in einer
Gemeindeversammlung oder im Mitteilungsblatt. Die Mitglieder
müssen spüren, dass etwas in ihrer Gemeinde passiert – dass die
ganze Zeit etwas Wunderbares geschieht. Du musst das nicht auf-
bauschen – weise nur darauf hin, was Gott in eurer Mitte tut.

In den blühenden Adventgemeinden, die wir untersucht haben,
stellten wir folgendes fest: Sie feierten Taufen und Kindersegnun-
gen, großzügige Spenden und gesundes Wachstum, Siege und
Erfolge. Viele zeigen zum Jahresende sogar ein Video über all die
Taten Gottes in ihrer Mitte.

**8. Konzentriert euch auf die Bedürfnisse der Menschen in
eurer Umwelt und helft ihnen.** Ich bin sicher, dass die meisten
Gottesdienstbesucher beeindruckt wären, wenn sie erfahren würden, dass deine Gemeinde tatkräftig Menschen hilft, zum Beispiel,
indem ihr für Obdachlose Essen zubereitet, ihnen Kleidung gebt
oder ihnen in Problemen helft. Dabei sind Liebe, Annahme und
Vergebung entscheidend. Ihr braucht ihre Sünden nicht zu billigen,
aber ihr müsst diese Menschen lieben. Ihr müsst sie annehmen, wie
sie sind, und ihnen ihr Fehlverhalten verzeihen.

Wenn ihr euch darauf konzentriert, die Bedürfnisse der Leute zu erfüllen, werdet ihr folgendes entdecken: Sogar die Adventisten, die wollten, dass eure Gemeinde niemals etwas anderes macht, als das Evangelium zu verkündigen, werden beeindruckt sein, dass die Gemeinde bedürftigen Menschen hilft.

9. Plane herausragende Programme. Wir haben 52 Sabbatgottesdienste und vielleicht 45 Mittwochabendtreffen, wo wir fast dieselben Dinge mit denselben Mitgliedern tun – nur werden es mit der Zeit immer weniger. Das kann langweilig werden. Plane also einige herausragende Programme, bringe Abwechslung hinein und fordere die Gemeindeglieder auf, andere heranzuziehen, um etwas anders zu machen. Die Mitglieder meiner letzten Gemeinden sagten, dass nie zwei gleiche Gottesdienste stattgefunden haben. Nicht jeder kann mit Abwechslung umgehen, aber mach etwas, um bei den Mitgliedern eine gespannte Erwartung zu wecken.

Die Begeisterung kann auch gefördert werden, wenn man von Zeit zu Zeit renommierte Gastredner oder spezielle Sänger bzw. Musiker einlädt. Das vermittelt den Eindruck, dass etwas Besonderes und Wertvolles geschieht. Eure Mitgliederzahl muss vielleicht erst zunehmen, damit ihr solche Veranstaltungen in euer Programm einbauen könnt, aber ihr müsst es machen, um die Begeisterung in der Gemeinde zu erhalten.

10. Entwickle inspirierende Gottesdienste. Ihre Besucher sollten etwas spüren, auch wenn das nicht unbedingt eine emotionale Reaktion in Form eines sichtbaren Ausdrucks annimmt. Das muss natürlich zu deiner Persönlichkeit und zu der der Mitglieder passen. Es sollte auch innerhalb der Grenzen eurer Möglichkeiten stattfinden. Wenn du jemanden hast, der wunderbar singen kann und geistlich ist, großartig! Wenn nicht, nutze die diversen Stärken der Gemeindeglieder und mach etwas anderes.

Sicherlich kannst du einige der obigen Vorschläge anwenden, um dadurch die Begeisterung in deiner Gemeinde zu fördern. Es ist deines höchsten Einsatzes wert. Wenn die Gemeinde freudiger und positiver wird, werden mehr Menschen für den Herrn gewonnen werden. Nichts ist so begeisternd, als wenn man sieht, wie Leute zur Gemeinde kommen und sich für Jesus entscheiden.

Letztlich entsteht Begeisterung vor allem, wenn Menschen die Liebe und Gnade Gottes erkennen und erfahren und wenn durch sie auch andere sie erfahren. Wenn deine Gemeinde wirklich ein liebevoller und sicherer Ort ist, wird Begeisterung die Folge sein. Die Mitglieder werden freudig mitmachen, gern andere Menschen einladen und bereit sein, sich noch mehr in Dienste einzubringen.

Als wir die Unterschiede zwischen wachsenden und schrumpfenden Adventgemeinden studierten, stellten wir fest, dass die Mitglieder der letzteren neutral sind oder sich für ihre Gemeinde schämen. Im Gegensatz dazu sind die Mitglieder blühender Gemeinden stolz auf ihre Gottesdienste und die Gemeinschaft untereinander, schätzen ihren Pastor und gehen gern zur Sabbatschule und zum Gottesdienst. Letztlich sind sie stolz auf Jesus Christus, der durch seinen Geist Außergewöhnliches unter ihnen bewirkt.

Meine Begeisterung für ein neues Auto

Vor einigen Jahren brauchte meine Frau ein Auto. Eines Tages zogen wir los, um das perfekte Auto zu suchen, das nur ein Jahr alt war, weniger als 15 000 km gefahren war, jegliches Zubehör hatte und weniger als 5000 Dollar kostete. Nun, wir fanden dieses Auto natürlich nicht, aber wir entdeckten einen schönen Toyota Camry, der nur vier Jahre alt war und viel Zubehör hatte. Meiner Frau gefiel der Wagen, und so fragte ich den Händler nach dem Preis.

„Dieses Auto ist ein Schnäppchen", sagte er. „Es ist nur vier Jahre alt, hat wenig mehr als 150 000 km gefahren, aber meistens Kilometer auf den Highways. Ich verkaufe es Ihnen unter dem Fahrzeugwert – für nur 9998 Dollar."

„Vielen Dank, aber ich habe keine 10 000 Dollar", antwortete ich ihm. „Wir haben nur etwas mehr als 4000 Dollar." Er bot uns eine Finanzierung an, aber wir sagten ihm, dass wir bei jedem Kauf nur bar bezahlen.

Als wir hinausgingen, rief er uns zurück und bat uns zu warten; er wollte noch mit dem Geschäftsführer reden. Etwa 20 Minuten später kam er zurück und rief: „Mein Chef muss verrückt sein. Er ist bereit, das Fahrzeug für 8000 Dollar zu verkaufen."

„Wir haben keine 8000 Dollar – nur 4000."

„Herr Kidder, ich kann Ihnen dieses Auto nicht für 4000 Dollar verkaufen. Es ist mehr als 10 000 Dollar wert. Aber ich werde den Chef noch einmal fragen und schauen, was wir tun können."

20 Minuten später kehrte er zurück. „Der Boss muss Sie lieben. Er ist bereit, Ihnen das Auto für 7000 Dollar zu verkaufen."

Wieder sagte ich ihm, dass wir nur 4000 Dollar hätten. Das ging von 11 bis 19 Uhr so hin und her. Kurz nach 19 Uhr fuhr ich den Wagen vom Hof, nachdem ich rund 5000 Dollar bezahlt hatte.

Ich kann dir kaum sagen, wie begeistert ich war. Ich hatte ein großartiges Geschäft gemacht und erzählte die Geschichte jedem, den ich kannte, teilte sie der Sabbatschulgruppe mit und baute sogar eine Predigt um diese Erfahrung. Tatsächlich berichtete ich diese Geschichte so oft, dass ich bemerkte, wie Leute mich mieden. Sie wussten, dass ein Gespräch mit mir bedeutete, wieder etwas von unserem neuen Auto zu hören.

Wenn ein Geschäft über 5000 Dollar mich so begeisterte, sodass ich es hundertmal wiederholte, wie viel mehr dann die Freude auf das ewige Leben! Am Kreuz auf Golgatha gab uns Jesus den Gewinn eines Lebens. Er erfüllt uns mit Freude, Sinn und Hoffnung, und er gibt uns die Ewigkeit noch oben drauf.

Wenn wir erkennen, was Jesus für uns getan hat, werden wir unser Leben auf ihn ausrichten und der Welt seine Geschichte erzählen – mit all dem Eifer und dem Enthusiasmus, den wir besitzen.

Kapitel 9

Der effektivste Missionar heutzutage

Meine Seminare über Gemeindewachstum und Evangelisation beginne ich oft mit der Frage, wer wohl der effektivste adventistische Evangelist in der Welt ist. Ich bekomme immer dieselben vorhersehbaren Antworten: Mark Finley, Doug Batchelor, Dwight Nelson, Alejandro Bullòn usw. Wenn ich dann frage, wie Menschen zu Jesus und in die Adventgemeinde kommen, erhalte ich gewöhnlich ganz verschiedene Antworten. Ich zeige den Anwesenden auf der Leinwand eine Liste von Methoden und lasse sie vermuten, wie hoch der Prozentanteil der Gemeindeglieder ist, die als Folge jeder der folgenden Methoden in die Adventgemeinde gekommen sind:

- bestimmte Bedürfnisse (wie Krankheit, Scheidung, Einsamkeit, Arbeitsverlust usw.)
- von-Tür-zu-Tür-Besuche
- öffentliche Evangelisationsveranstaltungen
- Gemeindeprogramme (Gesundheitsseminare, Kinderferienbibelschule, Pfadfindergruppe usw.)
- Sabbatschule und Gottesdienst
- Besuche und Unterricht durch den Pastor
- einfach in die Adventgemeinde hereinspazieren (Menschen, die nebenan leben und uneingeladen hereinkommen).

Viele Gemeindeglieder meinen, dass bis zu 90 Prozent der Menschen aufgrund ihrer gespürten Bedürfnisse in die Adventgemeinden gekommen sind; andere, dass Besuche von-Tür-zu-Tür über 50 Prozent bringen, weitere glauben, dass öffentliche Evangelisationen 50 bis 90 Prozent schaffen, wieder andere meinen, dass der Pastor 50 Prozent der Glieder in die Gemeinde bringt.

Wer ist denn nun der effektivste Evangelist oder Missionar heute? Die Untersuchungsergebnisse könnten euch überraschen.

Im Herbst 2004 wurde eine Umfrage unter den im Gottesdienst anwesenden Mitgliedern in einer Auswahl von Adventgemeinden der Nordamerikanischen Division durchgeführt. Der Zweck dieser Umfrage war, ihre Praktiken bezüglich der persönlichen Andacht und missionarischen Aktivitäten kennenzulernen. Wie engagieren sich Adventisten in der Mission und Evangelisation? Die 1689 Befragten sagten uns das. Die Schlüsselergebnisse dieser Umfrage werde ich in diesem und den folgenden Kapiteln nennen.

Wir müssen die Informationen, die uns diese 1689 Adventisten gegeben haben, beachten, denn wenn wir verstehen, was tatsächlich auf dem Gebiet der Mission geschieht und warum, können wir die Gemeindearbeit verbessern und auch die Art und Weise, wie wir Menschen mit dem Evangelium zu erreichen versuchen.

Die Demografie der Befragten

Zunächst ein Blick auf die Zusammensetzung der Befragten. 57 Prozent von ihnen waren weiblich – ziemlich typisch für Adventgemeinden. Die Auswahl bestand hauptsächlich aus Langzeitadventisten: 61 Prozent waren seit mehr als 20 Jahren Mitglied und weitere 15 Prozent zwischen 11 und 20 Jahren in der Gemeinde; nur 4 Prozent waren seit weniger als einem Jahr Adventisten. Aber nicht nur das, sondern 60 Prozent waren auch mit mindestens einem adventistischen Elternteil aufgewachsen. Diese Daten weisen offenbar auf zwei Dinge hin: der Einfluss von persönlichen Beziehungen bringt Menschen in die Adventgemeinden, und wir gewinnen nicht viele neue Mitglieder, die keinen adventistischen Hintergrund haben oder von außerhalb unserer Glaubensgemeinschaft kommen.

Die Daten verweisen zudem auf eine alternde Gemeinde. Mehr als 60 Prozent waren älter als 45 Jahre, 22 Prozent waren älter als 65 (in vielen Gemeinden ist ihr Anteil höher); nur 9 Prozent waren unter 25. Solche Daten zeigen die Notwendigkeit, viel gezielter junge Menschen zu erreichen und sie in der Gemeinde zu halten.

Wodurch Menschen der Gemeinde beigetreten sind

Ein Thema von besonderem Interesse in der Umfrage von 2004 war die Frage nach der relativen Stärke von neun Faktoren, welche die befragten Personen beeinflusst haben, um der Adventgemeinde beizutreten. Dabei waren Mehrfachnennungen möglich. Wir haben den Prozentanteil derjenigen, die bei einem Punkt „ziemlich viel Einfluss" und „sehr großen Einfluss" berichtet haben, zusammengefasst. Die einzigen signifikanten neuen Punkte, die in der Kategorie „andere Faktoren" auftauchen, waren eine adventistische Schulausbildung und adventistische Lehrer (also Faktoren, die speziell die Situation in Nordamerika betreffen). Hier die Ergebnisse

In einer adventistischen Familie aufgewachsen	59 %
ein Verwandter, ein Freund oder Bekannter	58 %
Bücher, Zeitschriften oder andere Materialien	49 %
Öffentliche Evangelisationsveranstaltungen	36 %
Bibelstunden/Bibelstudienkreise zu Hause	34 %
Besuche eines Pastors	20 %
Fernseh- oder Radioprogramme	20 %
Bibelfernkurse	19 %
Material aus dem Internet	7 %
andere Faktoren (vor allem adventistische Schulen)	22 %

Zurück zu meinen Seminaren. Wie bereits erwähnt, zeige ich auf der Leinwand eine Liste mit verschiedenen Methoden, die benutzt werden, um Menschen zu erreichen. Die Zuhörer äußern völlig verschiedene Vermutungen über die Effektivität der einzelnen Methoden. Wenn ich ihnen dann die Ergebnisse unserer Studie zeige, sind manche geschockt.

Die meisten stellen die Befunde infrage. Gewöhnlich höre ich einige Proteste: „Das kann nicht wahr sein. Durch gespürte Bedürfnisse kommen die Menschen in die Gemeinde." Andere sagen: „Nein, durch öffentliche Evangelisationen nehmen sie Jesus an." Eine weitere Gruppe glaubt, dass der Pastor und Gemeindeprogramme einen viel größeren Einfluss haben müssten.

Aber vielleicht ist ihre Gemeinde eine Ausnahme. Um sicher zu gehen, gehe ich der Reihe nach die Liste durch und bitte die Anwesenden aufzustehen, wenn ich den bedeutendsten Einfluss nenne, der zu ihrer Bekehrung zu Jesus bzw. zur Taufe in der Adventgemeinde geführt hat. Ob die Gruppe klein, mittelgroß oder sehr groß ist, ob das Seminar in einer großen oder kleinen Gemeinde stattfindet, und ob die auf dem Land, in einer Vorstadt oder einer Großstadt liegt – ich bekomme immer ähnliche Ergebnisse.
Hier sind sie:

bestimmte Bedürfnisse	2–5 %
Tür-zu-Tür-Besuche	2–5 %
Evangelisationsveranstaltungen	2–5 %
Gemeindeprogramme	2–5 %
Sabbatschule und Gottesdienst	2–5 %
Besuch/Unterricht durch den Pastor	2–5 %
einfach in die Gemeinde hereinspaziert	1–2 %

Dann frage ich nach dem Einfluss von Verwandten, Freunden und Bekannten:	70 bis 95 %

Da kommt für die Gemeindeglieder der Aha-Moment. Sie beginnen zu sagen: „Ja, meine Mutter hatte den größten Einfluss auf meine religiöse Erfahrung", oder: „Mein Nachbar nahm mich mit zur Sabbatschule, als ich ein kleines Mädchen war." Eine andere Person erzählt: „Meine Oma war eine Adventistin, und sie hat viele Jahre für mich gebetet. Letztendlich beschloss ich, Jesus ernst zu nehmen." Jemand anderes erinnert sich, dass es eine Arbeitskollegin war, die sie vor vielen Jahren in die Gemeinde eingeladen hatte.
Den Wert, den ich für den Einfluss von Müttern oder Vätern, Verwandten oder Freunden, Nachbarn oder Arbeitskollegen zusammengefasst bekomme, liegt gewöhnlich zwischen 70 und 95 Prozent. Dann komme ich zurück auf meine Eingangsfrage: „Wer ist der effektivste Evangelist oder Missionar heute?" Jetzt ist die Antwort einstimmig. Es wird sowohl aus der offiziellen Untersuchung als auch aus den formlosen Daten, die in solchen Gruppen gesam-

melt wurden, deutlich, dass der effektivste Missionar heutzutage derjenige ist, der persönliches Interesse an jemandem hat und Jesus in einer ganzheitlichen und attraktiven Weise bezeugt.

Nochmals wiederhole ich meine Frage: „Wer ist der effektivste Missionar heutzutage?" Nun bekomme ich die einhellige Antwort: „*Ich* selbst bin der effektivste Missionar."

Die adventistischen Studien stimmen mit allen ähnlichen Untersuchungen in anderen Kirchen überein. Win Arn[1] und Thom Rainer[2] sind sich einig, dass Freundschaft Gottes bevorzugtes Mittel ist, um Menschen zu erreichen. Und die Auswirkungen sind in ihrer Reichweite universal. Ich reise durch die ganze Welt und bilde Pastoren und Gemeindeglieder in Evangelisation und in Gemeindewachstum aus. Ob ich in Nord-, Zentral- oder Südamerika, in Europa oder Australien, in Asien oder Afrika frage – die Ergebnisse sind ziemlich dieselben. Die meisten Gemeindeglieder haben durch den Einfluss eines Netzwerkes von Beziehungen und Freundschaften zu Jesus und in eine Adventgemeinde gefunden.

Der absolut effektivste Weg, Menschen mit dem Evangelium zu erreichen, besteht im persönlichen Einfluss. Was macht also Gott? Wie erreicht er zum Beispiel Polizisten? Indem er Missionare als Polizisten verkleidet, ihnen die nötigen Gaben, die Begeisterung und die Legitimation gibt, und ihnen eine Polizeistation zuweist. Dasselbe gilt für Bauarbeiter: Gott erreicht sie, indem er Missionare als Bauarbeiter verkleidet, ihnen die nötigen Fähigkeiten, die Begeisterung und die Körperkraft verleiht und sie zur Arbeit auf Baustellen in der ganzen Stadt und Umgebung einsetzt.

Gottes Missionare sind überall: in Klassenzimmern und Kliniken, in Fabrikhallen und Geschäften, hinter Schreibtischen und vor Studenten. *Alle* Christen sind Botschafter Christi und geben das Evangelium weiter. *Wir* sind die effektivsten Missionare.

---

[1] Win Arn und W. Charles Arn, *The Master's Plan for Making Disciples*, Church Growth Press, Pasadena (Kalifornien) 1982, S. 43. Siehe auch: W. Charles Arn, *How to Reach the Unchurched Families in Your Community*, Church Growth Press, Monrovia (Kalifornien, ohne Jahr).

[2] Thom S. Rainer, *Surprising Insights From the Unchurched and Proven Ways to Reach Them*, Zondervan, Grand Rapids 2002, S. 73.

In jeder Großstadt, jeder Kleinstadt und auf dem Land sind Missionare zu finden, die unterschiedlich geschaffen und begabt sind – in jedem Beruf und jedem Geschäft und in jeder Firma. Gott hat seine Kinder überall verstreut – wie Salz aus einem Salzstreuer. Jesus sagte, dass *wir* das „Salz der Erde" sind (Mt 5,13). Er salzt die Erde mit seinen Nachfolgern, indem er ihnen Gaben und Kraft gibt, die sie befähigen, ihre Familienangehörigen, Freunde, Nachbarn oder Arbeitskollegen zu beeinflussen.

Wie man Menschen für Jesus gewinnen kann

Hier ist eine einfache und praktische 10-Schritte Strategie, die dir zeigt, wie du Menschen für Christus gewinnen kannst.

1. Baue gezielt jedes Jahr mit fünf Personen Beziehungen auf. Es sollten Personen aus deinem Kreis regelmäßiger Kontakte sein, also weit besser als ein Verwandter, der weit weg wohnt, sind ein Verwandter, Freund, Arbeitskollege oder Nachbar in der Nähe.

2. Bete für sie jeden Tag und bitte Gott, in ihr Leben einzugreifen und sie zu ihm zu ziehen. Bitte den Herrn, in deiner Fürbitte für sie treu zu bleiben und ihnen die gute Nachricht der Erlösung durch Christus erzählen zu können.

3. Kümmere dich um ihre Bedürfnisse, die sie spüren: körperliche, soziale, emotionale. Nimm dir die Zeit, ihnen ein/e echte/r Freund/in zu sein. Sie sollen sich geliebt und wertvoll fühlen.

4. Teile ihnen deine Werte mit – warum du bestimmte Dinge tust und warum andere nicht –, aber verbinde das immer mit dem Glauben an Jesus. Hilf ihnen zu erkennen, dass der christliche Glaube nicht aus einer Reihe von Ge- und Verboten besteht, sondern aus der Freundschaft mit einem wunderbaren Erlöser.

5. Gib ihnen zur passenden Zeit dein Zeugnis. Erzähle ihnen, wie du zu Jesus gefunden hast, in welcher Weise er dein Leben verändert hat und was er dir bedeutet. Es gibt sicher keinen überzeugenderen Beweis als dein verändertes Leben.

6. Erzähle ihnen von Jesus. Erzähle ihnen seine Geschichte und weshalb er die Hoffnung der Welt ist und der einzige Weg zu Gott. Präsentiere ihnen auf einfache Weise das Evangelium.

7. Lade die Person bei einer passenden Gelegenheit in deine Adventgemeinde ein: zu einem Konzert, zu einer bestimmten Veranstaltung wie an Weihnachten oder zu Ostern, zu einem Evangelisationsvortrag oder einem speziellen Gottesdienst. Sehr hilfreich wäre es, wenn sie vorher Mitglied eines Hausbibelkreises geworden wäre (es wäre großartig, einen bei dir oder ihr zu Hause zu starten). Das würde ihr die Gelegenheit geben, zuerst noch andere Adventisten kennenzulernen (die sollten jedoch geistlich gesinnt und authentisch sein) und in die Bibel zu schnuppern.

8. Studiere mit dieser Person den Erlösungsplan und die biblischen Lehren systematisch (sofern nicht der Bibelkreis diese Aufgabe leistet), damit sie den christlichen Glauben verstehen lernt, Jesus als ihren Erlöser und Herrn annimmt und schließlich erfährt, was es beinhaltet, ein Siebenten-Tags-Adventist zu sein.

9. Betreue den neu bekehrten Gläubigen wie ein Kind. Unterrichte ihn; hilf ihm, im christlichen Glauben und den christlichen Praktiken zu wachsen. Werde sein Pastor (= Hirte) und Ermutiger.

10. Bring dem Neubekehrten bei, wie er andere Menschen erreichen kann. Vervielfältigung ist entscheidend für das Werk Gottes.

Eines Tages wirst du auf den Straßen im neuen Jerusalem den treffen, der dir sagt: „Du hast mir von Jesus erzählt. Nun bin ich auch hier." Das ist alle Investitionen wert, die du in Menschen gemacht hast.

Ein Beispiel für den Einfluss von Beziehungen

Judy, eine alleinerziehende Mutter Mitte 20, besuchte mit ihrer fünf Jahre alten Tochter auf Einladung eines Gemeindegliedes eine evangelistische Veranstaltung in meiner Adventgemeinde. Die junge Frau war begierig, mehr zu lernen, und hinterfragte alles. Sie war als Baptistin aufgewachsen, hatte jedoch ihre Kirche mit 18 Jahren verlassen und wurde in Drogen, Trinkgelage und wilde Partys hineingezogen. Ein einziger Beischlaf ließ sie schwanger werden. Die Schwangerschaft weckte sie auf. Obwohl sie begann, daran zu arbeiten, ihr Leben zu verbessern, hatte sie nicht viel Erfolg dabei und fiel immer wieder in ihre alte Lebensweise zurück.

Als Judy in unsere Gegend umzog, wohnte sie neben Donna, einer authentischen Adventistin aus dieser Gemeinde. Donna nahm sich Zeit, eine Beziehung zu Judy aufzubauen, und unternahm besondere Anstrengungen, um ihre Bedürfnisse zu erfüllen. Zum Beispiel verbrachte Donna viele Stunden damit, Judy zuzuhören und alles zu tun, was sie konnte, um ihr zu helfen, von ihrer periodischen Depression loszukommen.

Unsere Gemeinde veranstaltete jeden Winter eine Evangelisationsreihe. Diesen Winter machte Judy eine sehr schwierige Zeit durch. Donna lud sie ein. Dort lernte sie zum ersten Mal, wie wertvoll sie aus der Sicht Gottes war. Sie erfuhr die Gegenwart Gottes, und schließlich bat sie um dessen Vergebung und Kraft. Die Macht seiner Liebe verwandelte sie. Sie stellte mir viele Fragen, um alles, was sie konnte, über Jesus zu lernen. Mehrmals stand Judy nach ihrer Taufe vielen Herausforderungen ihres neu gefundenen Glaubens gegenüber, aber die Freundschaft zu Donna und zu anderen, neuen Bekannten aus der Gemeinde ließ sie stark bleiben und geistlich wachsen.

Ihre Geschichte veranschaulicht die Kombination von persönlicher und öffentlicher Evangelisation. Hier sehen wir die Bedeutung von Beziehungen und die Wichtigkeit, sie weiterzuverfolgen. Judy hatte keine dramatische Bekehrungserfahrung wie manch andere, aber sie war nach einer längeren Pflege der Beziehung einer Einladung zur Evangelisation gefolgt. Durch einen sorgfältigen Prozess wurde sie in die Nachfolge Christi eingeführt, die ihre geistlichen, sozialen und emotionalen Bedürfnisse erfüllte.

Als Pastor besuchte ich die Menschen, die ich getauft hatte, immer am Tag nach ihrer Taufe, um sie zu ermutigen und ihnen eine Vision für die Mission und den Dienst zu vermitteln. Judy arbeitete als Leiterin eines Lebensmittelladens, als ich vorbeikam. Wir gingen durch den Laden und schließlich sagte ich zu ihr: „Lass uns beten und diesen Lebensmittelladen als deinen Ort zum Dienst weihen." Als ich gehen wollte, bemerkte ich, dass eine der Kassiererinnen Judy sehr gut zu kennen schien. Ich teilte Judy meinen Eindruck mit.

„Das ist Mary-Lin, eine gute Freundin von mir", erklärte sie.

„Jesus hat einen Auftrag für dich, um Mary-Lin für ihn zu gewinnen", sagte ich zu ihr. „Bete für sie. Setze deine Freundschaft mit ihr fort. Erweise ihr Liebe."

Und genau das tat Judy auch. Sie betete für sie und schuf eine engere Freundschaft zu ihr. Als erstes lud sie Mary-Lin am Freitagabend zum Abendessen in ihr Haus ein. Judy brannte für Gott. Ihre Begeisterung und ihr verändertes Leben führten Mary-Lin zu Jesus. Die zwei Frauen studierten jeden Freitagabend die Bibel miteinander. Einige Monate später stand Mary-Lin im Wasser des Taufbeckens der Adventgemeinde und gab ein bewegendes Zeugnis, wie ihre Freundschaft mit Judy einen mächtigen Eindruck auf sie gemacht und sie zu Jesus gebracht hatte. Es hatte sich wieder der machtvolle Einfluss von Beziehungen erwiesen!

Du kannst eine Donna für eine andere Person in deinem Umfeld sein. Vielmehr kannst *du* der effektivste Missionar in deiner Welt sein! Gibt es irgendeinen Grund, heute nicht damit zu beginnen?

Ich bete, dass der Glaube, der uns miteinander verbindet,
in dir weiter wächst und du immer mehr erkennst, wie reich
uns Jesus Christus beschenkt hat. (Phlm 6 Hfa)

Neue Adventisten in die Gemeinde integrieren

Ein neuer Nachfolger Christi hat gerade die radikalste Veränderung in seiner Orientierung im Leben, im sozialen Umfeld und in seinen Entscheidungen und Gewohnheiten erfahren. Neue Siebenten-Tags-Adventisten haben ihren wöchentlichen Kalender umgestellt, ihren Speiseplan verändert, sich einen anderen Lebensstil zugelegt und andere wichtige Anpassungen vorgenommen. Solche unerfahrenen Mitglieder brauchen jetzt eine Betreuung, die weit über das Reichen eines Badetuches, um sich nach ihrer Taufe abzutrocknen, hinausreicht. Sie müssen gefördert und geschult werden, von ihrer neuen Gemeindefamilie akzeptiert und in sie integriert werden, Hilfe in Problemen erhalten und Schutz angeboten bekommen vor Angriffen von Familienangehörigen und alten Freunden.

Die folgenden vier Kategorien beschreiben die wesentlichen Bedürfnisse eines neuen Gemeindegliedes:

- Sein neuer Glaube muss gestärkt werden.
- Neue Freundschaften müssen aufgebaut werden.
- Er möchte sich in der neuen Gemeinschaft wohlfühlen.
- Eine Aufgabe muss für ihn gefunden werden, um in einem Dienst als Teil des Gemeindelebens mitzuwirken.[3]

Den neuen Glauben stärken. Der Glaube entwickelt sich, wenn der Weg mit Jesus weitergegangen wird und wenn der Neubekehrte zur neuen Gemeindefamilie Vertrauen findet. Der Glaube wächst als Ergebnis einer persönlichen Erfahrung am besten im Kontext einer gläubigen Gemeinschaft. Daher kannst du den Glauben des neuen Gemeindegliedes fördern, indem du von deinen eigenen Erfahrungen mit Gott erzählst, ein Vorbild für das christlich-adventistische Leben bietest und ihm hilfst zu lernen, sich geistlich durch Gebet und Bibelstudium zu ernähren.

Neue Freundschaften aufbauen. Unterschätze diesen wichtigen Schritt nicht; es ist eine kritische Komponente der Nachfolge. Tatsächlich hat die Anzahl der Freunde, die eine Person in der Gemeinde hat, einen direkten Zusammenhang mit der Wahrschein-

---

[3] Ich habe einige dieser Konzepte aus Ben Maxson, „Helping Converts Become Disciples", *Southern Tidings*, Februar 1987, S. 21, entnommen.

lichkeit, dass sie ein Mitglied dieser Gemeinschaft bleiben wird. Dies bietet eine enorme Möglichkeit für Gemeindeglieder, die sich nicht wohl dabei fühlen, formelle Bibelstunden zu geben: Sie können neuen Mitgliedern dienen, indem sie Freundschaften mit ihnen schließen. Die entwickeln sich einfach, wenn wir uns Zeit nehmen, dem anderen zuzuhören und etwas mit ihm gemeinsam unternehmen. Neue Mitglieder zum Essen, auf einen Spaziergang oder zu einer sozialen Aktivität mit anderen einzuladen sind einige von vielen Wegen, auf denen du neue Freundschaften aufbauen kannst.

Gemeinschaft anbieten. Die weltlichen Definitionen von Gemeinschaft sind eine freundliche Gesellschaft von Menschen, die gleiche Interessen teilen; eine Gruppe, die auf ein gemeinsames Ziel hinarbeitet; oder ein Gefühl von Freundschaft, Bezogenheit oder Verbindung zwischen Menschen. Im christlichen Sinn kann Gemeinschaft als die Atmosphäre in der Sabbatschule, im Gottesdienst, beim Potluck und auf Versammlungen beschrieben werden.

Ein Mitglied kann Freunde in der Gemeinde haben, aber ist es ihr oder ihm auch angenehm, zu einer Versammlung vieler Adventisten zu gehen? Haben neue Mitglieder das Gefühl, zu uns zu passen? Haben sie etwas mit uns gemeinsam?

Neue Mitglieder einzuladen, Teil eines Hauskreises oder einer Gruppe zu sein, die sich auf das geistliche Wachstum oder einen Dienst (oder beides) konzentriert, ist ein weiterer Weg, um ihnen zu helfen, ein Teil des Gemeindelebens zu werden und sich in der Gemeinschaft anderer Adventisten wohlzufühlen.

Einen Platz für den Dienst finden. Das Gefühl, von ihrer Gemeinde gebraucht zu werden, wird neuen Gemeindegliedern sehr helfen, sich dazugehörig zu fühlen. Unterstütze sie, einen Dienstbereich zu finden, der zu ihrer Persönlichkeit und ihren geistlichen Gaben passt. Achte darauf, dass sie die nötige Anleitung bekommen, um im Dienst erfolgreich und zufrieden zu sein. Wenn du das tust, machst du die neuen Mitglieder zu Jüngern, erfüllst die Bedürfnisse der Gemeinde und führst den Missionsauftrag aus. Du kannst Neubekehrten helfen, fruchtbringende Nachfolger Christi zu werden.

Kapitel 10

Kettenreaktion durch Oikos-Evangelisation

Es war der Sommer, in dem ich gerade meine Predigerausbildung an einem College abgeschlossen hatte. Nun sollte ich als zweiter Pastor einer großen Gemeinde in Spokane im US-Bundesstaat Washington arbeiten. In jenem Sommer kam Jane, eine Adventistin aus Kalifornien, nach Spokane, um ihre Schwester Laura zu besuchen. Jane wollte die Kinder ihrer Schwester zu der Ferienbibelschule mitbringen, die wir veranstalteten, aber das klappte nicht. Kurz bevor sie nach Kalifornien zurückkehrte, bat sie mich jedoch, ihre Schwester Laura zu besuchen, denn sie hatte den Eindruck, dass die für das Evangelium offen war.

Ich besuchte also Laura und nahm Sally, ein örtliches Gemeindeglied, mit, um kein Gerede aufkommen zu lassen. Tatsächlich stellte sich heraus, dass Laura die ideale Suchende war, denn überraschenderweise ergab sich die Gelegenheit für *zwei* Bibelstunden. Oben im Haus studierte Sally mit Laura und deren Tochter Kim, währenddessen ich mit Lauras ältester Tochter Sue und deren Ehemann Gary unten im Wohnzimmer über die Bibel sprach.

Laura und Kim wurden nach weniger als zwei Monaten getauft. Während Sally die Bibel mit ihnen studiert hatte, begann Laura ihrem Sohn Charles von Jesus zu erzählen. Er war ebenfalls sehr interessiert und wurde ungefähr einen Monat nach ihr getauft.

Später gründete Laura einen Hausbibelkreis, zu dem sie ihre Nachbarin Dee einlud. Nach einigen Treffen brachte Dee ihren Ehemann Ken mit; eine oder zwei Wochen später fragte sie ihren Nachbarn Terry, ob er auch teilnehmen wollte. Dee, Ken und Terry wurden ungefähr sechs Monate später als Laura getauft.

Währenddessen luden deren Tochter Sue und ihr Ehemann Gary ihre engen Freunde Terri und Edgar zu den Bibelstunden ein, die ich hielt. Alle vier wurden ungefähr ein Jahr später getauft.

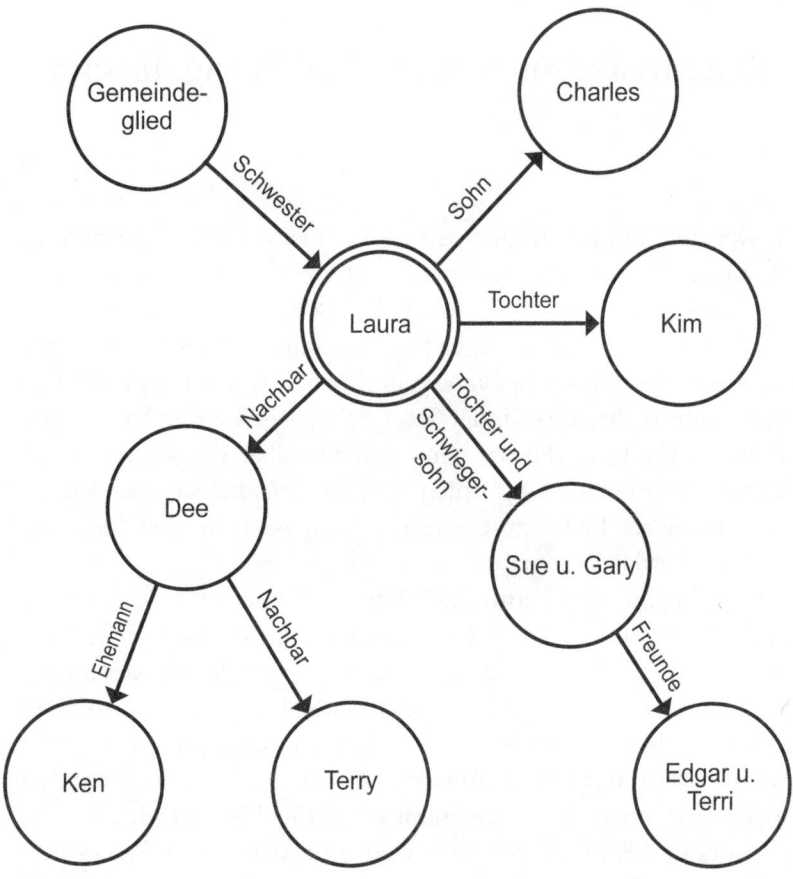

Gemeindeglied Schwester, Sohn, Tochter, Schwiegersohn, Nachbar/in, Freunde, Laura, Kim, Sue, Gary, Charles, Dee, Ken, Terry, Edgar und Terri – Zehn lebendige Zeugnisse für den Einfluss von Beziehungen.

Erfahrungen und Untersuchungen zeigen, dass der effektivste Weg, um Menschen mit dem Evangelium zu erreichen, ein natürliches Netzwerk von Beziehungen und der Einfluss der Familie ist.

Das Neue Testament benutzt das griechische Wort *oikos*, um dies zu zeigen. *Oikos* bedeutet übersetzt „Haus", „Haushalt", aber auch „Hausgemeinschaft". Es wird also benutzt, um ein Netzwerk von Beziehungen zu beschreiben.[1]

Durch die *Oikos*-Evangelisation Lauras, die in einem Netzwerk bestehender Beziehungen andere zur Beschäftigung mit der Bibel einlud, nahmen allerlei Menschen Jesus als Erlöser an und kamen in die Adventgemeinde. Und wer weiß, wie es weitergeht!

Der Einfluss bestehender Beziehungen und die Zeit, die man ohnehin miteinander verbringt, ermöglicht es Christen, ihren Glauben ihren Kindern und Familienangehörigen, Freunden und Nachbarn, Arbeitskollegen und Bekannten glaubwürdig zu bezeugen.

Stell dir vor, was passieren könnte, wenn du anfängst, deinen Glauben den Personen zu bezeugen, die du in deiner Familie und deinem Freundeskreis kennst. Das Leben vieler Menschen könnte positiv beeinflusst werden, wenn wir das Abenteuer des Zeugnisgebens eingehen. Stell dir deine Familienangehörigen im ewigen Reich Gottes vor, wie sie Jesus anbeten, weil du ein konsequentes Glaubensleben geführt hast. Stell dir deine Eltern mit dir im neuen Jerusalem vor. Oder stell dir vor, wie dein Freund oder deine Freundin dort zu dir kommt und sagt: „Wegen dir bin ich hier!"

Biblische Beispiele für das Oikos-Prinzip

Was mit Laura und deren Kindern geschah, ist das biblische Modell, das Evangelium zu verbreiten. Das Neue Testament enthält allerlei Geschichten von Menschen, die ihre Verwandten zu Jesus führten. Gleich zu Beginn des Johannesevangeliums lesen wir, wie Andreas, einer der ersten Jünger von Jesus, seinen Bruder Petrus mitbrachte, damit der Jesus kennenlerne. Dann wird von Philippus berichtet, wie er seinen Freund Nathanael fand und ihn aufforderte, sich selbst ein Bild von Jesus zu machen; das führte dazu, dass auch Nathanael ein Jünger wurde (vgl. Joh 1,40–49).

---

[1] Jürgen Goetzmann, Artikel „Oikos", *The New International Dictonary of New Testament Theology*, Colin Brown, Hg., Zondervan, Grand Rapids (Michigan) 1981, Bd. 2, S. 250.

Lesen wir, wie Johannes die Geschichte von Andreas und Philippus berichtet hat: „Sofort suchte [Andreas] seinen Bruder Simon auf und erzählte ihm: ‚Wir haben den Messias gefunden' ... Philippus machte sich auf die Suche nach Nathanael und erzählte ihm: ‚Wir haben den gefunden, von dem Mose und die Propheten geschrieben haben! Es ist Jesus, der Sohn von Josef aus Nazareth.'" (V. 41.45 NLB)

Ähnliche Berichte finden wir in der Apostelgeschichte. Als Gott Paulus und Silas aus dem Gefängnis in Philippi befreit hatte, verkündeten sie das Evangelium dem Gefängnisaufseher und dessen ganzer Hausgemeinschaft. Das Ergebnis war: Er „ließ sich mit allen, die zu ihm gehörten, taufen. Dann führte er sie hinauf in sein Haus und bewirtete sie. Er freute sich zusammen mit allen, die bei ihm lebten, dass sie zum Glauben an Gott gefunden hatten. (Apg 16,33b–34 Hfa) Der Gefängnisaufseher erfuhr etwas von Paulus, das ihn veranlasste, es auch seinen Angehörigen mitzuteilen.

Das Evangelium ist so eine wundervolle Nachricht, dass wir uns gedrängt fühlen, sie anderen zu erzählen. Wenn wir beginnen, die Freude der Erlösung zu erleben, und verstehen, dass es letztlich um ewiges Leben oder ewigen Tod geht, ist unsere natürliche Neigung, diese Botschaft unseren Mitmenschen zu erzählen.

Auch Jesus benutzte das Oikos-Prinzip. Nachdem er einen Besessenen geheilt hatte, sagte er zu ihm: „Geh nach Hause zu deiner Familie und berichte, welch großes Wunder der Herr an dir getan hat und wie barmherzig er zu dir gewesen ist!" (Mk 5,19 Hfa) Jesus wusste, dass das glaubhafteste Zeugnis ein verändertes Leben ist. Und das Ergebnis war überwältigend: In dem Gebiet wollten bald Tausende Jesus hören (vgl. Mk 5,1; 7,31; 8,1.9).

Eines Tages forderte Jesus den Zöllner Levi (Matthäus) auf, ihm nachzufolgen, was Levi sofort tat. Nun kommt das Interessante: Später bat Levi Jesus, in seinem Haus mit ihm zu essen, und dazu lud Levi auch viele ehemalige Zöllnerkollegen ein, damit sie Jesus kennenlernten. Das Ergebnis war, dass am Ende viele von ihnen ebenfalls Jesus nachfolgten (vgl. Mk 2,14–15). Und als Jesus den Sohn eines königlichen Beamten geheilt hatte, glaubte auch dessen ganze Hausgemeinschaft an ihn (vgl. Joh 4,52–53).

Warum ist das Oikos-Prinzip so effektiv?

Das Oikos-Prinzip – den Glauben an Christus im Rahmen bestehender Beziehungen zu bezeugen – hat solch eine Wirkung, weil es natürlich ist. Es funktioniert, wenn zwei Voraussetzungen gegeben sind. 1. Wenn wir Jesus angenommen haben und die Erlösung erleben, werden wir vom Heiligen Geist gedrängt, ihn zu bezeugen. 2. Wenn unsere Familienangehörigen und Freunde die Veränderung an uns sehen, werden sie deshalb Fragen stellen und viel eher dazu neigen, selbst Erlösung erfahren zu wollen.

Das Oikos-Prinzip ist die effizienteste missionarische Methode, mit geringen Kosten und hohem Erfolg. Oft werden ganze Familien gewonnen, und unsere Quelle neuer Kontakte für das Evangelium wird ständig vergrößert. Der ganze Prozess läuft recht locker und ganz natürlich in einem Umfeld von Liebe und Akzeptanz ab, weil er auf Beziehungen aufbaut, die bereits bestehen. Deine Familie und Freunde mögen dich und vertrauen dir – das sind Qualifikationen, über die ein professioneller Evangelist nicht verfügt. Gott hat dir ein Missionsgebiet unter den Menschen gegeben, die du bereits kennst. Im vorigen Kapitel habe ich beschrieben, dass der effektivste Missionar die Person ist, die eine persönliche Beziehung und Liebe zu jemandem hat, um ihm Jesus zu bezeugen. Persönlicher Einfluss ist die wirkungsvollste menschliche Möglichkeit der Mission, und einige der erfolgreichsten Missionare in der Welt sind Mütter und Väter.

Die Untersuchung zeigte, dass für 70 bis 80 Prozent aller Personen, die sich in die Adventgemeinde haben taufen lassen, folgende Faktoren entscheidend waren: „in einer adventistischen Familie aufgewachsen", „von Freunden und Verwandten mitgebracht" und „Bibelstudium zu Hause".

Die Tatsache ist: Die meisten Menschen kommen zu Jesus und zur Gemeinde durch den Einfluss von Beziehungen. Ein Vorteil ist: Wenn Personen durch bestehende Beziehungen gewonnen wurden, haben sie als neue Mitglieder sofort enge persönliche Verbindungen zur Gemeinde, eine Unterstützergruppe, die sie in ihrem neu gefundenen Glauben unterweist, und sie sind gleich integriert.

Der Vater als Gast auf der Taufe seiner Tochter

Sandy besuchte eine meiner Evangelisationsreihen mit ihrem siebenjährigen Sohn. Sie hatte zuvor fast nie eine Gemeinde besucht und besaß sehr wenig Wissen über die Bibel und das Christentum, aber der Heilige Geist stieß sie leise an zu kommen. Sie saugte alles auf, was sie hörte. Am Ende der Vortragsreihe legten wir auf ihren Wunsch das Datum für ihre Taufe fest.

Als Pastor hatte ich die Gewohnheit, denen, die getauft werden, Einladungskarten für die Taufe mit Termin und Ort zu geben, um Verwandte, Freunde und Bekannte zu der Tauffeier einzuladen. Ich spürte, dass eine Taufe eine besonders gute Gelegenheit ist, um den Gemeindegliedern die Vision für Evangelisation vor Augen zu halten. Vor allem aber werden die Nichtadventisten, die kommen, um die Taufe mitzuerleben, die neuen Interessenten, an denen die Gemeinde arbeiten kann.

Sandy gab mehr als 50 Einladungen weiter oder verschickte sie. Ihr Vater kam auch zu ihrer Taufe. Er war weltlich eingestellt und hatte sehr wenig Interesse am Christentum; aber er kam, um seine Tochter nicht zu enttäuschen. Wir veranstalteten eine spezielle Feier nach jeder Taufe. Der Vater blieb für das gemeinsame Potluck und das Kuchenbuffet.

Einer der geistlichen Männer unserer Gemeinde setzte sich neben ihn und begann eine Unterhaltung. Weil beide das Angeln liebten, gingen sie am folgenden Sonntag gemeinsam zum Angeln. Schon drei Monate später hatte ich das Vorrecht, Sandys Vater zu taufen! Das Oikos-Prinzip hatte erneut seine Wirkung bewiesen.

Diese Geschichte kann auch in deiner Gemeinde passieren. Gemeindeglieder – speziell neu bekehrte – sind die effektivsten Missionare für ihre Eltern, Kinder, Geschwister, Freunde, Nachbarn und Arbeitskollegen. Weil bereits enge Beziehungen und Vertrauen bestehen, haben sie die besten Möglichkeiten, anderen von ihren Erfahrungen mit Jesus und dem Evangelium zu erzählen. Und ihr verändertes Leben macht ihr Zeugnis so glaubwürdig.

Wir sollten das effektivste missionarische Prinzip der Welt mehr nutzen: die biblische Methode der Oikos-Evangelisation!

Kapitel 11

Nötige Veränderungen in Adventgemeinden Nordamerikas und Europas

Durch die Untersuchung, die wir über die Praktiken der persönlichen Andacht der Gemeindeglieder, die Dienste und die missionarischen Aktivitäten in Adventgemeinden Nordamerikas durchgeführt haben, haben wir einige beunruhigende Zustände entdeckt. Wie im vorherigen Kapitel erwähnt, fanden wir bestätigt, dass die effektivsten Missionare heutzutage die Gemeindeglieder sind, die sich um ihnen nahestehende Menschen kümmern, aber die meisten Adventisten sind offenbar nicht gewillt, ihren Glauben in der Weise zu bezeugen, wie sie es tun sollten. Viele Faktoren spielen dabei eine Rolle wie eine schwache Spiritualität, ein Mangel an Ausbildung zum Dienst und vor allem ein Mangel an Begeisterung für Jesus und an der Liebe zu verlorenen Menschen.

Die Herausforderungen in Adventgemeinden

Was genau sind die Herausforderungen, denen wir in heutigen Adventgemeinden in den USA und wohl auch in Europa gegenüberstehen? Und wie können wir ihnen mit Gottes Hilfe begegnen?

1. Ein Mangel an beständigem geistlichem Leben. Die Antworten der 1689 Adventisten in unserer Studie offenbarten, dass nur 73 Prozent der Gottesdienstbesucher täglich beten und nur 37 Prozent auch täglich in der Bibel lesen. In nur 28 Prozent der adventistischen Familien wird täglich eine gemeinsame Andacht gehalten. Weitere Ergebnisse auf der folgenden Seite.

Die Praxis des geistlichen Lebens bei Adventisten

Persönliches, privates Gebet	Prozentanteil
Täglich	73 %
einmal wöchentlich	21 %
Persönliches Bibelstudium	
Täglich	37 %
einmal wöchentlich	43 %
Studieren der Sabbatschullektion	
Täglich	28 %
einmal wöchentlich	41 %
Lesen der Bücher von Ellen White	
Täglich	14 %
einmal wöchentlich	29 %
Familienandacht	
Täglich	28 %
einmal wöchentlich	33 %

In vielen Adventgemeinden ist es offensichtlich dringend erforderlich, die Mitglieder zu inspirieren, zu erziehen und auszubilden, wie sie ganz praktisch ihr geistliches Wachstum fördern können. Aus meiner Beobachtung findet in den meisten Gemeinden weder ein gezielter noch ein durchgängiger Jüngerschaftsprozess statt. Als Pastor habe ich festgestellt, dass die Gemeindeglieder, die nicht nur selbst regelmäßig persönliche Andachten machten, sondern dies zusätzlich auch mit ihrer Familie betrieben, tendenziell glücklicher, geistlich gesünder und aktiver in Diensten der Gemeinde und in der Mission sind.

Pastoren hören heutzutage viel über die Notwendigkeit, ihre Gemeindeglieder im Bereich des Dienstes und der Mission auszubilden, und dem stimme ich völlig zu. Wenn sie allerdings keine Begeisterung für Jesus und keine echte Liebe zu verlorenen Menschen haben, werden sie die Vorbereitung, die sie bekommen, als mechanisch und langweilig empfinden. Aber wenn sie für Jesus brennen, wird sie nichts aufhalten, einen Dienst in der Gemeinde und missionarische Aktivitäten in irgendeiner Form zu betreiben.

Sie werden Anleitung bekommen *wollen*. Was im Herzen wichtig ist, wird im Zentrum des Lebens stehen. Wenn das Herz mit göttlichen Dingen erfüllt ist, wird es sich auf das Leben und Handeln auswirken und dazu führen, dass sie anderen Jesus bezeugen.

Ich glaube, dass es die Aufgabe der Leiter in jeder Gemeinde ist, eine Begeisterung für echte Spiritualität zu schaffen und kreative Wege zu finden, um die Mitglieder zu inspirieren, ein Verlangen nach geistlichem Wachstum zu haben. Die Leiter müssen natürlich ein Vorbild an gesunder Spiritualität sein, weil das persönliche Beispiel in diesem Bereich unverzichtbar und ansteckend ist. Wohin die Leiter vorangehen, folgen ihnen auch die Leute.

Der Kern der christlichen Erfahrung ist, Jesus Christus vertraut zu kennen und eine enge Beziehung zu ihm zu pflegen (vgl. Joh 17,3; 15,1–7). Wenn wir das übersehen, haben wir das Ziel unserer Arbeit als Leiter verfehlt. Ohne eine beständige Erfahrung mit Jesus schwankt der Glaube, endet das Wachstum und wird das Zeugnis gegenüber anderen Menschen ineffektiv.

Die Untersuchung, die wir gemacht haben, zeigt uns, dass die meisten Adventgemeinden in Nordamerika geistlich kraftlos sind und die meisten Gemeindeglieder keinen einzigen Menschen zu Jesus führen oder in die Gemeinde bringen. Es ist offensichtlich, dass jene Mitglieder, die regelmäßig beten und in der Bibel lesen, effektiver ihren Glauben mitteilen als solche, die es nicht tun.

Beteiligung an Bekehrungen zu Jesus

Bei wie vielen Personen bist du in den vergangenen drei Jahren ganz oder teilweise dafür verantwortlich gewesen, dass sie sich in der Adventgemeinde taufen ließen?

weiß von keiner Person	66 %
eine Person	15 %
zwei bis fünf Personen	15 %
sechs bis zehn Personen	2 %
mehr als zehn Personen	3 %

2. Mission und Evangelisation sind für die meisten Adventisten in den westlichen Ländern kein Grundwert. Vielleicht ist dies der Bereich unserer größten Herausforderung und Not. Zwei Drittel der Adventisten in den USA, die die Gottesdienste besuchen, haben innerhalb von drei Jahren niemanden zu Jesus und/oder in die Adventgemeinde geführt. Die große Mehrheit der Mitglieder gibt offensichtlich kein effektives Zeugnis ihres Glaubens. Laut der Ergebnisse und der Erfahrung stellt sich nur ein kleiner Prozentsatz der Gemeindeglieder zur Verfügung, bei Veranstaltungen oder Programmen für die Öffentlichkeit zu helfen oder etwas im Bereich der persönlichen Evangelisation zu tun.

Die Aufgabe der Leitung ist es, die Freude am Dienst und der Mission in den Adventgemeinden wiederzubeleben. Dafür sollte jeder Leiter die Macht der Vision nutzen. In einer anderen Untersuchung haben wir nämlich entdeckt, dass – wenn die Leiter die Vision für das Zeugnisgeben vor Augen stellen und darin auch ein Vorbild sind – die Gemeindeglieder williger werden, ihren Glauben gezielt zu bezeugen.

3. Die meisten Adventgemeinden sind nicht effektiv darin, ihre Jugendlichen in der Gemeinde zu halten. Die Daten weisen auf alternde und überalterte Adventgemeinden in den USA hin. Mehr als 60 Prozent derjenigen, die die Umfrage ausfüllten, waren älter als 45, und 22 Prozent waren 65 oder älter. Nur 9 Prozent waren jünger als 25. Ich reise intensiv in den Vereinigten Staaten, und die meisten Gemeinden, die ich besuche, haben kaum Gottesdienstbesucher, die 20 bis 30 Jahre als sind. Solche Daten zeigen erneut die Notwendigkeit, dass die Adventgemeinden und ihre Glieder viel mehr tun müssen, um ihre Teenager und Jugendlichen zu erreichen und sie in der Gemeinde zu halten.

Die postmodern denkende Generation der Jugendlichen werden wir nicht halten, wenn wir nicht ernsthafte Veränderungen im Gemeindeleben vornehmen. Die Leiter und Mitglieder müssen lernen, was sie tun können, damit die Jugendlichen sich angenommen und wohlfühlen.[1] Die größte Veränderung ist auch in dieser Hinsicht im

---

[1] Ausführlich dazu siehe Gary L. Hopkins und Joyce W. Hopp, *Was Jugendliche wirklich brauchen*. Advent-Verlag, Lüneburg 2010.

Bereich der Spiritualität erforderlich. Junge Leute suchen nach einer echten und authentischen Gemeinschaft im Glauben an Jesus. Sie suchen nicht nach Ritualen oder Traditionen, sondern nach einer Macht, die das Leben verändert. Zuerst wollen sie sehen, dass Jesus einen Unterschied im Leben der Gemeindeglieder bewirkt hat, damit sie sicher wissen, dass er auch einen Unterschied in ihrem eigenen Leben bewirken kann.

4. Wir ziehen kaum neue Menschen an und halten sie oft nicht.

Bei unserer Untersuchung zeigte sich, dass die meisten Gemeindeglieder Langzeit-Adventisten sind: 61 Prozent waren seit mehr als 20 Jahren Mitglied und weitere 15 Prozent waren bereits 11 bis 20 Jahre lang in der Gemeinde. Nur ungefähr 4 Prozent waren seit weniger als 1 Jahr Gemeindeglieder. Aber nicht nur das, sondern 61 Prozent waren mit mindestens einem adventistischen Elternteil aufgewachsen. Alle Untersuchungen weisen darauf hin, dass westliche Adventgemeinden kaum solche neuen Mitglieder taufen, die keinen adventistischen Hintergrund haben.

Wir müssen nach verlorenen Menschen suchen. Ganz gleich, was eine Gemeinde tut – wenn sie nicht Menschen mit dem Evangelium erreicht, hat sie ihre Aufgabe verfehlt. Eine Gemeinde kann ein schönes Gebäude, salbungsvolle Gottesdienste und wunderbare Musik haben, aber wenn sie keine Menschen zu Jesus führt, ist sie wahrhaftig nicht seine Gemeinde. Wenn eine Gemeinde ihre Arbeit gut macht, wird sie die Hoffnung der Umwelt und eine Quelle der Gnade. Die Gemeinde existiert, um Menschen zu Jesus zu bringen und ihnen die Leben verändernde Kraft des Heiligen Geistes anzubieten. Wenn wir das nicht tun, was tun wir dann?

Die Notwendigkeit von Veränderungen

Entweder machen viele Adventgemeinden weiter wie bisher und werden bedeutungslos oder sie verändern sich und stürzen sich mit dem Mut vom Herrn in ein Abenteuer, das sie und die Stadt, in der sie sich befinden, verwandeln wird. Doch das wird nur geschehen, wenn Pastoren, Leiter und Gemeindeglieder es wirklich wollen und zusammenarbeiten, um Veränderungen zu schaffen.

Den Fokus von Programmen auf Menschen wechseln

Unsere Untersuchung hat erneut bestätigt, dass das effektivste missionarische Mittel noch immer enge Beziehungen und Freundschaften sind. Zudem ist die Familie der Ort, an dem der Glaube besonders wirksam vermittelt und veranschaulicht wird. Durch Beziehungen zu authentischen Christen lernen Menschen, die Prinzipien der Bibel auf das wirkliche Leben anzuwenden. Wenn diese Beziehungen gesund sind und gepflegt werden, helfen sie Menschen auch, konkret zu erkennen, wie das christliche Leben wirksam und mit Freude gestaltet wird. Wenn Menschen mit uns Umgang haben und sehen, dass wir wegen unserer Beziehung zu Jesus bessere Menschen sind – bessere Väter oder Mütter, bessere Ehemänner oder -frauen, bessere Söhne oder Töchter, bessere Arbeitnehmer oder -geber – werden sie viel wahrscheinlicher vom Christentum angezogen als durch die bloße Verkündigung adventistischer Lehren – in welcher Form auch immer.

Deshalb müssen die Adventgemeinden einen großen Teil ihrer Bemühungen in die Erziehung, Ausbildung und Motivation ihrer Mitglieder investieren, damit sie ihren Glauben begeistert und authentisch anderen Menschen mitteilen. Sie sollten wie ein Trainingslager sein, um solche Bemühungen zu fördern. Meine Beobachtungen und Erfahrungen haben mich überzeugt, dass die meisten Adventgemeinden diesem Bereich sehr wenig Beachtung schenken.

Das Problem wird vergrößert, wenn Pastoren den Eindruck erwecken, dass Missionsarbeit bedeutet, zu wildfremden Menschen zu gehen, an ihre Türen zu klopfen und zu versuchen, sie zu interessieren. Die Mitglieder müssen inspiriert werden, ihren Glauben auf natürliche Weise in ihrem Umfeld zu bezeugen. Die effektivste Form der Mission ist die natürliche Art, die im Kontext bestehender Beziehungen stattfindet: Andreas brachte seinen Bruder Petrus zu Jesus; wir bringen unsere Angehörigen und Freunde zu ihm. Wenn das geschieht, dann haben die Neubekehrten den zusätzlichen Vorteil, einen eigenen Freund zu haben, der sich um ihre geistlichen Bedürfnisse kümmert.

Unglücklicherweise konzentrieren sich viele Adventgemeinden hauptsächlich auf Programme: Prophetie- oder andere Seminare, Satellitenevangelisation, Ernährungskurse, Ferienbibelschulen, karitative Essensausgabe, Lebenshilfe usw. Die Liste ist lang. Solche Programme sind durchaus hilfreich, um andere einzuladen, aber sie verlieren viel von ihrer Effektivität, wenn wir niemanden kennen, den wir einladen könnten! Es wäre gut für uns Adventisten, unseren Schwerpunkt auf Menschen zu verlagern und mit ihnen Beziehungen aufzubauen. Dann würden wir bevollmächtigt werden, effektive Zeugen und Missionare zu sein, und die Programme würden einen besseren Zweck und Erfolg haben.

Von bloßer Aufrechterhaltung des Gemeindebetriebs zur Schulung von Jüngern Christi wechseln

Um Gemeindegliedern zu helfen, ihr Herz an Jesus zu verlieren und das Verlangen zu fördern, ihn besser kennenzulernen, müssen wir alle Möglichkeiten nutzen, sei es Ausbildung, Mentoring oder etwas anderes. Wir können nicht aufhören, Mitglieder zu gewinnen, aber wir müssen sie auch zu fruchtbringenden Jüngern machen. Die meisten Pastoren und Leiter setzen voraus, dass die Gemeindeglieder schon irgendwie geistlich wachsen bzw. dass es deren Verantwortung sei – ohne viel Anleitung, Führung, Beratung und eine effektive Struktur dafür. Oder sie verlassen sich darauf, dass allein ihre Predigten am Sabbat all die Arbeit der Erziehung, Motivation und Ausbildung bewirken, um die Gemeindeglieder zu befähigen, das Nötige zu tun, um geistlich zu wachsen. Aber 30 unpersönliche Minuten jede Woche sind dafür offenbar nicht ausreichend. Unsere Ergebnisse zeigen, dass wir im Bereich der geistlichen Praktiken schwach sind und viel Verbesserungsbedarf haben. Ich erinnere daran: Nur 73 Prozent der befragten Gottesdienstbesucher beteten jeden Tag, und dürftige 37 Prozent lasen täglich in der Bibel!

In einer Gemeinde begann zwei Jahre, bevor ich dort Pastor wurde, die Zahl der Gottesdienstbesucher abzunehmen. Sie erlebte viele Konflikte über ihre Ausrichtung und Werte. Als ich einen tieferen Einblick in den geistlichen Zustand der Gemeinde erhalten hatte, bemerkte ich, dass die Gemeindeausschussmitglieder mehr Begeisterung für triviale Angelegenheiten als für Jesus und die Mission zeigten. Entmutigt über den Status der Gemeinde, aber doch sehr hoffnungsvoll darüber, was Gott tun kann, ging ich zu einem Gemeindeausschuss mit der Vision, die Gemeinde durch die Konzentration auf die Spiritualität zu verwandeln. Ich wollte das beginnen, indem ich eine ausgiebige Zeit der Ausschusssitzung für Andacht und Gebet nutzen wollte. Für meinen ersten Versuch bereitete ich etwas vor, von dem ich dachte, dass es eine wunderschöne Andacht wäre. Aber nach wenigen Minuten unterbrach mich eines der etablierten Gemeindeglieder und sagte: „Was mich betrifft, ist das nichts als Zeitverschwendung. Wann beginnen wir mit der Tagesordnung?" Nach seinem Verständnis und dem vieler anderer bedeutete die Tagesordnung des Ausschusses vor allem, Entscheidungen über Finanzen zu treffen. An jenem Abend ging ich sehr entmutigt nach Hause. Immerhin war er länger Adventist gewesen, als ich gelebt hatte; vielleicht wusste er etwas, das ich nicht kannte. Aber ich spürte auch, damit weitermachen zu sollen. In der Gemeinde Christi geht es darum, verlorene Menschen zu Jesus zu bringen und ihn für sie real zu machen.

Also beschloss ich, den Kurs beizubehalten. Ich begann über die Notwendigkeit zu predigen, sich mit Jesus auf einer vertraulichen Ebene zu verbinden. Gleich zu Beginn bemerkte ich, wie schwer es war, diese Adventgemeinde in einen heiligen Ort zu verwandeln. Viele Gemeindeglieder meinten, dass ich die Gemeinde zu geistlich machen wollte. Unglücklicherweise waren viele andere einfach apathisch bezüglich ihrer Spiritualität. Aber ich war entschlossen voranzugehen – komme, was da wolle. Mit voller Absicht verbreitete ich die Vision für Spiritualität zu jeder Gelegenheit. Ich predigte und erzählte Geschichten darüber.

Im Laufe der Zeit verlagerte sich die Gemeindekultur von der bloßen Aufrechterhaltung des Gemeindebetriebs zu einer Begeisterung für Jesus und die Mitmenschen. Ich stand vielen Hindernissen gegenüber, und die Mitglieder mussten ihre Prioritäten neu ordnen. Letztlich jedoch begriffen sie es. Als sie geistlich gesünder wurden, starteten immer mehr Dienste und missionarische Aktivitäten. Das

Klima wechselte von Apathie zum Engagement, von Trägheit zum Beten, vom Gemeindebetrieb zur missionarischen Aktivität. Nach etwa vier Jahren war diese Gemeinde völlig verändert und begann zu wachsen. Ein religiöser Verein war zu einem lebendigen Leib Christi geworden. Das wäre ohne eine starke Betonung echter Spiritualität unmöglich gewesen.

Von Programmen zu deren Zweck wechseln

Es ist möglich, mit der Durchführung von Programmen beschäftigt zu sein und dennoch deren Zweck zu verfehlen. Vielleicht ist deine Ortsgemeinde wie viele: sehr beschäftigt, aber mit wenig Vorzeigbarem; mit Gemeindegliedern, die volle Terminpläne ausbalancieren, aber keine Ergebnisse sehen. Die Lösung ist nicht, noch mehr Programme hinzuzufügen, die versprechen, der Schlüssel zu sein, um das Potenzial der Gemeinde für den Dienst aufzuschließen.

Es ist viel besser, die Kräfte der Gemeinde zu maximieren, indem man sich auf eine kleinere Anzahl von Diensten konzentriert, die man gut und zielorientiert tun kann. Das bedeutet nicht, nur eine Sache zu tun, mehr oder weniger zu tun oder es besser zu tun, sondern es geht darum, alles mit einer klareren Absicht zu tun, nämlich Menschen für Jesus zu gewinnen und sie geistlich aufzubauen.

Ich spürte, dass meine Aufgabe als Pastor darin bestand, den Mitgliedern ständig die Vision einzuflößen, sie zu erziehen und auszubilden, damit sie geistlich bleiben und ihren Glauben bewusst bezeugen. In diesem Prozess merkte ich, dass die Gemeinde litt, wenn ich diesen Bereich auch nur für einige Wochen vernachlässigte. Schließlich entwickelte ich einen Plan, um mindestens einmal pro Woche durch eine Predigt, ein Zeugnis, eine Erfahrung, Lieder, Slogans usw. an die Vision zu erinnern. Ich beschloss auch, die Ausbildung strategisch zu planen. Jeder Leiter sollte ein Gemeindeglied in demselben Dienst ausbilden. Ich führte ein monatliches Treffen mit allen Leitern der Dienstbereiche meiner Gemeinde ein, um sie zu ermutigen, auszubilden und gemeinsam zu beten.

Von einer ereignisorientierten Evangelisation zu einer prozessorientierten wechseln

Ein sehr verbreitetes Missverständnis über Evangelisation ist, sie als Veranstaltung anzusehen – etwas, auf das sich eine Gemeinde vorbereitet, es durchführt und sich dann davon erholt. Evangelisation ist im biblischen Paradigma jedoch nicht nur, was unter einem Dach geschieht, sondern Mission ist in die Struktur des täglichen Lebens eines Christen eingeflochten, also ein Prozess, der sich mit der Zeit im Leben der Gemeindeglieder auswirkt.

Beachte, wie Paulus lehrte, dass Mission keine Aufgabe von wenigen Experten ist, sondern die Lebensweise aller Nachfolger Christi. Er schrieb an die Gemeindeglieder in Korinth:

So sind wir Botschafter Christi, und Gott gebraucht uns, um durch uns zu sprechen. Wir bitten inständig, so als würde Christus es persönlich tun: „Lasst euch mit Gott versöhnen!" (2 Kor 5,17.20 NLB)

Das Werk der Mission im weiteren Sinn ist die Aufgabe und das Vorrecht jedes Nachfolgers Christi. Es liegt nicht in der Verantwortung weniger, die eine theologische Hochschule besucht haben oder enorme Erfahrung im Gewinnen von Menschen haben.

Eine interessante Übung, die ich in meinen Seminaren mache, beginnt mit der Frage: „Wann hat deine Gemeinde das letzte Mal Evangelisation betrieben?" Die häufigste Antwort ist: „Wir hatten letztes Jahr eine Evangelisationsveranstaltung" oder vor drei oder fünf Jahren. Wie ich bereits anmerkte, verstehen die meisten Gemeindeglieder unter Evangelisation ein Ereignis statt eine Lebensweise. In Wirklichkeit findet sie jederzeit, überall, an jedem Ort, durch jeden Christen und unter allen Umständen statt.

Dann bitte ich die Teilnehmer meiner Seminare, die Apostelgeschichte durchzulesen und all die Male aufzulisten, an denen Gemeindeglieder einen Dienst oder Mission betrieben haben. Oft listen sie mehr als 60 oder 70 verschiedene Ereignisse eines Dienstes oder der Evangelisation auf.

Die ersten Gemeinden betrachteten Evangelisation nicht als ein Ereignis, sondern als ihre Lebensweise. Sie waren von Jesus begeistert, und das bewirkte den Unterschied. Die ersten Gemeinden lebten und atmeten den Dienst und die Evangelisation. Ihr höchster Grundwert war Jesus. Ihre Absicht war, die Menschen ihrer Umwelt für Jesus zu gewinnen – und nichts konnte sie dabei aufhalten. Ihre Begeisterung, Tätigkeit und Hauptbeschäftigung war, Menschen für Jesus zu gewinnen. Deshalb war ihre Mission der Ausfluss ihres täglichen Lebens.

Von der Stagnation zur Innovation wechseln

Obwohl viele Untersuchungen gezeigt haben, dass Beziehungen die effektivste Methode der Mission ist, müssen wir auch andere Möglichkeiten nutzen, um Menschen in die Gemeinde zu bringen. Unsere eigene Studie in den USA zeigte, dass folgende Programme in ihrer Effektivität hohe Werte erzielt haben (laut der Tabelle in Kap. 9, S. 157): öffentliche Evangelisationsveranstaltungen (36 %), Bücher und Zeitschriften (49 %), Fernsehen- oder Radioprogramme (20 %), Bibelfernkurse (19 %) und das Internet (7 %; diese Zahl dürfte inzwischen gestiegen sein). Natürlich würden in anderen Ländern die Ergebnisse anders ausfallen.

Eine Vielzahl von Evangelisationsmethoden zu haben dient mindestens drei Zwecken. Der erste ist, viele Wege für die Gemeindeglieder zu schaffen, damit sie Menschen auf die Botschaft der Bibel hinweisen können. Der zweite ist, mehr Menschengruppen zu erreichen, da eine Methode nicht bei allen wirkt. Der dritte ist, auch außerhalb unserer bestehenden engeren Beziehungen (unseres *Oikos*) Suchende zu finden, zu denen die Ortsgemeinde oder eine adventistische Institution Beziehungen aufnehmen kann.

In unserer Untersuchung, die wir durchgeführt haben, um die Arbeitsweisen der am schnellsten wachsenden Adventgemeinden kennenzulernen, haben wir entdeckt, dass sie alle mehrere missionarische Zugänge verwenden. Sie benutzen die Sabbatschule, den Gottesdienst, mehrere kleinere Vortragsserien, saisonale Ereignisse (wie Weihnachten, Ostern, Muttertag), persönliche Evangelisation, öffentliche Evangelisationsveranstaltungen und sogar Sportereignisse, um Suchende zu interessieren. Die Studie zeigte, dass gesunde und effektive Gemeinden im Jahr mindestens neun Bahnen[2] und Zugänge[3] kombinieren, um ihre Stadt bzw. Kommune zu erreichen. Eine Ortsgemeinde muss alle ihre Möglichkeiten nutzen, um Leute zu erreichen. Jede Veranstaltung, jeder Dienst und jede Aktivität sollte zum Ziel haben, andere Menschen näher zu Jesus und in die Gemeinde zu bringen.

Die persönliche und die öffentliche Evangelisation sollten einander ergänzen; keine sollte ohne die andere genutzt werden. Wenn die Gemeinde gewillt ist zu wachsen, muss sie auch mehrere Bahnen und Zugänge verwenden, um Menschen zu gewinnen.

Es sind nicht nur die Evangelisationsveranstaltungen an sich, die zählen, sondern auch die Art, wie sie durchgeführt werden. Die Sabbatschule kann zur Diskussion von Lehrmeinungen oder zur Evangelisation dienen. Wenn die Leiter entscheiden, dass die Sabbatschule auch zur Evangelisation dienen soll, werden sie dafür werben, auch Interessierte einzuladen, in der Gästegruppe Lektionen benutzen, die auf sie zugeschnitten sind (geistliche „Milchspeise"), eine für die Evangelisation förderliche Atmosphäre schaffen und eine passende Ausdrucksweise verwenden. Ähnlich kann alles, was eine Gemeinde macht, missionarisch gestaltet werden.

Von geistlicher Trägheit zum Beten wechseln

Die Untersuchung, die wir in Nachbargemeinden schnell wachsender Adventgemeinden durchgeführt haben, offenbarte, dass viele Pastoren und Gemeinden mit Entmutigung kämpfen. Viele haben ein Jahr oder länger keine Taufe erlebt, und sie schrumpfen. Wenn du Pastor oder Leiter in solch einer Gemeinde bist, dann gib nicht auf. Versuch es mit dem Beten und warte ab, was Gott tun wird.

---

[2] Bahnen sind Veranstaltungen, die über eine lange Zeitspanne stattfinden und eine starke geistliche Betonung haben wie die Sabbatschulgruppe für interessierte Gäste oder eine Evangelisationsreihe.

[3] Zugänge sind Veranstaltungen, die in einer kurzen Zeitspanne stattfinden wie Kochkurse oder ein Finanzseminar.

Eines Tages erhielt ich eine Gutscheinkarte mit der Adresse einer Frau, die damit Bibellehrbriefe anforderte. Ich nahm Fred mit, ein Gemeindeglied, um ihn für diesen Dienst auszubilden. Als ich an der Tür der angegebenen Adresse klopfte, öffnete mir eine lebhafte Person, die ungefähr Anfang 40 war. Ich zeigte ihr die Karte und fragte sicherheitshalber, ob sie es gewesen war, die Bibellehrbriefe angefordert hatte.

„Ich habe diese Karte nicht verschickt", erwiderte sie. „Das muss jemand anderes gewesen sein."

„Aber möchten Sie dennoch die Bibel studieren?", fragte ich.

„Nein, diese Dinge interessieren mich nicht."

Dann fragte ich sie, ob wir für sie beten dürften, und sie stimmte zu. Nachdem wir gebetet hatten, stiegen wir in unser Auto und wollten losfahren. Als wir die Auffahrt verließen, rannte sie uns nach und rief: „Halt, Halt! Ich bin zwar nicht daran interessiert, die Bibel zu studieren, aber meine Nachbarin auf der anderen Straßenseite schon. Ich bringe Sie gern zu ihr."

Als wir vor deren Tür standen und geklingelt hatten, öffnete uns eine 73-jährige alte Frau, die rauchte und offenbar betrunken war. Ich fragte sie, ob sie gern die Bibel studieren möchte.

Sie sagte Ja; denn sie habe nichts anderes zu tun.

Fred und ich begannen, mit dieser Frau (sie hieß Ann) die Bibel zu studieren. Ich tat es ungern wegen meiner Allergie gegen Zigarettenrauch und wegen ihres Alters, da es älteren Menschen viel schwerer fällt, Christus anzunehmen. Aber zu meiner Überraschung akzeptierte sie ihn bald als ihren Herrn und Erlöser.

Später gab sie das Rauchen und das Trinken auf. Einige Wochen danach wurde sie getauft. Fred und ich besuchten sie am Tag nach ihrer Taufe, um ihr eine Vision für den Dienst, die Mission und die Gewinnung von Menschen für Jesus zu vermitteln.

„Ann, hast du eine Familie?", fragte ich sie.

„Ich habe eine sehr große Familie", erklärte sie.

„Dann hat Jesus einen Auftrag für dich. Er möchte, dass du deine Familie für ihn gewinnst."

„Wie soll ich das schaffen?", war ihre Frage.

„Bete dafür, und Jesus wird es dir zeigen", sagte ich lediglich.

Ungefähr dreieinhalb Jahre später schickte unser Verband ein adventistisches Filmteam in unsere Gemeinde, um am Sabbatmorgen einen Videofilm zu drehen mit Ann und allen Menschen, die sie zum Herrn und in die Adventgemeinde geführt hat.

Stell dir die Szene vor: Ann stand in der Mitte des Podiums, von 57 Gemeindegliedern umgeben, einschließlich Lena, der Frau, die das Bibelstudium mit Fred und mir abgelehnt hatte. Der Moderator ging herum und fragte einige willkürlich ausgesuchte Personen: „Warum bist du heute ein Adventist?"

Er bekam immer fast dieselbe Antwort: „Ich habe die Veränderung in Anns Leben gesehen, und das wollte ich auch erleben."

Dann drehte er sich zu Ann. „Was hast du getan, um deine Familie und deine Freunde für Christus zu gewinnen?"

„Ich habe für sie Tag und Nacht gebetet. Dann zeigte mir der Herr viele Wege, meine Beziehungen zu ihnen zu intensivieren und einige ihrer Bedürfnisse zu erfüllen. Zum passenden Zeitpunkt lud ich sie zum Gottesdienst, zu einem Bibelstudienkreis oder zu einer Evangelisationsreihe ein. Jedes Mal wurde einer von ihnen ein Adventist. Dieses neue Gemeindeglied schloss sich mir dann an, um für die Übrigen zu beten und zu wirken. Gott war so gut zu uns!"

Das ist die Macht des Gebets – die Macht eines andauernden Prozesses. Es ist die Macht des Oikos und der persönlichen Erfahrung mit Christus und der Veränderung durch ihn.

Ja, die Adventgemeinden stehen heute vor vielen großen inneren Hindernissen für das Gemeindewachstum, aber Gottes Wirken ist mächtig – und für uns verfügbar!

TEIL V

Inspirierende Erfahrungen im Gottesdienst

Eine Gemeindeerneuerung ist immer auch mit einer Erneuerung des Gottesdienstes verknüpft.[1] Auch wenn das schon immer so war, trifft es heute umso mehr zu. Wir haben durch unsere Umfragen erfahren, dass die meisten Gemeindeglieder nach dynamischen und inspirierenden Gottesdiensten hungern. Viele sehnen sich nach einer Begegnung mit Gott, um seine Gegenwart zu spüren und sein Wirken zu erfahren. Wenn eine Gemeinde sich Gedanken über Gebet, Nachfolge Christi und Erneuerung des Gottesdienstes macht, wird sie gesund und beginnt zu wachsen. Thom Rainer hat herausgefunden, dass inspirierende Gottesdienste in einem hohen Maße zur Evangelisation, zur Jüngerschaft und zur Integration neuer Mitglieder beitragen.[2]

Der christliche Meinungsforscher George Barna stellt heraus, dass die allererste Erwartung, die Menschen an eine Kirche haben, das Gefühl der Gegenwart Gottes ist.[3] Wenn wir das wissen, können wir unsere Aufmerksamkeit weg von Programmen und hin zu Spiritualität, Jüngerschaft und Aufbau von Beziehungen lenken. Wir sollten unsere Adventgemeinden dazu drängen, ihre Gottesdienste im Gebet zu „baden", damit die Versammelten die Gegenwart Gottes erfahren.

---

[1] Siehe z. B. Walter Kaiser jun., *Quest for Renewal*, Moody Press, Chicago 1986, S. 11–25, oder James E. White, *Opening the Front Door: Worship and Church Growth*, Convention, Nashville 1992, S. 62ff.

[2] Thom S. Rainer, *High Expectation Churches*, S. 20.

[3] Vortrag von George Barna bei einem Treffen von adventistischen Predigtamtssekretären in Myrtle Beach (South Carolina), Januar 2009.

Das folgende Kapitel behandelt die Ergebnisse der Interviews mit ungefähr 230 Adventisten (Näheres dazu gleich). Es zeigt, welche Merkmale ein Gottesdienst hat, der auf die Anwesenden inspirierend wirkt. Sieben Merkmale tauchten dabei auf:

1. Die Versammelten erleben die Gegenwart Christi;
2. sie erfahren die Liebe und Gnade Gottes;
3. sie werden mit Hoffnung erfüllt;
4. sie werden in der Gemeinde geliebt;
5. sie werden verändert;
6. sie werden zum Dienst motiviert; und
7. sie erfreuen sich an der guten Qualität der Darbietungen.

Am Ende der Behandlung jedes Merkmals werde ich einige praktische Vorschläge machen, wie man den Gottesdienst verbessern kann, damit er inspirierend und belebend wirkt. Dadurch wird euer Gemeindehaus in einen Ort verwandelt, wo die Anwesenden Gott preisen und seine Gnade und Gegenwart erfahren. Diese Vorschläge kommen aus meinen Beobachtungen und Erfahrungen sowie aus Gesprächen mit Pastoren, Leitern und Mitgliedern verschiedener Adventgemeinden und auch mit interessierten Gästen im Gottesdienst.

Wenn du ein Pastor oder ein Gemeindeleiter bist, dann bemühe dich, eine Erneuerung des Gottesdienstes deiner Adventgemeinde zu bewirken. Wenn du ein Dienstleiter oder ein Gemeindeglied bist, dann bemühe dich um eine engere Beziehung zu Christus, damit du ein begeisterter, ansteckender Christ wirst und die Bemühungen eures Pastors um einen inspirierenden Gottesdienst von Herzen unterstützen kannst.

Kapitel 12

Ein inspirierender Gottesdienst

Es ist Sabbatvormittag, 9.30 oder 10 Uhr. Die nächsten beiden Stunden wirst du im Gemeindesaal in einem weiteren Gottesdienst sitzen. Was erwartest du? Begrüßung, Lieder, Gebete, Gespräch in der Sabbatschule, Bekanntmachungen, Gabensammlung, Schriftlesung, Predigt. Ja, aber was möchtest du vom Gottesdienst *haben*? Genau das wollten wir wissen. Als wir den Gottesdienst in den wachsenden Adventgemeinden untersuchten, befragten wir auch 230 Personen[4] und stellten ihnen drei spezifische Fragen:

1. Was macht einen guten Gottesdienst aus?
2. Was erwarten die Versammelten vom Gottesdienst?
3. Mit welcher Art Erfahrung sollten die Gemeindeglieder und die Gäste den Gottesdienst verlassen?

Heutzutage kann kein Gemeindewachstum stattfinden ohne einen dynamischen und inspirierenden Gottesdienst[5] – das wurde uns bei der Untersuchung blühender Adventgemeinden bestätigt. Wir fanden heraus, dass alle ständig wachsenden Gemeinden die Erfahrung des Gottesdienstes betonen und Zeit, Kreativität und Vielfalt in die Vorbereitung investieren. Kein einzelner Gottesdienststil ist dabei anderen überlegen – vielmehr ist die Qualität der Gottesdiensterfahrung ausschlaggebend.

---

[4] Die Gruppe der Befragten bestand aus 15 Pastoren, 40 Leitern und 40 Gemeindegliedern von wachsenden Adventgemeinden; die gleiche Anzahl von Personen aus stagnierenden oder abnehmenden Gemeinden; 40 Gäste aus derselben Gegend. (Die Kriterien für wachsende Adventgemeinden, die wir untersuchten, wurden in Kap. 1 genannt.)
[5] Siehe Thom S. Rainer, *Effective Evangelistic Churches*, S. 115f.

Was ist „Gottesdienst" eigentlich?

Bevor wir uns die Faktoren ansehen, die in einem Gottesdienst bewirken, dass er eine positive Wirkung auf die Gemeindeglieder und Gäste hat, müssen wir klären, was wir unter „Gottesdienst" verstehen. Eine Ableitung der Bedeutung aus dem Wort ist im Englischen[6] wie im Deutschen problematisch. Was wir heutzutage mit „Gottesdienst" bezeichnen, meint weder, dass wir Gott dienen, noch dass Gott uns dient. Im Neuen Testament wird das einfach mit „Versammlung" oder „sich versammeln" bezeichnet (vgl. Hbr 10,25; Jak 2,2; 1 Kor 5,4); „Gottesdienst" wird dort ganz anders verstanden (z. B. in Röm 12,1 im Sinne von völliger Hingabe an Gott; in Jak 1,27 im Sinne von Bruderliebe und Absonderung von der Welt; in Hbr 9,6.9 für den alten Dienst im Tempel). „Gottesdienst" ist demgemäß mehr ein Lebensstil als eine Zeremonie.

Für unsere Diskussion über einen inspirierenden Gottesdienst können wir sagen, dass wir darunter eine Vergegenwärtigung des schöpferischen und erlösenden Werkes Gottes bzw. Christi und deren Wesen der Liebe, Güte und Gnade verstehen und die Antwort der Versammelten darauf.[7] Diese Antwort ist nichts Passives. Sie gibt unsere innere Anteilnahme wieder. Sie ist Hingabe und Anbetung (vgl. Offb 14,7), nicht eine Stimmung oder ein Gefühl. Ein inspirierender Gottesdienst führt zu einer engeren Beziehung zu Gott. Der Anbetende antwortet darauf mit Lobpreis und Verehrung, Liebe und Gehorsam.

Gottesdienst in diesem Sinne findet statt, wenn sich eine Ortsgemeinde als die lokale Ausdrucksform des Leibes Christi versammelt. Sie verehrt Gott und Christus in einer Weise, die den Verstand, das Herz, das Gemüt und die Fähigkeiten der Gemeindeglieder einbezieht. Die ganze Schöpfung besteht, um Gott zu preisen (vgl. Ps 19,2–7); nur wir Menschen haben die Fähigkeit, Gott aus einer

---

[6] Das englische Wort *worship* kommt von dem angelsächsischen Wort *weorthscipe*, was sich zu *worthship* und schließlich zu *worship* veränderte; es meint, einer Sache oder Person „einen Wert beizumessen".

[7] Siehe dazu S. Joseph Kidder, *Majesty: Experiencing Authentic Worship*, Review and Herald, Hagerstown (Maryland) 2009, S. 19f.

liebevollen Beziehung heraus anzubeten. Wir sind aus Liebe einzigartig geschaffen worden; und unser Lobpreis entspringt unserer Liebe zu Gott und zu Jesus Christus.

Das Alte Testament brachte Gottesdienste mit dem Tempel in Verbindung; aber Jesus machte deutlich, dass der Ort der Anbetung unerheblich ist und es darauf ankommt, Gott im Heiligen „Geist und in Wahrheit" (d. h. Wahrhaftigkeit) anzubeten (Joh 4,23–24), und dass er selbst bereits gegenwärtig ist, wenn nur „zwei oder drei in seinem Namen" versammelt sind (Mt 18,20). Jeder Gottesdienst sollte uns inspirieren, Gott bzw. Christus in einer bedeutsamen Weise zu erfahren. Er sollte uns zum Gnadenthron führen, an dem wir Hoffnung und neues Leben empfangen und zum Lieben und Dienen inspiriert werden.

Merkmale eines inspirierenden Gottesdienstes

Nachdem wir Gottesdienst im heutigen Sinne definiert haben, wollen wir untersuchen, was erforderlich ist, damit er Gott ehrt und die Versammelten für ihr Leben als Nachfolger Christi inspiriert.

In unseren Interviews mit Gemeindegliedern und Gästen kamen sieben bedeutsame Merkmale zum Vorschein. Pastoren, Gemeindeleiter und -glieder müssen selbst Gott authentisch anbeten und sich dafür einsetzen, dass alle anderen Anwesenden dies auch erfahren können. Der Pastor und die Gemeindeleiter tragen große Verantwortung dafür, dass der Gottesdienst wirklich zu einer Erfahrung wird, in der Gott bzw. Christus verehrt und die Versammelten belebt und gestärkt werden. Und Gemeindeglieder können erheblich dazu beitragen, dass Gottes Gegenwart spürbar wird und andere Anwesende angesteckt werden.

Nachfolgend werden diese sieben Merkmale genannt und es wird erklärt, welchen Beitrag sie zu dynamischen und inspirierenden Gottesdiensten in wachsenden Adventgemeinden leisten.

1. Die Gegenwart Christi erfahren. Sehr viele der befragten Gemeindeglieder sagten uns, dass sie sich an Gott erfreuen möchten und sich am meisten wünschen, im Gottesdienst wirklich Christi Gegenwart zu erfahren. Viele Menschen suchen nach einem

Erlebnis mit Gott – durch seine Liebe und Gnade berührt zu werden und in seiner Kraft zu leben.[8] Sie würden überall hingehen, um das zu erleben. Warum machen wir nicht unsere Gottesdienste zu einem Ereignis, bei dem Menschen dem Herrn Christus begegnen können und beginnen, ihm (mehr) zu vertrauen und ihn zu lieben? Gottes Wunsch ist es von jeher, bei den Menschen zu sein. Daher verbrachte er Zeit im Garten Eden (vgl. 1 Mo 3,8a), deshalb ließ er ein Heiligtum in der Wüste machen (2 Mo 25,8), deshalb kam (neben anderen Gründen) der Sohn Gottes auf diese Erde (Joh 1,14) Gott wird auch auf der neuen Erde bei den Menschen sein (Offb 21,3). Das Vorrecht der Gegenwart Gottes war nicht auf Adam, die alten Israeliten oder die Juden im ersten Jahrhundert begrenzt. Jesus hat versprochen, dass er – wann immer sich Christen in seinem Namen versammeln – mitten unter ihnen sein wird (Mt 18,20). Jeder Gottesdienst, jede Versammlung in seinem Namen beinhaltet die Verheißung seiner Gegenwart. Wenn also seine Gemeinde zusammenkommt, ist er auch da.

Für einen inspirierenden Gottesdienst ist es daher notwendig, durch Gebete, Lieder und Unterweisung eine heilige Atmosphäre zu schaffen, sodass sich die Versammelten der Gegenwart Christi bewusst werden. Viele Gottesdienstbesucher möchten mehr als Gemeinschaft, Ermahnungen und Erklärungen. Sie kommen und suchen nach einer Erfahrung mit Gott. Sie suchen nach „Ehrfurcht und Andacht, nach Mysterium und Transzendenz".[9] Was tut deine Adventgemeinde, damit sie das tatsächlich erfahren können?

Wir erfahren Gottes Gegenwart im Gebet und durch den Kontakt mit anderen Gläubigen, die ihn auch erleben. Die blühenden Gemeinden, die in ihren Versammlungen das Gefühl der Gegenwart Gottes vermitteln, tun das durch eine herzliche Begrüßung; durch Lobpreis und Lieder, durch Gebete, durch eine Atmosphäre der liebevollen Annahme und durch Gottesdienstleiter, die eine

---

[8] Diese Tatsache wird auch durch andere Untersuchungen bestätigt, z. B die von Glen Martin und Gary McIntosh, siehe *The Issachar Factor: Understanding Trends That Confront Your Church and Designing a Strategy for Success*, Broadman and Holman, Nashville 1993, S. 39.

[9] Robert G. Rayburn, *O Come, Let us worship*, Wipf & Stock, 2010.

enge Beziehung zu Christus haben. Wachsende Gemeinden streben eine Balance zwischen Inhalt und Gefühl an. Sie gestalten einen Gottesdienst, der Verstand und Herz anspricht, in dem die Gottesdienstbesucher etwas über Gott erfahren und ihm durch den Heiligen Geist begegnen, in dem sie von Gott singen und ihm auch ihre Liebe und Verehrung zusingen.

Wenn eure Sabbatgottesdienste eine Erfahrung mit Gott und Christus erleichtern sollen, dann müsst ihr …

- eine Atmosphäre des Lobpreises schaffen;
- die Anbetung und die Danksagung an Gott im Gottesdienst betonen und nicht lediglich Informationen weitergeben;
- auf den Verstand *und* das Herz abzielen (eines soll das andere nicht ausschließen);
- aus eigener Erfahrung berichten, wie ihr Gott erlebt habt.

2. Die Liebe und Gnade Gottes erfahren. In sechs Tagen hat der Herr Himmel und Erde gemacht und die Lebewesen erschaffen, aber er ist mehr als nur eine unpersönliche Kraft. Beachten wir die Art und Weise, *wie* er alles schuf: Sechs Tage lang benutzte er seine Stimme, um die Schöpfung ins Sein zu rufen (vgl. 1 Mo 1). Diese Stimme soll gehört werden, denn Worte sollen verstanden werden. Sogar als Gott die Welt durch die Macht seines Wortes formte (Ps 33,6.9), offenbarte er sein Wesen.

Und obwohl Gott alles Übrige durch sein Wort hervorbrachte, gebrauchte er am sechsten Tag seine Hände, um den Menschen aus dem Erdboden zu formen, und er benutzte seinen eigenen Atem, um ihm den „Atem des Lebens" zu geben (1 Mo 2,7 NLB). Das war eine persönliche Berührung!

Und was könnte persönlicher sein als ein ganzer Tag, der für die Gemeinschaft mit Gott und Jesus abgesondert („geheiligt") ist? Das Geschenk des Sabbats an die Menschheit ist eine eindrückliche wöchentliche Erinnerung, dass unser Herr persönlich an uns Menschen interessiert ist. Er möchte eine Beziehung mit uns haben!

Die Interviewten sagten uns: Wenn sie zum Gottesdienst gehen, möchten sie mit solch einem Gott Verbindung aufnehmen und wissen, dass er sich um sie intensiv und innig kümmert und sie wirklich liebt. Sie sehnen sich danach, seine Liebe und Gnade zu erfahren und die Gewissheit zu bekommen, dass sie für sie ausreichend ist und ihnen die ewige Erlösung sichert.

Wie erfahren wir Gottes Liebe und Gnade im Gottesdienst? Wie erkennen wir das Evangelium? Wir müssen es hören – immer und immer wieder, und zwar von Menschen, die selbst die Liebe und Gnade erfahren haben.

Hier sind einige praktische Schritte, die ihr im Gottesdienst gehen könnt, um das Wasser des Evangeliums einer Gesellschaft anzubieten, die wegen Mangel an Liebe ausgetrocknet ist:

• Fördert die geistliche Entwicklung der Gottesdienstleiter. Wenn sie Liebe nicht kennen, können sie sie nicht weitergeben.

• Fügt in jede Predigt und in jede Unterweisung eine (zumindest kurze) Darstellung des Evangeliums ein. Erzählt immer wieder die Geschichte von Jesus in einer kreativen und überzeugenden Art. Wir vergessen zu leicht, wie sehr Gott uns liebt und wie wichtig wir für ihn sind. Erinnert die Versammelten immer wieder an die grundlegenden Wahrheiten von der Liebe Gottes und seiner gnädigen Erlösung durch Christus.

• Preist die Gnade Gottes durch Zeugnisse der Gemeindeglieder. Das versetzt die Verheißung „Meine Gnade genügt dir" (2 Kor 12,9a EB) von der Theorie ins praktische Leben.

• Dankt Gott in euren Gebeten für seine liebevolle Gnade. Wir können die Versammelten mit der Realität der göttlichen Gnade in Berührung bringen, wenn wir ihm für sie danken und Gelegenheiten zum stillen Sündenbekenntnis schaffen; denn ein ausgewogener Gottesdienst schließt auch Reue und Sündenbekenntnis ein.

3. Mit Hoffnung erfüllt werden. In einer Welt, die rund um die Uhr mit Schreckensnachrichten und mit Krisenmeldungen auf kommunaler, nationaler und globaler Ebene angefüllt ist, muss die Gemeinde ein Zufluchtsort sein. Die Gemeinde als Christi Leib kann ein Ort des Neubeginns und der zweiten Chance sein.

Eine Frau bekannte in unseren Interviews: „Mein Mann schlägt die ganze Woche emotional auf mich ein. Ich gehe in die Adventgemeinde, um eine Botschaft der Hoffnung zu empfangen."

Lyle Schaller, ein christlicher Forscher und Gemeindeberater, sagt: Wenn wir ständig die Verheißung der Hoffnung anbieten, wird der Gottesdienstbesuch um 20 Prozent zunehmen.[10] Wenn die Leute am Sabbatvormittag in die Stuhlreihen schlüpfen, haben sie die Hoffnung, dass sie einen heiligen Ort betreten haben, wo sie Trost und Ermutigung von Gott und Menschen erfahren.

Vermittelt ihr ein Evangelium der Hoffnung? Es ist schwer, von einer Gemeinde begeistert zu sein, die alles an einem kritisiert. Aber es ist viel leichter, Menschen für ein Leben mit Jesus zu motivieren, wenn wir ihnen die gute Nachricht der Liebe, Hoffnung und Vergebung anbieten. Sie werden zu Jesus kommen und sich in der Sicherheit einer liebevollen Umgebung bereitwillig verändern.

Wie kann euer Gottesdienst den Teilnehmern Hoffnung vermitteln? Hier sind einige praktische Wege.

• Finde selbst Hoffnung in Jesus Christus. Als Gemeindeglied oder Pastor bist du ein einflussreicher Faktor für die Gemeindeatmosphäre. Wenn du in der christlichen Hoffnung fest verankert bist, wird Gott dich gebrauchen, um auch andere zu ermutigen.

• Vermittle Hoffnung in jeder Predigt, im Bibelschulgespräch, im Gebetstreffen und in der Bibelstunde. Kein Thema in der Welt ist so entmutigend, dass Jesus nicht eine Lösung dafür hätte. Ob du über die Klagelieder predigst oder Sünden rügst – stelle stets Jesus als die Hoffnung der Menschen heraus.

• Schafft Raum zur Freude in Gott. Jesus erklärte: „Das sage ich euch, damit meine Freude in euch bleibe und eure Freude vollkommen werde." (Joh 15,11) Ob durch Gebete oder Lieder, ob durch die Begrüßung oder durch visuelle Hilfsmittel – lasst die christliche Freude in eure Gottesdienste hinein.

• Praktiziert Vergebung. Wenn eine Gemeinde keine vergebende Einstellung offenbart, wird die Botschaft der Hoffnung in einem Gottesdienst durch Sorge und Bitterkeit erstickt – ganz gleich, wie viele Lobpreislieder ihr singen lasst.

4. In der Gemeinde geliebt werden. „Das ist mein Gebot, dass ihr euch untereinander liebt, wie ich euch liebe." (Joh 15,12) Dieses neue Gebot Christi müssen wir erfüllen. Unter allen Orten muss die Gemeinde der Platz sein, wo Menschen geliebt werden.

[10] Lyle E. Schaller, *44 Ways to Increase Church Attendance*, Abingdon, Nashville 1988, S. 23ff.

Wenn du Gemeindeglieder fragst (wie wir es getan haben), sagen sie dir, dass sie eine „freundliche" Gemeinde möchten. Aber die Untersuchung zeigt, dass sich die Bedeutung von freundlich geändert hat. Früher hieß „freundlich sein", nett zu sein: freundlich zu grüßen, höflich zu handeln, Gottesdienstprogramme auszuteilen. Heute bedeutet es, einer Person Respekt und Annahme entgegenzubringen. Freundlich steht für eine Gemeinschaft in einer sicheren und liebevollen Umgebung, für die Gesamtheit der Erfahrung in der Ortsgemeinde. Ob Menschen den Gottesdienst im schwarzen Anzug oder in Blue Jeans besuchen, ob sie mit einer Wasserflasche oder einem Becher Cappuccino kommen – sie sollen sich willkommen, angenommen und wertgeschätzt fühlen.

Ich war schon in vielen Gemeinden; einige von ihnen waren voller Wärme, Liebe und Annahme, andere waren streng und voller Kritik, und wieder andere waren mit sich vollkommen zufrieden und hatten keinerlei Absicht, Gäste mitzubringen. Aber ich habe keine Gemeinde insgesamt jemals sagen hören: „Wir sind kritisch und nörglerisch und nicht so liebevoll, wie wir sein sollten." Oder: „Wir sind freundlich zueinander, aber wir stoßen Besucher manchmal vor den Kopf und sind deshalb nicht liebevoll genug." Jede Gemeinde behauptet von sich, eine liebevolle Gemeinde zu sein.

Kann deine Adventgemeinde auf der Grundlage der folgenden Definition ehrlicherweise „liebevoll" genannt werden?

Eine liebevolle Gemeinde ist ...

• definiert durch die Qualität der gegenseitigen Fürsorge, nicht durch die Formalität der Begrüßung untereinander;

• ein Ort, wo die Liebe Gottes ganz konkret durch seine Kinder erfahrbar wird;

• ein „Zuhause", wo die eigenen Befürchtungen, Freuden, Sehnsüchte und Wünsche mitgeteilt werden können, ohne Verurteilung oder Ablehnung befürchten zu müssen;

• ein Platz, wo Menschen einander vertrauen und sich aufeinander verlassen können, wo man sich gemeinsam freut und die gleichen Ziele hat;

• ein Ort, wo Unvollkommenheit nicht zur Ablehnung führt, sondern wo Menschen ihr größtes Potenzial entdecken;

- ein Ort, wo Menschen offen und ehrlich miteinander umgehen, ohne eine Verurteilung befürchten zu müssen;
- eine Gemeinschaft, die Menschen in Problemen unterstützt;
- ein Ort, wo Unterschiede im sozialen Status und im Besitz, im Denken und Handeln zweitrangig sind gegenüber der Hingabe zu Christus, zu seinem Werk und zueinander;
- ein Ort, wo Menschen miteinander lachen, nicht übereinander; wo sie miteinander weinen, nicht wegen der anderen; wo sie anderen vergeben und von anderen Vergebung erlangen; wo sie andere lieben und von anderen geliebt werden.

Durch Gottes Wirken kann deine Gemeinde eine fürsorgliche und herzliche Glaubensgemeinschaft werden, in der alle Menschen akzeptiert und geliebt werden. Sie kann zu einem Ort werden, wo die Gemeindeglieder gern hingehen und gern ihre Freunde und Bekannten mitbringen. Wenn die Leute dann deine Adventgemeinde besuchen, werden sie ein Gefühl der Zugehörigkeit und der Vertrautheit verspüren.

5. Verändert werden. Die Aktivität der meisten Adventgemeinden dreht sich um den Sabbatvormittagsgottesdienst, aber das ist noch keine Garantie dafür, dass die Versammelten wirklich Gott anbeten. Gottesdienst ist die Antwort unseres Herzens an Gott dafür, wie er ist und was er für uns getan hat.

Jedes Mal, wenn wir Gott bzw. Christus neu begegnen, verändert er uns. Wahrer Gottesdienst bewirkt Veränderung. Er bringt uns näher zu Gott, offenbart unsere Sünden und unser Bedürfnis nach Christus und motiviert uns dazu, ihn um Veränderung zu bitten. Wahrer Gottesdienst lässt uns nicht so bleiben, wie wir sind, denn er beeinflusst uns in mehrerer Hinsicht:

- Die Antwort des Herzens. Kein Gottesdienst ist legitim, wenn er nicht von Herzen kommt. Im Gottesdienst sollen wir uns Gott bzw. Christus erneut hingeben (vgl. Röm 12,1). Der Herr konnte hinter die Heuchelei seines Volkes in Hesekiels Zeit blicken und prangerte ihren leeren Lobpreis an: „Ihr Mund lobt dich überschwänglich, aber ihr Herz ist nur damit beschäftigt, wie sie sich skrupellos bereichern können." (Hes 33,31b GNB) Gott lässt sich mehr durch unser Herz als durch unseren Mund beeindrucken.

• Die Veränderung des Verhaltens. Gott erwartet, dass der Gottesdienst zur Veränderung der Einstellung und des Verhaltens führt. Mit Bedauern teilt er seinem Propheten Hesekiel mit: „Wie eingängige Musik klingen ihnen deine Worte, aber sie denken nicht daran, sie ernst zu nehmen." (V. 32 GNB) Wenn wir aufrichtig in Christi Gegenwart Gottesdienst feiern, werden wir unsere Sünden bereuen und unsere Beziehung zu ihm vertiefen.

• Höhere Ziele. Echter Gottesdienst erfordert in der Regel auch größere Opfer von den Gottesdienstbesuchern. Wenn sie Christi Gegenwart spüren und seine Stimme hören, dann folgen sie seinem Ruf, sich noch inniger mit ihm zu verbinden als bisher.

Wir können den Versammelten Gelegenheiten zur Reaktion geben: während des Gemeindegesangs, indem sie zum Fürbittgebet nach vorne kommen, durch Gaben, durch einen Aufruf am Ende der Predigt oder durch das Schlusslied. Jeder Teil des Gottesdienstes sollte mit dem Ziel der Veränderung gestaltet werden.

6. Zum Dienst motiviert werden. In der griechischen Sprache des Neuen Testamentes kann das Wort für Dienst auch ein Wort für Gottesdienst sein (*latreia*, siehe Hbr 9,1.6). Im besten Fall motiviert ein Gottesdienst immer dazu, ein heiliges Leben in liebevollem Dienst für andere zu führen.

Der Prophet Jesaja war in einer Vision im Tempel des Herrn, als er die Engel „Heilig! Heilig! Heilig!" singen hörte. Das führte ihn zum Bewusstsein seiner Sünden, worauf die Zusicherung der Vergebung folgte. Dann fragte die Stimme Gottes: „Wen soll ich senden? Wer will unser Bote sein?" Tief bewegt antwortete Jesaja: „Hier bin ich! Sende mich!" (Jes 6,1–8)

Wahrer Gottesdienst führt immer auch zum Dienst. Siebenten-Tags-Adventisten machen oft den Fehler, dass sie ihren Gottesdienst auf zwei Stunden pro Woche begrenzen; aber Gott ist auch den Rest der Zeit würdig, verehrt zu werden, und das zeigt sich auch im Dienst. Eine Möglichkeit, ihm während der ganzen Woche zu dienen, ist unser Dienst für andere Menschen.

Jede gottesdienstliche Versammlung muss einen Aufruf zum Dienst beinhalten. Die Versammelten sollen das anwenden, was sie während des Gottesdienstes gelernt und erfahren haben.

7. Sich an der guten Qualität der Darbietungen erfreuen. An einem Freitagabend wurde ich von einem Mitglied einer Adventgemeinde, in der ich erst seit kurzem Pastor war, angerufen. „Worüber handelt deine Predigt morgen?", fragte sie mich. „Ich predige über das Buch Hosea", erklärte ich. „Und was wird das Thema deiner Predigt sein?" „Ich werde über die Liebe Gottes predigen." Die Glaubensschwester dankte mir und legte auf. Neugierig geworden rief ich sie zurück und befragte sie wegen des Interesses an meinem Predigtthema. Sie sagte mir, dass ihre lutherische Familie sie am Wochenende besuchen wird. Sie dachte daran, sie zum Gottesdienst einzuladen und wollte sich vergewissern, dass die Predigt nicht „neben der Spur" war. Die Schwester wollte sichergehen, dass das, was ich sagte, sie nicht in Verlegenheit bringen und ihre Familie nicht abschrecken würde. Das ist doch wirklich nicht zu viel verlangt, oder?

Wo heutzutage die Menschen Qualität fordern, geben die Gemeinden sich oft mit Mittelmäßigkeit zufrieden. „Es ist nur die Gemeinde", scheint die Ansicht vieler Pastoren und Gottesdienstleiter zu sein. Als ob das, was darin geschieht, nicht so wichtig für uns und andere wäre oder als ob ein einfallsloser Gottesdienst gut genug wäre. Doch bei der Anbetung des Allerhöchsten unser Geringstes zu geben ist definitiv nicht genug.

Wie empfindet Gott bei dem Opfer des Gottesdienstes, das das Gottesdienstteam deiner Gemeinde ihm jede Woche bringt? Geschieht das im Gebet und Heiligen Geist? Oder geschieht das in der Freitagabendhetze und Sabbatvormittagsimprovisation?

Eine einfache diagnostische Frage lautet: Laden die Gemeindeglieder gern Menschen in ihre Gemeinde ein?[11]

Hier sind einige Ideen, mit denen ein Pastor die Qualität der Gottesdienste verbessern kann:

---

[11] Im Anhang B: „Gottesdienst: Reflexion und Bewertung" werden einige Fragen aufgeführt, anhand derer die Gemeinde- oder Gottesdienstleiter die Gottesdienste ihrer Gemeinde bewerten und verbessern können.

- Wähle Gottesdienstteams, die sich ganz für Gott einsetzen.
- Beginne einen Prozess zur Entwicklung der Gaben.
- Plane mindestens einen Monat, am besten mehrere Monate (bis zu einem Jahr) im Voraus.
- Wähle ein Thema, das sich durch den ganzen Gottesdienst hindurchzieht.
- Verwende Bilder, Requisiten und visuelle Hilfsmittel.
- Probe den Gottesdienstablauf vorher.
- Investiere die nötige Zeit in die Vorbereitung von inspirierenden Predigten.[12]
- Vermeide Leerlauf.
- Frische die äußere Erscheinung des Gottesdienstraumes auf: helle Dekoration, strahlendes Licht, angemessener Klang.

Christen haben viele Gründe für den Gottesdienst. Wir feiern Gottesdienst aufgrund dessen, was Gott durch seinen Sohn Jesus Christus und seinen Geist getan hat, was er tut und noch tun wird. Laut Offenbarung 14,7 ist der Gottesdienst eine Erinnerung an die Schöpfung und eine Feier des Evangeliums. Er ist die Antwort der Gläubigen auf die Liebe, Gnade und Güte Gottes durch Anbetung, Ehrerbietung, Danksagung, Unterordnung und Gehorsam.[13]

Die Größe Gottes und die Schönheit seiner Gnade sind machtvoll, sie verändern das Leben und sind es wert, gefeiert zu werden. Danach sehnt sich unser Herz, wenn wir zu einem Gottesdienst zusammenkommen; und das möchte uns Christus auch gern geben.

---

[12] Thom S. Rainer erklärt: Während der Durchschnittspastor manchmal nur zwei Stunden pro Woche zur Predigtvorbereitung verwendet, investieren die Pastoren wachsender Gemeinden etwa 22 Stunden pro Woche für die Ausarbeitung ihrer Predigt. Siehe *Surprising Insights From the Unchurched*, S. 67, 220f.

[13] Ein Vorschlag von Ed Christian für einen Gottesdienstablauf, der die Anbetung Gottes betont, findet sich mit ausführlichen Erläuterungen im Anhang des Buches *Musik trennt/eint*, Advent-Verlag, Lüneburg 2003, S. 133–158.

TEIL VI

Wie soll es nun weitergehen?

Zwei Fragen müssen noch beantwortet werden. Die erste ist: Was haben wir aus unserer Untersuchung gelernt? Erstens, dass Gemeindewachstum Gottes Wille ist und durch das Wirken seines Geistes auch möglich ist. Sein Wirken auf die Nachfolger Christi, die Gemeinde und die Menschen ist dabei ausschlaggebend.

Zweitens sind die effektivsten Missionare heute du und ich. Jesus hat uns berufen, Seite an Seite mit ihm zusammenzuarbeiten. Der Einfluss eines hingegebenen Christen ist unschätzbar groß. Niemand kann dort sein, wo du bist, und niemand kann deine Familienangehörigen und Freunde so gut beeinflussen wie du.

Drittens geschieht Gemeindewachstum am ehesten, wenn die Mitglieder stolz sind auf ihre Gemeinde und begeistert von ihrem Herrn Christus.

Viertens müssen vier Faktoren zusammenwirken, um die Gemeinde wachsen zu lassen: Leiter, die glauben, dass Gott Unmögliches schaffen kann, und die Macht des Gebets nutzen damit Herzen bewegt und Menschen zu Jesus geführt werden; Leiter, die eine Vision für Mission und Evangelisation verbreiten und die Gemeindeglieder gezielt ausbilden; aktive Gemeindeglieder, die freudig ihren Glauben bezeugen; und Gottesdienste, die inspirieren und zur (erneuten) Hingabe an Christus führen.

Die zweite Frage ist, was wir mit diesem Wissen nun machen. Ich habe zehn einfache Schritte zusammengetragen, wie ein Pastor oder Gemeindeleiter dafür sorgen kann, dass seine Gemeinde neu belebt wird und das aus ihr wird, was Christus beabsichtigt hat. Alles, was du tust, ist auf jeden Fall besser, als nichts zu tun.

Kapitel 13

Die ersten zehn Schritte

In den vorherigen Kapiteln haben wir die Merkmale betrachtet, die eine Gemeinde zu einer gesunden, wachsenden und attraktiven Gemeinschaft machen, zu der man gern dazugehören möchte. Die Fragen, die sich vor allem Pastoren und Gemeindeleiter an diesem Punkt stellen, sind: Wie soll es nun weitergehen? Was kann und muss in meiner Adventgemeinde geschehen, damit wir vorankommen? Wie können wir sie in eine attraktive Gemeinschaft verwandeln, in der Gott geehrt wird, die Mitglieder von Christus begeistert sind und religiös Suchende einen Ort finden, an dem sie sich zu Hause fühlen und zu Jesus finden?

Hier sind die zehn Schritte, die ich vorschlage.

1. Bete häufig. Die fantastische Zukunft deiner Gemeinde beginnt mit dem Beten. Ohne ernsthaftes Gebet zu arbeiten – ganz gleich, wie fleißig und intelligent unsere Bemühungen sind –, wird nur in mehr desselben münden: in menschlichen Leistungen und dem nagenden Gefühl, dass zu einer Gemeinde Christi mehr gehören muss als das. Wenn wir das Wort des Herrn ernst nehmen, werden wir seine Botschaft beachten: „Nicht durch menschliche Macht und Gewalt wird es dir gelingen, sondern durch meinen Geist!" (Sach 4,6b GNB) Das Beten ist ein unabdingbarer erster Schritt für Gemeindeerneuerung und -wachstum.

Wir möchten, dass unsere Gemeinde von Gott geleitet wird; also sollten wir damit beginnen, Gott zu fragen, wohin er gehen will. Zusätzlich zu unserer regelmäßigen Andacht sollten wir jeden Tag eine Stunde dafür widmen, das wunderbare Wirken Gottes für unsere Gemeinde, ihre Leiter und für unsere Stadt bzw. Kommune zu erbitten. Bete um eine Vision vom Herrn und um Weisheit, seine Absichten für deine Gemeinde zu erkennen und umzusetzen. Bitte Gott, dir zu zeigen, wie er sich durch sie verherrlichen will. Unsere Aufgabe als geistliche Leiter ist nicht nur, Mitglieder zu leiten und zu führen, sondern sie *auf Gottes Weg* zu führen.

2. Pflege die Spiritualität. Wir müssen gesunde und zunehmende Spiritualität höher schätzen als Mitgliederzahlen oder einen anderen Indikator für Wachstum. In dem Bemühen, ihre Gemeinde neu zu beleben oder den Trend der abnehmenden Mitgliederzahl umzukehren, probieren Gemeinden alle Arten von Lösungen aus: Programme einführen, neue Grundsätze aufschreiben, verschiedene Strategien entwerfen, übernehmen, was in anderen Gemeinden funktioniert hat, oder den Pastor auswechseln. Gilbert R. Rendel, ein Forscher und der Berater des Alban Instituts, argumentiert, dass nichts davon funktionieren wird. Bedeutungsvolle und nachhaltige Veränderung ist *geistliche* Veränderung.[1]

Eine Betonung auf echte Spiritualität und Erweckung sollte die Hauptaufgabe der Gemeinde sein, und das erfordert eine viel größere Investition in die geistliche Entwicklung der Pastoren, Leiter und Mitglieder. Das wichtigste irdische Vermögen, das eine Gemeinde hat, sind ihre Mitglieder. Wenn sie geistlich gesund und reif, ausgebildet und ausgerüstet sind, werden sie großartige Dinge für Gott tun. Wie in Apostelgeschichte 4 deutlich beschrieben, werden völlig hingegebene Nachfolger Christi freudig alles für ihn und sein Werk hingeben.

Ein Teil der Förderung der Spiritualität besteht darin, die gesamte Gemeindearbeit – von der Sabbatschule über die Kinderarbeit bis zu Arbeitseinsätzen – als Arbeit für das Reich Gottes anzusehen. Wenn sie keine Arbeit für sein Reich ist, dann hört damit auf! Aber wenn sie das ist, dann vermittle einen Sinn von Begeisterung und Heiligkeit, wenn du deine eigene Aufgabe erfüllst. Ermutige zugleich die Gemeindeglieder in ihrer Arbeit für das Reich Gottes. Erinnere sie vor allem daran, dass der Dienst der Gemeinde nicht nur wichtig ist, sondern auch Ewigkeitswert hat.

---

[1] Gilbert R. Rendel, *Leading Change in the Congregation*, Alban Institute, Herndon (Virginia) 1998, S. 35ff.

3. Nimm den auf Glauben basierenden Optimismus an. Gott kann erstaunliche und fantastische Dinge tun. Er schuf das Universum und erhält es durch die Macht seines Wortes. Wunderbare Taten zu vollbringen ist genau, worauf er spezialisiert ist. Der Glaube an einen lebendigen Gott und dessen mächtiges Wort bewirkt einen deutlichen Unterschied in der Einstellung und Richtung einer Gemeinde. Nimm daher die hoffnungsvolle Erwartungshaltung an, die dein Glaube bietet, und bemühe dich, sie jedem Mitglied deiner Gemeinde zu vermitteln. Benutze dazu neben Predigten und persönlichen Gesprächen alle offiziellen und inoffiziellen Kommunikationsmittel der Gemeinde. Sprich immer wieder erneut über die Grundtatsache der ganzen Situation: „Gott kann das Unmögliche schaffen – und er möchte das auch hier tun!"

4. Verbreite die Vision einer Traumgemeinde. Gott hat eine Idealvorstellung für deine Gemeinde, und sie beinhaltet mindestens alles, was du dir für sie wünschen kannst. Stell dir eine Gemeinde vor, deren Gottesdienste inspirierend sind, und wo Menschen das Evangelium erfahren; eine Gemeinschaft, erfüllt vom Beten und vom Wirken des Heiligen Geistes; wo jedes Mitglied bereit ist, mit Bedürftigen zu teilen; ein Werkzeug Gottes, um Veränderungen in deiner Stadt oder Kommune zu bewirken. Bitte Gott um eine Vision, was deine Adventgemeinde durch sein Wirken werden könnte. Das wird ein begeisterndes Konzept sein!

Dann teile diese Vision den Leitern und Mitgliedern mit. Erwecke in ihnen den Wunsch nach dieser Traumgemeinde. Beschreibe sie so, dass sie schließlich sagen: „Ich würde sehr gern Mitglied solch einer Gemeinde sein! Ich will mich dafür einsetzen. Ich würde gern meine Zeit, meine Fähigkeiten und mein Geld dafür opfern!" Wecke in ihnen eine Art heiliger Unzufriedenheit mit dem momentanen Zustand und wie die Dinge derzeit laufen. Viele Gemeindeglieder haben nur eine flüchtige Hoffnung auf die Traumgemeinde und stattdessen den Status quo akzeptiert; sie denken: *So sind die Dinge eben.* Aber mit Christus und dem Heiligen Geist muss es nicht so bleiben. Verbreite die Vision einer Traumgemeinde, und die Mitglieder werden sie übernehmen; und das wird neue Energie in deine Gemeinde bringen.

5. Baue enge Beziehungen zu vorhandenen Leitern auf. Abstand oder gar Streit zwischen Leitern führen eine Gemeinde zu Stagnation oder Abnahme. Die Beziehung unter Leitern bestimmt in einem großen Ausmaß die Effektivität der Organisation, die sie leiten. Für eine Gemeinde bedeutet das, mit der biblischen Aufforderung zu beginnen, einander zu lieben wie christliche Brüder und Schwestern, und dann diese Beziehungen zu stärken.

Stelle sicher, dass du in demselben Team wie die anderen bist, geleitet von demselben Ziel. Baue enge Beziehungen zu den offiziellen Leitern auf (solche, die in Ämter gewählt sind) und zu den einflussreichen Leitern (solche, die kein Amt, aber bedeutenden Einfluss in der Gemeinde haben).

6. Bilde neue Leiter aus. Nichts wird ohne gute Leiter geschehen. Sie verbreiten die Vision, inspirieren die Personen, die einen Dienst verrichten, organisieren die Bemühungen der Dienstgruppe, kümmern sich um deren Mitglieder und bilden sie aus, und verleihen dem Gemeindesystem Stärke. Ohne Leiter für den Dienst an Kindern zum Beispiel wird niemand das Programm ausarbeiten, niemand Mitarbeiter gewinnen und ausbilden, niemand die Kinder unterrichten oder für das Basteln verantwortlich sein, und keiner wird sicherstellen, dass die Ziele erreicht werden. Und wenn es keine attraktive und gut funktionierende Kindersabbatschule gibt, dann werden keine jungen Familien zu deiner Adventgemeinde kommen, und es wird kaum Wachstum geben können!

Wenn dir die Heranbildung von Leitern zu zeitintensiv und zu mühsam erscheint, dann erinnere dich, dass Jesus den Großteil seines irdischen Dienstes in die Ausbildung einer kleinen Gruppe seiner Jünger investiert hat, die nach seiner Himmelfahrt die Gemeinde in der Kraft des Heiligen Geistes leiteten. Wenn du Zeit, Mühe und Mittel verwendest für die Gewinnung, Ausbildung, das Coaching und die Ermutigung von Leitern in deiner Gemeinde, wird das reichliche Erträge bringen.

7. Beginne, einige Dinge zu verbessern. Du magst überrascht sein, welch großen Effekt auch kleine Verbesserungen auf die Atmosphäre einer Gemeinde haben können. Es könnte das Streichen der Räume für die Kindersabbatschule sein oder die Neugestaltung des Gemeindemitteilungsblattes oder die Pflege der Blumenbeete; alle solche anscheinend kleinen Verbesserungen vermitteln eine wichtige Botschaft: Dies ist ein Ort, der es wert ist, darin zu investieren. Sie wirken auch wie kleine „Gewinne" für die Gemeinde; das ist ein notwendiges Element für eine Gemeinde, die in den kommenden Jahren viele Veränderungen erleben soll. Die Mitglieder müssen sehen, dass die Dinge bereits beginnen, sich zu verbessern, damit sie anfangen können, ein gesundes Empfinden von Stolz auf ihre Adventgemeinde zu entwickeln.

8. Optimiere eure Gottesdienste. Wie bereits beschrieben, ist Gemeindeerneuerung immer auch mit der Erneuerung des Gottesdienstes verbunden. Das war immer so und ist es heute erst recht.[2] Nach den vielen Interviews war uns klar, dass die meisten Gemeindeglieder begierig auf einen dynamischen und inspirierenden Gottesdienst sind. Viele verlangen danach, eine Begegnung mit Christus zu erleben, seine Gegenwart zu spüren und mit seiner Kraft erfüllt zu werden. So lange, wie dieser Hunger vorherrschend bleibt, werden die Gottesdienste das grundlegende Kriterium sein, an dem sie die Ortsgemeinde messen. Allein aus diesem Grund verdienen sie spezielle Aufmerksamkeit und viele Gebete.

Obwohl die Gemeindeglieder begierig sind, die Gegenwart Gottes zu spüren, erleben viele sie in unseren Gemeinden nicht. Als wir erfolgreiche Adventgemeinden untersuchten, wurde offensichtlich, dass jedes Mal, wenn Gemeinden ausdauernd beten, Nachfolger Christi ausbilden und den Gottesdienst erneuern, sie geistlich gesund werden und zu wachsen beginnen. Umfassende Untersuchungen bestätigen diese Tatsache, indem sie zeigen, dass der Gottesdienst auf eine sehr positive Weise zu Evangelisation, echter Nachfolge und der Eingliederung neuer Mitglieder beiträgt.[3]

Beispielsweise erhöhte eine Adventgemeinde ihre Besucherzahl auf mehr als 700 Personen, als sie sich auf die Erneuerung des Gottesdienstes konzentrierte und einen weiteren Gottesdienst hinzufügte, der die Bedürfnisse der Gemeindeglieder erfüllen sollte.

---

[2] Siehe z. B. W. Kaiser jun., *Quest for Renewal*, S. 11–25.
[3] T. S. Rainer, *High Expectation Churches*, S. 174f; Vortrag von George Barna auf der Adventist Ministerial Convention, Januar 2009.

9. Vereinfache die Gemeindestruktur. Der grundlegende Zweck einer Gemeindestruktur und -strategie sollte die Erfüllung des Missionsauftrages sein, die gute Nachricht von Jesus Christus den Menschen in der Welt nahezubringen. Viele Gemeindeglieder berichteten uns, dass sie die bestehende Gemeindestruktur eher als ein Hindernis als eine Hilfe zum Dienst erleben. Das ist natürlich kontraproduktiv.

Beseitige daher in Absprache mit dem Gemeindeausschuss möglichst viele Hürden für Mitglieder, die eine Idee für einen neuen Dienst haben oder sich an bestehenden Diensten beteiligen wollen. Gebt Bereichsleitern und untergeordneten Gremien mehr Vollmacht, und stellt ein Budget zur Verfügung, über dessen Verwendung sie eigenständig entscheiden können. Macht es so einfach wie möglich, Christus und der Gemeinde zu dienen, für einen Dienst ausgebildet oder angeleitet zu werden, Mittel zu bekommen und etwas Neues zu beginnen.

10. Nutze kritisches Denken. Pastoren vernachlässigen oft die Aufgabe, sich regelmäßig Zeit zu nehmen, um den eigenen Dienst und den Fortschritt der Gemeinde bezüglich der Verwirklichung der Vision Gottes zu reflektieren. Aber es ist notwendig, ständig auszuwerten, was getan wurde, und dann nach Wegen zu suchen, um es besser zu machen. Ich empfehle Pastoren, jede Woche zwei Stunden zu verwenden, um den eigenen Dienst zu reflektieren: *Wie gut habe ich die vergangene Woche gearbeitet? Habe ich meine Absichten verwirklicht, meine eigenen Ziele erreicht? Habe ich Gottes Berufung erfüllt? Wie kann ich besser predigen? Was kann ich tun, um das Evangelium den Menschen innerhalb und außerhalb meiner Gemeinde besser mitzuteilen? Sind die Sitzungen effektiv? Sind sie geistlich und auf die Mission ausgerichtet?* Bewerte deine Arbeit der letzten Woche und versuche, die der nächsten Woche mit der Hilfe Gottes zu verbessern.

Zusätzlich zu deiner persönlichen Reflexion ist es nützlich, die Stärken und Schwächen deiner Gemeinde und ihrer Aktivitäten in einer Gruppe zu diskutieren.[4] Wenn du dich mit dem Gemeinde-

---

[4] Eine hilfreiche Diskussionsgrundlage dafür findet sich in Anhang C: „Gottes Prüfung für Gemeinden und ihre Leiter."

ausschuss triffst, frage nach seiner Bewertung deiner Arbeit und der Arbeit der Gemeinde. Sei offen für Kritik und für Vorschläge. Da die Ausschussmitglieder es ohnehin denken, kannst du genauso gut davon profitieren. Dasselbe Prinzip funktioniert auch in anderen Gruppen gut: in der Gruppe der Gottesdienstleiter, im Missionsausschuss, im Komitee für die Jugendarbeit und sogar in der Wohlfahrtsgruppe. Nimm niemals an, dass alles, was du getan hast, perfekt ist, und danke dem Herrn, wenn Gemeindeglieder trotz deiner Unvollkommenheit gesegnet wurden!

Außerdem praktizieren effektive Leiter kritisches Denken und übernehmen nicht nur die Ideen, Pläne, Programme oder Visionen anderer Leute. Zu oft denken Pastoren, die von einem vollen Terminplan überfordert sind und gern Veränderungen sehen möchten, zu wenig kritisch und machen pauschale Anleihen. In ihren Bemühungen, ihre Gemeinde wachsen zu lassen, übernehmen sie bestehende Modelle und konzentrieren ihre Kraft auf die Förderung von Programmen. Dann werden leider die Programme – und nicht die Rettung von Menschen – die Mission dieser Gemeinde.

Ihre besondere Situation zu bewerten, kritische und nachdenkliche Fragen zu stellen und Lösungen zu entwickeln, um die dringenden Bedürfnisse unserer Zeit zu erfüllen, ist der Kern der Leitungsaufgabe. Ein Pastor stellt sich immer drei grundlegende Fragen: Wo handelt Gott, sodass wir uns ihm anschließen können? Wie können wir effektiver in dem sein, was wir tun? Was tun wir, das nicht mehr effektiv ist? Und dann müssen wir auch den Mut haben, das zu beenden, was nicht mehr passend ist, oder es für einen neuen Zweck zu nutzen, damit es wieder passt.

Zusammenfassung

Unsere Untersuchung zeigte beunruhigende Tendenzen in nordamerikanischen Adventgemeinden bezüglich des Gemeindewachstums. Die Kirche dort hat eine geringere Wachstumsrate als die Bevölkerung. In vielen europäischen Ländern gibt es sogar einen absoluten Rückgang der Gliederzahlen. Es benötigt auch immer mehr finanzielle Mittel, um einen einzigen Täufling zu haben.

Die Herausforderungen, denen die Adventgemeinden heute gegenüberstehen, sind vielfältig und ernst; aber wenn wir über Wege nachdenken, wie wir in der Zukunft vorwärtskommen können, ist es entscheidend zu verstehen, dass unser größtes Bedürfnis nur durch *eine* Quelle erfüllt werden kann: den Herrn Jesus Christus.

Durch die Jahrhunderte hat die Gemeinde immer einige ernste Herausforderungen von innen und außen gehabt wie Verfolgungen, Kompromisse, Uneinigkeit, Teilnahmslosigkeit, Verweltlichung, den Säkularismus. Christus hat jedoch versprochen, dass er ständig bei uns sein wird, wenn wir seinen Missionsauftrag auszuführen versuchen – bis ans Ende der Weltzeit (vgl. Mt 28,19–20 EB). Er hat uns versichert, dass die Gemeinde fortfahren wird zu triumphieren, weil sie „das Objekt ist, dem Gott in besonderer Weise seine höchste Aufmerksamkeit schenkt".[5] Mit seinem Segen kann auch deine Traumgemeinde Wirklichkeit werden.

Das größte Bedürfnis der heutigen Adventgemeinden ist kein neues Programm, sondern eine neue Begeisterung. Wir dürfen nicht in der Vergangenheit leben, sondern müssen uns mit der Gegenwart beschäftigen und uns die Zukunft vorstellen; uns nicht auf menschliche Bemühungen, sondern auf die Macht Gottes und das Wirken des Heiligen Geistes verlassen. Der Missionsauftrag der heutigen Gemeinde wird nicht durch den Gebrauch von weltlichen Methoden und Ideen erfüllt werden, sondern nur durch eine enge Verbindung mit dem Herrn Jesus Christus, der sagte, dass wir ohne ihn nichts tun können, aber mit ihm verbunden bleibende Frucht bringen werden (Joh 15,4–5.16). Wenn wir also in die Zukunft gehen, lasst uns mit ihm gehen. Die besten Tage der Adventgemeinden liegen noch vor uns.

---

[5] Ellen G. White, *Das Wirken der Apostel*, S. 11 (rev.); vgl. *Gute Nachricht für alle*, S. 12.

Die Suche nach vielversprechenden Leitern

Es gibt zwölf Anzeichen, an denen man künftige Leiter erkennen kann. Ich nenne sie die zwölf Anzeichen von Leitungspotenzial.

1. **Leitungsaufgaben in der Vergangenheit.** Das beste Anzeichen für die Zukunft ist die Vergangenheit.
2. **Die Fähigkeit, eine Vision zu kreieren oder aufzunehmen.** Eine Person, die die Erregung einer neuen Herausforderung nicht spürt, ist kein potenzieller Leiter.
3. **Ein konstruktiver Geist der Unzufriedenheit.** Potenzielle Leiter denken über neue Wege und bessere Methoden nach.
4. **Praktische Ideen.** Künftige Leiter sollten Ideen haben und erkennen können, welche geeignet sind und welche nicht.
5. **Die Bereitschaft, Verantwortung zu übernehmen.** Leitung ist die Freude, etwas zu schaffen, und das erhebende Gefühl, anderen Menschen zu helfen.
6. **Etwas zu Ende führen.** Wenn derjenige eine Aufgabe anpackt, beendet er sie auch.
7. **Mentale Stärke.** Niemand kann leiten, ohne kritisiert zu werden oder Entmutigung gegenüberzustehen.
8. **Andere Leute hören auf ihn** oder suchen seinen Rat.
9. **Respekt in der eigenen Familie.**
10. **Respekt von Gleichaltrigen oder Kollegen.**
11. **Eine starke geistliche Beziehung zu Gott.** Ein guter Leiter wird einen christusähnlichen Charakter und Weisheit haben, und mit Liebe erfüllt sein (vgl. Apg 6,3).
12. **Eine stabile Hingabe an den Herrn Jesus und die eigene Adventgemeinde.**

Prüfung des Charakters des Kandidaten

1. Möchte diese Person selbst mehr gemocht werden oder will sie Gott ehren?
2. Hat diese Person eine zerstörerische Schwäche oder hegt sie eine sündige Gewohnheit?
3. Kann diese Person Fehler einsehen und Kritik akzeptieren, die begründet ist, ohne entmutigt zu sein oder aufzugeben?

Schließlich muss ich mich als Leiter fragen: Kann ich dieser Person ein erfolgversprechendes Arbeitsfeld bieten?

Gottesdienst: Reflektion und Bewertung

Fragen vor einem Gottesdienst

Den Gottesdienst am Sabbat zu verbessern reicht letztlich bis zu praktischen Veränderungen, aber damit beginnt es nicht. Wir sollten zuerst über Sinn und Zweck des Gottesdienstes und seiner verschiedenen Elemente nachdenken.

Hier folgt eine Reihe von Fragen für ein Gottesdienstteam oder die Gottesdienstleiter, wenn sie ihre Arbeit der Bewertung und Verbesserung des Gottesdienstes beginnen.

1. Was ist der eigentliche Zweck eines Gottesdienstes?
2. Welche Bedeutung hat der Gottesdienst im Leben eines Nachfolgers Christi?
3. Was sollen die Gottesdienstbesucher in unserer Adventgemeinde erleben?
4. Welchen Schwerpunkt hat der Gottesdienst?
5. Was ist die Rolle von Gott, dem Vater, von Jesus und dem Heiligen Geist im Gottesdienst?
6. Wie setzen wir die Elemente der Versammlungen der ersten Christengemeinde in Jerusalem (Vermittlung der Lehren Christi und der Apostel, Gemeinschaft pflegen, Gott loben, beten und miteinander essen; vgl. Apg 2,42.46–47) in unseren Gottesdiensten um?
7. Wie gut lehren wir Anbetung? Wie gut setzen wir sie um?
8. Wie helfen wir den Versammelten, im Gottesdienst ein Gemeinschaftsgefühl als Volk Gottes (statt einer Sammlung individueller Christen) zu gewinnen?

Bewertung nach einem Gottesdienst

Damit die Gottesdienste weiterhin ihren Sinn und Zweck erfüllen und ihre Qualität garantiert wird, sind hier einige Fragen, die ein Gottesdienstteam oder die Gottesdienstleiter für eine fünf- bis zehnminütige Evaluation danach benutzen können.

1. Wie gut haben wir unsere Absichten im heutigen Gottesdienst verwirklicht?
2. Was können wir tun, um die Qualität unseres Gottesdienstes weiter zu verbessern? (Die Stärken ausbauen.)
3. Was von dem, was wir gemacht haben, hat die Qualität dieses Gottesdienstes *nicht* verbessert? (Die Schwächen austilgen.)
4. Wird unser Gottesdienst von einem erstmaligen Besucher verstanden und kann er mitmachen?
5. Hat dieser Gottesdienst Gemeindeglieder und auch Suchende im Glauben und im christlichen Leben gestärkt?
6. Was war der Moment der Begegnung mit Gott oder Christus in diesem Gottesdienst bzw. der Moment der Berührung der Herzen durch den Heiligen Geist? Haben wir ihn schaffen können?
7. Was können wir künftig tun, um sicherzustellen, dass sich dieser Moment mit der höchsten Intensität und der größten Klarheit ereignet?

Anhang C

Gottes Prüfung für Gemeinden und ihre Leiter

Folgende Fragen sind nützlich für Gemeindeausschusssitzungen und die Ausbildung von Leitern. (Sie basieren auf Eph 4,11–16.)

1. Was geschieht im Leben der Gemeindeglieder von ewiger Bedeutung durch die Arbeit und Fürsorge eurer Gemeinde? (Vgl. Eph 4,11.)
2. In welcher Weise sind eure Mitglieder zum Dienst in der Gemeinde und in der Umwelt ausgebildet worden? (V. 12)
3. Wie viel Prozent eurer Gemeindeglieder beteiligen sich an irgendwelchen Diensten? (V. 12)
4. Bewirken die Dienste eurer Mitglieder bei ihnen geistliches Wachstum im Glauben, in der Erkenntnis Christi und in geistlicher Reife? (V. 13)
5. Wie weit spiegelt der Lebensstil eurer Gemeindeglieder die Grundsätze und den Charakter von Christus wider? (V. 13)
6. Wie viel Prozent eurer Mitglieder reflektieren den Lebensstil eines reifen Christen? (V. 13)
7. Wie viel Prozent eurer Mitglieder werden leicht in ihrem Glauben erschüttert oder sind anfällig für falsche Lehren bzw. fragwürdige Verkündiger? (V. 14)
8. Herrscht echte Bruderliebe unter euren Gemeindegliedern? Haben sie Liebe zu verlorenen Menschen? (V. 15)
9. Welches geistliche und zahlenmäßige Wachstum verzeichnet eure Gemeinde? (V. 15)
10. Bauen sich eure Gemeindeglieder gegenseitig auf? (V. 16)

Zur Stärkung des Gebetslebens einer Gemeinde

„Es ist unsere Aufgabe, durch Bekenntnis [der Sünden], Demut, Reue und ernsthaftes Gebet die Bedingungen zu erfüllen, unter denen Gott versprochen hat, uns seinen Segen zu geben. Eine Erweckung kann nur als Antwort auf Gebet erwartet werden", schrieb Ellen G. White. Sie stimmt darin mit vielen anderen Autoren überein. Das ist kein Wunder, denn schon im Alten Testament findet sich in der Verheißung von 2. Chronik 7,14 quasi Gottes Formel für eine Erweckung.

Davon jedenfalls ist Pastor Randy Maxwell überzeugt. In seinem Buch *Wenn Gottes Volk betet ...* zeigt er die Wichtigkeit des Gebets für eine Erweckung. Er erläutert die Vorrechte derer, die zum Volk Gottes gehören, nennt vier Voraussetzungen, um eine Erweckung zu erleben, und macht praktische Vorschläge zur Belebung sowohl des persönlichen als auch des gemeinschaftlichen Gebetes.

Mit seinem Buch will Randy Maxwell die Adventgemeinden aufrufen, sich auf das wirklich Wichtige zu besinnen und es in Angriff zu nehmen. Das Buch ist auch als Studiengrundlage für Gesprächs- und Gebetsgruppen in Gemeinden hervorragend geeignet. Gesprächsanleitungen zu den einzelnen Kapiteln sind auf der Internetseite des Advent-Verlages zu finden.

Randy Maxwell: **Wenn Gottes Volk betet ...**
Gottes Formel für eine Erweckung seiner Gemeinde
2. Auflage, Paperback, 200 Seiten, Artikel-Nr. 1889

ADVENT-VERLAG Lüneburg, Tel.: 0800 2383680 (kostenlos)
Leseprobe und Bestellung im Internet: www.advent-verlag.de
(Auslieferung aller Bücher in der Schweiz über Advent-Verlag, Krattigen, in Österreich über Top Life Wegweiser-Verlag, Wien)

Zur Stärkung der Spiritualität einer Gemeinde

Was ist überhaupt eine geistliche Erweckung? Warum ist sie notwendig und wie wirkt sie sich aus? Wie kann sie in einer Gemeinde zustande kommen? Was sind die Vorbedingungen dafür? Reicht es aus, dafür zu beten? Was können Leiter und Pastoren tun, um eine Erweckung zu ermöglichen? Welche Rolle spielen Predigten dabei? Welche Erfahrungen wurden mit Erweckungen gemacht? Und welche Gefahren lauern in einer Erweckung?

Diesen Fragen geht das Buch *Unser größtes Bedürfnis* vor allem aufgrund der Aussagen Ellen G. Whites nach, da es keine neutestamentliche Lehre über das Thema Erweckung gibt. Darüber hinaus werden aufgrund der Bibel weitere Fragen behandelt: Wie kann ich durch den Heiligen Geist neu geboren oder geistlich neu belebt werden? Ist die Taufe mit dem Geist ein einmaliges oder ein wiederholtes Ereignis? Wie können wir täglich mit dem Heiligen Geist erfüllt werden? Wird sich Pfingsten wiederholen? Was wird im Spätregen geschehen? Welche Voraussetzungen sind nötig, um ihn zu empfangen?

In diesem Buch sind Beiträge mehrerer Autoren abgedruckt. Werner Lange, Lektor des ADVENT-VERLAGS, hat sie zusammengestellt und selbst mehrere Kapitel geschrieben.

Werner E. Lange (Hg.): ***Unser größtes Bedürfnis***
Wie der Heilige Geist mich und unsere Gemeinde (neu) erfüllen kann
192 Seiten, Paperback, Art.-Nr. 1921

ADVENT-VERLAG Lüneburg, Tel.: 0800 2383680 (kostenlos)
Leseprobe und Bestellung im Internet: www.advent-verlag.de

Zur Stärkung der persönlichen Spiritualität

Im Alltag vieler Adventisten und in unserem Gemeindeleben scheint der Heilige Geist weitgehend eine untergeordnete Rolle zu spielen – wenn er überhaupt eine spielt. Über die Persönlichkeit des Geistes wird in manchen Adventgemeinden viel eher diskutiert als über die Frage, wie wir mit dem Heiligen Geist erfüllt werden können. Dabei ist doch die Erfahrung des Wirkens des Geistes die Grundlage für ein freudiges, anziehendes und fruchtbringendes Leben als Christ.

Jesus hat seinen Nachfolgern die Gabe des Heiligen Geistes ausdrücklich verheißen und erklärt, dass sie sie empfangen müssen, um als Gemeinde unsere missionarische Aufgabe erfüllen zu können. Das Wachstum der ersten Christengemeinden war das Ergebnis des Wirkens des Geistes. Warum erleben wir so wenig davon?

Garrie Williams, der über 20 Jahre lang Seminare über den Heiligen Geist, das Gebet und Kleingruppen in 50 Ländern der Welt gehalten hat, zeigt in diesem Buch, wie wir ein persönliches Verhältnis zum Heiligen Geist aufbauen und täglich mit ihm erfüllt werden können. Ein Buch, das unser Leben und unsere Gemeinden verändern kann.

Garrie F. Williams: *Erfülltsein vom Heiligen Geist*
Wie erfahren wir das?
200 Seiten, Paperback, Art.-Nr. 1808;
mit Gesprächs- und Studienanleitungen zu jedem Kapitel

ADVENT-VERLAG Lüneburg, Tel.: 0800 2383680 (kostenlos)
Leseprobe und Bestellung im Internet: www.advent-verlag.de
(Auslieferung in der Schweiz über Advent-Verlag, Krattigen, in Österreich über Top Life – Wegweiser Verlag, Spillern)

Zur Stärkung der persönlichen Spiritualität

Du liest in der Bibel, betest regelmäßig und spürst dennoch einen geistlichen Hunger nach mehr? Du hast den Eindruck, dass dein geistliches Leben in Routine erstarrt ist und Gott dich nicht mehr erreicht? Oder hast du es schon aufgegeben, die Beziehung zu Christus täglich zu pflegen?

Mit diesen Erfahrungen stehst du nicht allein. Jon Dybdahl, ehemals Professor für Weltmission an der Andrews-Universität, hat so etwas auch erlebt – und sich auf die Suche nach einer Lösung gemacht. Das Ergebnis seines jahrzehntelangen Lesens, Forschens, Probierens und Unterrichtens über das Thema Spiritualität am Theologischen Seminar der Universität finden wir in diesem Buch.

Aus eigener Erfahrung und der anderer Christen zeigt der Autor, wie wir unseren geistlichen Hunger stillen und eine lebendige Beziehung zu Gott aufbauen und auf Dauer erhalten können. Er beschreibt, wie das Praktizieren von zehn bewährten christlichen Disziplinen zur Pflege der Gemeinschaft mit Gott – u. a. Anbetung, Reue und Bekenntnis, kommunikatives Beten, meditatives Nachsinnen, Führung Gottes, Fasten, die Stille suchen – die Verbundenheit mit ihm stärken kann.

Ein herausforderndes Buch, das jeden Leser, der sich darauf einlässt, zu einer tieferen geistlichen Erfahrung führen wird, die ihn verändert.

Jon L. Dybdahl: *Wie stille ich meinen geistlichen Hunger?*
Zehn bewährte christliche Disziplinen
192 Seiten, Paperback, Advent-Verlag. Artikel-Nr. 1921

Leseprobe und Bestellung im Internet: www.advent-verlag.de

Zum Zeugendienst der Gemeindeglieder

Sind wir schuld, wenn ein Mensch für das ewige Leben verlorengeht, weil wir ihm nichts von Christus und seiner Erlösung erzählt haben oder wir dabei zu ungeschickt waren? Morris Venden bestreitet das und erläutert seine Ansicht in diesem Buch. Er meint, dass Gott auch ohne uns nicht am Ende seiner Möglichkeiten ist. Wir können also Christus bezeugen, ohne dabei unter diesem inneren Druck zu stehen. Druck wäre auch ein schlechter Motivator.

Dennoch ist Morris Venden davon überzeugt, dass wir es nötig haben, Gottes Liebe und unsere Erfahrungen mit Jesus zu bezeugen und unseren Mitmenschen mit unseren Gaben und Fähigkeiten zu dienen. Das ist erforderlich, damit wir geistlich wachsen und reifen! Dabei reicht es nicht aus, nur von Christus zu reden. Wir sollen den Menschen ihn vor allem durch unser Handeln und unsere Gesinnung vor Augen führen, denn nur so wird unser Zeugnis auch glaubwürdig. Dies untermauert Morris Venden mit zahlreichen Aussagen von Jesus und Ellen White und mit vielen Beispielen.

Im ausführlichen Anhang finden sich praktische Hinweise, wie man ein persönliches Zeugnis geben kann, und wie die dargestellten Prinzipien auf die Arbeit der Adventgemeinden übertragen werden können.

Morris Venden: *Christus bezeugen – ohne Druck*
Was haben wir vom Einsatz für Jesus?
160 Seiten, Paperback, Art.-Nr. 1850

ADVENT-VERLAG Lüneburg, Tel.: 0800 2383680 (kostenlos)
Leseprobe und Bestellung im Internet: www.advent-verlag.de
(Auslieferung in der Schweiz über Advent-Verlag, Krattigen,
in Österreich über Top Life – Wegweiser Verlag, Spillern)

Zur missionarischen Arbeit der Gemeinde

Viele Adventgemeinden in westlich geprägten Ländern schrumpfen seit Jahrzehnten. Gemeindewachstum erfolgt weitgehend durch Zuzug von ausländischen Adventisten und durch das Taufen von Menschen, die Krisen durchgemacht haben oder gerade eingewandert sind. Die allgemeine Bevölkerung wird heutzutage kaum noch erreicht. Woran liegt das? Durch den Säkularismus (Verweltlichung) haben viele Menschen kein Interesse mehr an Gott. Sie mögen ihn nicht offen ablehnen, aber der christliche Glaube interessiert sie nicht. Und die meisten Adventisten und Adventgemeinden haben keine Wege gefunden, ihnen Christus und den Glauben an Gott anziehend zu machen.

Doch seit einigen Jahrzehnten ist Spiritualität wieder gefragt. Das ist eine der positiven Entwicklungen in der sogenannten Postmoderne. Auch sie stellen die Gemeinden vor enorme Herausforderungen, eröffnen aber auch neue Chancen.

Dies stellt Jon Paulien in seinem Buch *Wie erreichen wir Leute von heute?* eingehend dar. Und er beschreibt, was seitens missionsfreudiger Adventisten und Adventgemeinden notwendig ist, um säkularen und postmodernen Menschen – Leuten von heute – das Evangelium nahezubringen.

Jon Paulien: ***Wie erreichen wir Leute von heute?***
Das Evangelium säkularen Menschen nahebringen
240 Seiten, Paperback, Art.-Nr. 1894

ADVENT-VERLAG Lüneburg, Tel.: 0800 2383680 (kostenlos)
Leseprobe und Bestellung im Internet: www.advent-verlag.de
(Auslieferung in der Schweiz über Advent-Verlag, Krattigen, in Österreich über Top Life – Wegweiser Verlag, Spillern)

Über die Pflege der Gemeinschaft in der Gemeinde

Wie können wir heute die Gemeinschaft praktisch verwirklichen, die sich Jesus in seinen Gemeinden wünscht? Dieser Frage geht Russell Burrill, ehemaliger Leiter des Instituts für Evangelisation der Nordamerikanischen Division in Berrien Springs (Michigan), in seiner gewohnt gründlichen Art nach.
Er zeigt, dass die ersten Christengemeinden bewusst aus Kleingruppen bestanden oder Hausgemeinden waren. Jesus hatte mit seiner Kleingruppe von zwölf Jüngern echte Gemeinschaft modellhaft verwirklicht. In den Gemeinden, die sie gründeten, realisierten sie seine Absicht, dass seine Nachfolger in Gemeinschaft leben sollten. Auch im Zentrum des Gottesdienstes stand die Pflege der Gemeinschaft. Kleine Gruppen waren dazu unerlässlich – und sind es auch heute noch.

Dass solche Gemeinschaft kein unerreichbares Ideal der ersten Christengemeinden ist, weist Burrill anhand der methodistischen Gesellschaften und der frühen Adventgemeinden nach. In ihnen wurde weitgehend das neutestamentliche Vorbild der Gemeinschaft umgesetzt.

Burrill plädiert nachdrücklich dafür, dass Gemeinden, die im 21. Jahrhundert ihre Aufgabe erfüllen wollen, sich an der Struktur der frühen Christen- und Adventgemeinden orientieren müssen. Sie liefern ein Modell, das auch heute zu echtem Wachstum führt.

Das Buch eignet sich auch als Studienbuch für Gemeindeausschüsse und kleine Gruppen, die sich eine Veränderung in ihrer Gemeinde zum neutestamentlichen Vorbild wünschen.

Russell C. Burrill: *Gemeinschaft – wie Christus sie meint*
Die Gemeindestruktur für das 21. Jahrhundert
140 Seiten, Paperback, Advent-Verlag, Art.-Nr. 1886
(Auslieferung in der Schweiz über Advent-Verlag, Krattigen, in Österreich über Top Life – Wegweiser Verlag, Spillern)

Die Rolle des Pastors in der Gemeinde

Die Gemeinden des Neuen Testamentes waren vollständig auf ihren missionarischen Auftrag ausgerichtet. Ihre Missionsstrategie konzentrierte sich darauf, neue Gemeinden zu gründen. Die hauptberuflich tätigen Geistlichen waren Wanderprediger. Die neu gegründeten Gemeinden, die nicht von Pastoren abhängig waren, wuchsen und vervielfältigten sich unter der Leitung von Gemeindegliedern. Dadurch breitete sich das Christentum mit einer enormen Geschwindigkeit über das ganze Römische Reich aus und darüber hinaus.

In diesem Buch *Mission, wie Jesus sie meint* hat Russell Burrill die Wachstumsstrategie der Adventgemeinde wiederentdeckt, die lange Zeit nahezu vergessen war. Bis in die ersten Jahrzehnte des vorigen Jahrhunderts hinein orientierte sich das adventistische Pastorenbild am Vorbild der Apostel: Der Prediger war im Wesentlichen als Evangelist und Gemeindegründer von Ort zu Ort unterwegs, aber er war nicht Betreuer einer Ortsgemeinde. Die Gemeinden waren selbst dafür verantwortlich, dass sich die Mitglieder umeinander kümmerten. In dieser Zeit erlebte unsere Kirche ihr größtes Wachstum.
Die Adventgemeinden sind aufgerufen, ihre biblischen und historischen Wurzeln, die auf die Mission ausgerichtet waren, wiederzuentdecken und neu umzusetzen.

Russell C. Burrill: **Mission, wie Jesus sie meint**
Warum Adventgemeinde umdenken muss
310 Seiten, Paperback, Art.-Nr.1846

ADVENT-VERLAG Lüneburg, Tel.: 0800 2383680 (kostenlos)
Leseprobe und Bestellung im Internet: www.advent-verlag.de